ÖSTERREICHISCHE TEXTE ZUR GESELLSCHAFTSKRITIK
Band 38

Hans Czuma (Hg.)

MENSCHENBILDER

Herausgegeben vom Verein Kritische Sozialwissenschaft
und Politische Bildung

Gedruckt mit Unterstützung des Kulturreferats des Landes Tirol, der Präsidialabteilung des Amtes der Salzburger Landesregierung sowie des Bundesministeriums für Wissenschaft und Forschung.

CIP-Kurztitelaufnahme der Deutschen Bibliothek

Menschenbilder /Hans Czuma (Hg.) - Wien :
Verl. für Gesellschaftskritik, 1988
(Österreichische Texte zur Gesellschaftskritik; Bd. 38)
ISBN 3-900351-92-9
NE: Czuma, Hans (Hrsg.); GT

ISBN 3-900351-92-9

Umschlagentwurf: Andrea Zeitlhuber
Druck: rema print, A-1160 Wien, Neulerchenfelder Straße 35

Hans Czuma (Hg.)

MENSCHENBILDER

Verlag für Gesellschaftskritik

INHALT

Hans Czuma

Einleitung

Ich denke über mich nach und spreche vom Menschen

... das Recht des Bildes in der treuen Durchführung seines Verbots.
(Horkheimer/Adorno, Dialektik der Aufklärung)

Ein Mensch schaut in den Spiegel und sieht im Spiegel sich, wie er in den Spiegel schaut wie er in den Spiegel schaut und so fort ins Endlose: So geht es dem Menschen, der über den Menschen nachdenkt und entdeckt, daß er dabei von sich als dem, der über den Menschen nachdenkt, nicht loskommt. Wie im Spiegel bleibt der Mensch, der über den Menschen nachdenkt, sich selber ständig im Blick, und die Art, wie er blickt, ja auch die Farbe seines Blicks verlieren sich nicht und sind in jedem Blick und jeder Spiegelblickantwort enthalten, und davon abzusehen, daß er der Blickende bleibt und nie bloß zum Erblickten wird, stellt sich als unmöglich heraus. All das weiß das Unternehmen, in dem der Mensch über den Menschen nachdenkt, das sich Anthropologie nennt. Anthropologie weiß auch, daß sie in den geschichtlichen Prozeß, der die Scheidelinie zwischen dem, was der Mensch handelnd aus sich selber macht (Gesellschaft, Kultur), und dem, was seinem Handeln vorgegeben ist (Natur), aufhebt, als dessen Moment eingelassen ist. So ist Anthropologie das eigenartige Unternehmen, in dem das Nachdenken des Menschen über den Menschen seinem "Gegenstand" zugleich innerlich und äußerlich ist, seinen "Gegenstand" zugleich konstituiert und negiert und zugleich Teil desselben Prozesses ist, in dem sein "Gegenstand" aus sich macht, was er ist.

Weil der Mensch in die Anthropologie als sie Betreibender und als ihr "Gegenstand" denkend und handelnd involviert ist, hat Anthropologie einen theoretischen und einen praktischen Aspekt. Unter beiden Aspekten legt sich das Selbstverständnis des Menschen aus, aber auf zwei unterschiedlichen Ebenen. Ihrer sprachlichen Erscheinungsweise und Form nach stellt sich Anthropologie als methodisches Ensemble theoretischer Aussagen darüber, wer oder was der Mensch ist, dar, ihrer Bedeutungsfunktion und Absicht nach haben diese theoretischen Aussagen den praktischen Sinn zu modellieren und zu vermitteln, wer oder was der Mensch sein soll. Der Indikativ der theoretischen Aussage ist die Form, in der sich der praktische Imperativ und normative Sinn der anthropologischen Aussage verbergen und äußern. Dieses Ineinander von theoretischer Aussage und praktischem Sinn bestimmt die Geschichte der Anthropologie[1], insofern die praktische Position und Orientierung des jeweiligen Autors anthropologischer Theorie den Unterschied der vielen Anthropologien erzeugt, in deren Konkurrenz und Streit es der sprachlichen Form nach zwar um die Richtigkeit der theoretischen Aussage, der eigentlichen Absicht nach aber um die Gültigkeit des in der theoretischen Aussage enthaltenen und gemeinten praktischen Entwurfs des Menschen geht. So gesehen wird der Sinn des anthropologischen Nachdenkens über den Menschen treffend durch das Handlungsmodell der folgenden Keuner-Geschichte[2] erhellt, in der nur die Worte "wenn Sie einen Menschen lieben" durch die Worte "wenn Sie über den Menschen nachdenken" ersetzt werden müssen, damit die Parallele sichtbar wird: "Was tun Sie", wurde Herr K. gefragt, "wenn Sie einen Menschen lieben?" "Ich mache einen Entwurf von ihm", sagte Herr K., "und sorge, daß er ihm ähnlich wird." "Wer? Der Entwurf?" "Nein", sagte Herr K., "der Mensch."

Anthropologie ist jene Art von Menschenliebe, in der der jeweilige Autor einen praktischen Entwurf des Menschen erzeugt, den er den anderen Menschen in der Form anthropologischer Theorie mitteilt. Absicht und Sinn von Anthropologie ist praktische Theorie.

Die Beiträge dieses Buches sprechen theoretisch und im Indikativ, aber sie machen kein Hehl daraus, daß sie es darauf abgesehen haben, den Leser zu einem praktisch folgenreichen Nachdenken über den Menschen anzuregen. Dabei geht es nicht darum, daß der Leser den Standpunkt des Autors, der dem jeweiligen Beitrag zugrunde liegt, übernehmen sollte; der Zweck der Beiträge ist vielmehr jener doppelte, der der dargelegten Doppelstruktur anthropologischen Sprechens entspricht: Daß der Leser die vorgebrachten Argumente, in denen die Auffassung des jeweiligen Autors rationale und intersubjektive Gestalt angenommen hat, würdigt und eigene Schlüsse aus ihnen zieht, und zwar Schlüsse im Zusammenhang mit der Frage, ob die vorgebrachten Argumente das praktische Selbstverständnis des Lesers in irgendeiner Weise zu affizieren oder gar zu modifizieren vermögen.

Das Menschenverständnis, das in den Beiträgen zur Sprache kommt, spiegelt so unterschiedliche Teilbereiche unseres geistig-kulturellen Lebens wider und drückt so unterschiedliche Verständnisweisen des Menschen aus, daß es von daher fraglich erscheint, ob in unserer Kultur überhaupt noch ein allgemeiner Begriff des Menschen vorhanden oder auch nur möglich ist; ebenso fraglich erscheint es, ob die Einheit der kulturellen Lebenswelt, die den unterschiedlichen Verständnisweisen des Menschen zugrunde liegt, und die gemeinsame Sprache, in der sich das unterschiedliche Verständnis ausdrückt, dieser Unterschiedlichkeit gegenüber noch als verbindender und verbindlicher Sinnhintergrund angesprochen werden kann. Ich erläutere das genannte Problem an einem Beispiel. Wenn einerseits für Robert Oberforcher in seinem Beitrag die Genesis ein Offenbarungstext ist, der sein Verständnis des Menschen durch den vorausgesetzten allgemeinen Glaubenskonsens der Menschen zur Geltung bringt; wenn andererseits Sylvia Wallinger die Genesis als einen Text versteht, der zwar durch das religiöse Deutungssystem, das sich seiner bemächtigt hatte, auf das Menschenverständnis in unserer Kultur bestimmenden Einfluß ausgeübt hat (was die Auseinandersetzung mit ihm nötig macht), der aber im übrigen ein geistesgeschichtlicher Text wie andere Texte auch ist - so zeigt das eine Differenz an, die nicht mehr auf der Ebene der bloßen Meinungsverschiedenheiten innerhalb einer verbindenden Sinnwelt, sondern auf der Ebene grundsätzlich verschiedener Weltverständnisse und Verständniswelten liegt. Zwar sind beide Verständnisweisen auf dem Boden derselben Kultur gewachsen, aber die Einheit der Kultur ist ihnen gegenüber nur noch abstrakt. Auf den Menschen unserer Kultur (als Leser) bezogen bedeutet diese Situation: Der zu diesem unserem Kulturbereich (irgendwie) dazugehörende Mensch lebt gleichzeitig mit unterschiedlichsten, in keiner Weise koordinierten, nicht auf einen Nenner zu bringenden und nicht von einem Prinzip ableitbaren Konstruktionen seiner selbst, die eben diese Kultur aus ihrem eigensten Fundus von ihm, dem Menschen, und für ihn entwirft. Was macht der Mensch eigentlich mit diesen Konstruktionen, was macht er angesichts dieser Konstruktion mit sich, was machen diese Konstruktionen mit ihm?

In unserer pluralistischen Gesellschaft kann man sich den einzelnen Menschen als den Ziel- und Konvergenzpunkt aller unterschiedlichen Auffassungen vom Menschen vorstellen, die alle den Versuch machen, den Menschen zum Befolgen der in ihnen enthaltenen Handlungsorientierungen und Ordnungsregeln zu bewegen. Manche dieser Auffassungen vom Menschen existieren in der Gesellschaft als eingelebte Menschenbilder und Deutungsmuster des Menschen. Den einzelnen Menschen erreicht (in seiner primären und sekundären Sozialisation) nur eine ganz enge (soziokulturell zugelassene) Auswahl von Verständnisweisen des Menschen, so daß jeder Mensch sich nur mit der ihm zugefallenen Selektion von angebotenen Möglichkeiten seines Selbstverständnisses auseinanderzusetzen hat. Durch mediale Vermittlung aber, z.B. durch Lesen, können dem Menschen Möglichkeiten des Selbstverständnisses bewußt werden, die ihm bisher unbekannt waren oder über die er bisher nicht nachgedacht hatte und die seinen Horizont und eventuell seinen Handlungsspielraum erweitern. So können z.B. die Beiträge dieses Buches bei dessen Lesern die Kenntnis und das Verständnis anderer Sichtweisen und Sinnentwürfe des Menschlichen befördern und ihnen in zentralen Problembereichen unserer gegenwärtigen Lebenswelt Gesichtspunkte für ihr Selbstverständnis, ihre Handlungsorientierung, ihr Verstehen der gesellschaftlichen Situation und der Mitbürger und für die diskursive Behandlung von Konflikten über menschliche Wert- und Normvorstellungen vermitteln und dadurch zu einer informierten und toleranten demokratischen Grundeinstellung beitragen. Aber ich möchte den praktischen Sinn der Beiträge dieses Buches nicht auf die Empfehlung von Pluralismusakzeptanz und diskursivem Toleranzverständnis reduzieren, die als Einstellungen und Handlungen dem Ermessen des einzelnen Menschen anheimgestellt werden. Kein Mensch ist für sich allein Mensch; daher soll nicht nur der einzelne Mensch darüber befinden, welche Bedeutung diese oder jene öffentlich vertretene Auffassung vom Menschen für das Selbstverständnis und die Handlungsorientierung des Menschen haben kann - der einzelne Mensch verstanden als isoliertes Urteilssubjekt, das seinen individuellen Urteilsvoraussetzungen überlassen ist und bloß für sich urteilt. Der über den Menschen nachdenkende Mensch soll sich in seiner Urteilsbildung an Gesichtspunkten orientieren können, die seine Individualität übersteigen und ihn auf das beziehen, worin er mit anderen Menschen Mensch ist und sein Leben als Mensch zu leben hat.

Darum möchte ich ein Verfahren vorschlagen, das dazu geeignet ist, den praktischen Sinn von Auffassungen über den Menschen (wie z.B. den in diesem Buch enthaltenen) intersubjektiv beurteilbar und diskutierbar zu machen. Dieses Verfahren besteht im wesentlichen darin, daß ich die Begriffe "Freiheit" und

"Zukunft" als Kriterien wähle[3], die auf Aussagen über den Menschen angewendet werden und die in dem dabei entstehenden Diskurs als Maßstäbe wirksam werden, durch die der praktische Sinngehalt von Auffassungen über den Menschen zum Vorschein gebracht und beurteilt wird. Die Begriffe Freiheit und Zukunft haben die Funktion von Schlüsselbegriffen, mit deren Hilfe veröffentlichte Aussagen über den Menschen im Hinblick auf ihre praktische Bedeutung aufgeschlossen werden können, indem die anthropologischen Aussagen in einen zugleich verstehenden und kritischen Zusammenhang mit den Begriffen Freiheit und Zukunft gebracht werden; auf der Folie dieser beiden Begriffe werden die praktischen Sinnbestimmungen anthropologischer Aussagen sichtbar und beurteilbar.

Der Wahl der Begriffe Freiheit und Zukunft liegt ein selektives Element zugrunde, das jedoch deshalb nicht als beliebig angesehen werden darf. In ihm drückt sich einerseits eine Einschätzung der gegenwärtigen gesellschaftlichen und kulturellen Lebenssituation des Menschen aus, der ich durch die Wahl gerecht zu werden versuche; in dieser Einschätzung halte ich die in den Begriffen Freiheit und Zukunft gemeinten Sinngehalte für geeignete und nötige Instrumente, um in der Situation der Gegenwart jenen Wahrnehmungsraum herzustellen, in dem die Idee des Menschlichen aufzutauchen und Geltung zu gewinnen vermag. Von daher enthält die Wahl der Begriffe Freiheit und Zukunft auch ein kritisches Element; denn der selektive Standpunkt der Wahl bedeutet ein Urteil darüber, welche Chancen und Gefahren den Menschen heute erwarten, der ein an normativen Gesichtspunkten des Menschlichen orientiertes Leben zu verwirklichen sucht.

Das inhaltlich nicht Zufällige des Standpunkts der Wahl gründet andererseits darin, daß ich die europäische Freiheits- und Aufklärungstradition, die in unserem Kulturbereich jedenfalls dort dominiert, wo es um Fragen der Bestimmung des Menschlichen geht, als die Denkgestalt ansehe, die für Freiheit und Zukunft einsteht; und daß ich als die Signatur des Wollens, das die Menschen in ihrem demokratischen Grundkonsens bewegt, das verstehe, was in den Worten Freiheit und Zukunft ausgedrückt ist.

Den Sinngehalt der Begriffe Freiheit und Zukunft entnehme ich dem Sprachgebrauch und Sprachzusammenhang der für Aufklärung und Vernunft eintretenden Sprache und Theoriebildung der letzten 200 Jahre: Dieser Gebrauch und Zusammenhang sind praktisch.

Demnach besagt Freiheit die kritische Frage an die gegebene historische Lebensform und Lebenspraxis, was in ihr an Unmündigkeit, Unterdrückung, Ungleichheit, Entfremdung, Einsamkeit, ungerechter Herrschaft, (sprachlicher und realer) Gewalt, Zwang, Fixierungen, Verzerrung von Sprache und Kommunikation, erstarrten Konventionen, gegenständlichen Normen, Unwahrheit und Lüge vorhanden ist, und fordert kategorisch dazu auf, gegen das, was davon der Fall ist, Widerstand zu leisten und es zu überwinden.

Zukunft besagt die kritische Infragestellung von allem, was Bestehendes zementiert, was Veränderung, neu entstehende (d.h. nicht schon gekannte, also nicht bloß wiederholende) Verwirklichung, konkrete Utopie, offenen Horizont, ausstehendes Glück, den Begriff und das Geschehenkönnen von "Noch-nicht" verhindert, und die kategorische Aufforderung, alle zukunftvernichtende Berufung auf Dogma, Ideologie, Natur, Zufall, Schicksal, ewiges Gesetz zu widerlegen und zu überwinden.

Nach dieser Darstellung des von mir vorgeschlagenen Verfahrens, wie der praktische Sinn anthropologischer Aussagen beurteilt werden kann, ist es Sache des Lesers dieses Buches, das Verfahren anzuwenden. Der Leser soll mit Hilfe der Begriffe Freiheit und Zukunft die Beiträge des Buches daraufhin prüfen, wie die in ihnen jeweils vertretene Auffassung vom Menschen mit dem Sinngehalt von Freiheit und Zukunft kongruiert und - das ist das für die Praxis Wichtige - welche konkrete Gestalt, welche bestimmte inhaltliche Form und Farbe die Sinngehalte von Freiheit und Zukunft in dem jeweiligen Beitrag durch dessen konkreten Inhalt annehmen. Hier ist der Punkt, an dem der Leser entscheidet, was er aus seiner anthropologischen Lektüre in praktischer Hinsicht für sich lernen kann - und dabei diese Entscheidung nicht isoliert, nicht sich allein überlassen und bloß für sich trifft. Hier ist auch der Punkt, an dem sich die Einsicht anbietet, daß das methodisch erzeugte Bewußtsein der kritischen Schlüsselbegriffe Freiheit und Zukunft die den Pluralismus überwindende Einheit der pluralistischen Sinnbestimmungen des Menschlichen, die im Pluralismus der anthropologischen Aussagen enthalten sind, herstellt. Die gesuchte Einheit der pluralistischen Sinnentwürfe des Menschen besteht nicht in der abstrakten Einheit der kulturellen Lebenswelt (die zwar alle Interpretationen des Menschen umschließt, aber nicht von sich aus kritisch unterscheidet) und nicht in der Berufung auf den Pluralismus der Verständnisweisen des Menschen (die von der Voraussetzung ausgeht, daß alle konkurrierenden Interpretationen des Menschen gleichgültig sind); sondern diese Einheit wird durch die Bewußtseinshandlung hergestellt, in der die Begriffe Freiheit und Zukunft auf die Aussagen über den Menschen angewendet werden und die deren praktischen Sinn entdeckt und kritisch beurteilt. Mit anderen Worten: Die Begriffe Freiheit und Zukunft, mit denen beurteilt wird, was als Menschliches gilt, retten die Einheit des Menschlichen und verhindern, daß das Menschenverständnis pluralistisch zerfällt.

Da die Begriffe Freiheit und Zukunft kategorisch ausschließen, daß von vornherein festgelegt werden kann, worin Freiheit und Zukunft des Menschen inhaltlich verwirklicht werden sollen (das ergibt sich erst und nur aus der Anwendung der beiden Begriffe auf konkrete Aussagen über den Menschen), wird durch die Begriffe Freiheit und Zukunft ein Begriff des Menschen erzeugt, der einen inhaltlich festgelegten Begriff des Menschen verbietet, der vielmehr ein Sprechen vom Menschen erfordert, das die nicht von vornherein definierbaren Möglichkeiten des Menschen offenhält. Dieser Begriff des Menschen ist kein theoretischer, sondern - wie die Begriffe Freiheit und Zukunft - ein praktischer, also kein Begriff (ein Kein-Begriff), sondern der Sinn von Tathandlungen.

Derselbe Sachverhalt, den ich gerade mit dem Verhältnis Begriff/Kein-Begriff des Menschen genannt habe, wird in den Beiträgen des Buches als Verhältnis von Bild/Kein-Bild des Menschen abgehandelt. Jeder der Beiträge spricht von Menschenbild/Menschenbildern, aber in jedem Beitrag ergibt sich als Sinn der Darstellung von Menschenbild/Menschenbildern und der Auseinandersetzung mit Menschenbild/Menschenbildern, daß die Festlegung des Menschen auf ein Bild von ihm für das Verständnis des Menschen destruktiv ist.

Mit Menschenbild ist das Festschreiben einer normativen Auffassung vom Menschen durch Einbildung eines bestimmten Aussagenzusammenhanges gemeint: Eine mit sinnlich erfahrbaren Merkmalen ausgestattete bzw. in sinnliche Erfahrung übersetzbare Vorstellung des Menschen wird erzeugt, die ein gegenständliches, mit positiv verstandenen Zügen (Typisierung) und Farben (Qualitäten) komponiertes Bild enthält, das den Menschen einer bestimmten kulturellen Lebenswelt als verbindliches Vorbild ihrer Urteilsbildung, Verhaltenssteuerung und Handlungsregelung dient. Als veranschaulichendes Beispiel verwende ich das patriarchale Menschenbild, das (jedenfalls) in allen von der europäischen Tradition geprägten Kulturbereichen gilt: Mensch heißt (dem Typ nach) primär und eigentlich Mann, und Mann ist (der Qualität nach) mit Herrschaft ausgestattet, d.h., er ist allem übergeordnet und setzt die Begriffe und Regeln für alles. Das dargestellte begriffliche Schema des patriarchalen Menschenbildes existiert im Bewußtsein der Menschen europäisch geprägter Kulturbereiche jeweils in sprachlich und soziokulturell konkreter, sinnlich vermittelter, bildhafter Form.

Das Destruktive von "Menschenbild" liegt erstens im Bild und zweitens in der Normativität gerade des Bildes. Das Destruktive (erstens) des Bildes besteht in seinem Bildcharakter, d.h. in der definitiven Konkretheit und Sinnlichkeit des Bildes und in der Trägheit des Bildes, die das Bild jeder Veränderung seines Inhalts und seiner Einbildung in den psychischen Apparat des Menschen, in die gesellschaftlichen Institutionen und kulturellen Objektivationen der jeweiligen Lebenswelt entgegensetzt. Das Destruktive (zweitens) der Normativität gerade des Bildes besteht darin, daß das Bild ein klarer, faßlicher Maßstab ist, der dem Menschen nur die Möglichkeit läßt, sich ihm entweder anzugleichen oder von ihm (als psychischer und gesellschaftlicher Instanz) verurteilt zu werden; denn im Menschenbild wird das Allgemeine des Menschen vom Konkreten des Bildes verschlungen.

In den Beiträgen zeigt sich eine merkwürdige "Dialektik". Einerseits erweist sich, daß das Sprechen vom Menschen aufgrund der sinnlichen Verfaßtheit des Menschen unvermeidlich dazu führt, daß ein sinnlich vorgestellter Begriff des Menschen entsteht: eben ein Bild vom Menschen. Auf der Grundlage dieser Erkenntnis erweist sich andererseits, daß das Sprechen vom Menschen die Einsicht hervorbringt, jedes Bild vom Menschen müsse überwunden werden, weil jedes Bild den Menschen auf nur eine Möglichkeit seiner selbst einschränkt und ihn darin normativ festhält. Dieser Dialektik von Setzen und Überwinden jeweils eines bestimmten Menschenbildes liegt, da sie in bezug auf jedes Menschenbild gilt, die Dialektik von Bild/Kein-Bild überhaupt des Menschen zugrunde. In diesem dialektischen Verhältnis ist das letzte, die Überwindung von "Bild" kategorisch fordernde Wort, das entscheidende Wort, weil es sagt und sorgt, daß der Mensch immer schon größer ist als "Bild" ihn jemals entwerfen könnte. Sodaß der erste Satz, der den von sich Bilder entwerfenden Menschen zu sich als Menschen bestimmt, von ihm fordert: "Du sollst dir kein Bild vom Menschen machen."

Der Beitrag von Christian Wabl über ein "grünes" Verständnis von Mensch und Welt unterscheidet sich in Absicht und Sprache so sehr von den anderen

Beiträgen des Buches, daß ich ihn eigens "einführen" möchte. Die Absicht Wabls in seinem Beitrag ist, seine "grüne" Sicht der Dinge und des Menschen direkt vorzustellen. Die Absicht der anderen Beiträge besteht darin, *über* verschiedene Auffassungen vom Menschen zu sprechen und sich mit ihnen kritisch, fragend, argumentierend, diskutierend auseinanderzusetzen. Wabl verwendet seine Sprache als subjektiven Ausdruck seiner persönlichen Meinung und von daher ist sein Sprechen emotional, appellativ, metaphorisch geprägt. Die Sprache der anderen Beiträge ist vom kritischen Sachinteresse der Autoren für ihr Thema bestimmt und daher objektivierend, begrifflich, wissenschaftlich geprägt.

Auf dem Hintergrund dieser Unterschiede wird der Sinn von Wabls Text deutlich. Damit *über* das grüne Menschenbild begrifflich-argumentierend nachgedacht werden kann, braucht es Entwürfe dieses Menschenbildes, von denen Wabl einen möglichen Entwurf anbietet und zur Diskussion stellt. Da sich nach Wabls Meinung in der öffentlich-politischen Sprache das, was vom Menschen gesagt wird, in verbrauchten Jargon und leere Worthülsen auflöst, versucht Wabl, dem "grünen Menschen" dadurch Gestalt zu geben, daß er der öffentlichen Sprachzerstörung seine persönliche Sprache entgegensetzt, was zugleich einen ersten, fundamentalen Teil seines grünen Selbstverständnisses ausmacht. Auf diese Weise ist in Wabls Text eine Bekenntnisschrift entstanden, deren Aussage in formaler Hinsicht die ist, daß das grüne Selbstverständnis eine den ganzen Menschen und seine ganze Weltsicht betreffende Grundoption bedeutet (also nicht in Theorie und politischer Programmatik und Parteizugehörigkeit besteht); Wabl drückt das dadurch aus, daß er Elemente der christlich-religiösen Sprache metaphorisch verwendet (Religion, Glaube, Gott, Heiliger Geist, Volk, Gesetz, Sünde, Heil, Fleisch werden, den Finger in die Wunde legen, erfüllte Zeit). Die inhaltliche Aussage, die Wabls Text zu einem Manifest macht, besteht darin, daß Wabl die wissenschaftliche Einsicht in die Welt als vernetztes System zum Vernunftprinzip erklärt, daß er ein Sinnkriterium (für Theorie und Praxis) des Inhalts aufstellt, daß nur Geltung erlangt, was der Forderung entspricht, Leben, Hoffnung, Menschlichkeit, Gerechtigkeit, Gewaltfreiheit, Solidarität, ökologisches Gleichgewicht, den Menschen als Subjekt der Geschichte zu fördern bzw. zu verwirklichen, und daß er statt eines ganzen Weltentwurfs paradigmatisch einzelne Beziehungselemente dieser Welt zur Sprache bringt (Wald, Politik, Sprache, Wahrheit, Kunst, Schule, Bildung), in denen dennoch das Ganze als Ahnung zum Vorschein kommt.

Diese Bemerkungen *zu* Wabls Text nehmen die Diskussion *über* den Beitrag von Christian Wabl nicht vorweg. Denn diese Diskussion findet beim Leser statt.

Anmerkungen

1 J. Habermas, Philosophische Anthropologie (ein Lexikonartikel), in: ders., Kultur und Kritik. Verstreute Aufsätze, Frankfurt a.M. 1973, S. 89-111. O. Marquard, Anthropologie, in: Historisches Wörterbuch der Philosophie, Bd. 1, Darmstadt 1971, S. 362-374.

2 B. Brecht, Geschichten vom Herrn Keuner, in: Geschichten, Frankfurt a.M. 1962, S. 176.

3 Die Anregung dazu habe ich entnommen F. Schupp, Bemerkungen zum Theoriebegriff in der Theologie, in: Auf dem Weg zu einer kritischen Theologie, Freiburg 1974, S. 124-158.

Robert Oberforcher

Das Menschenbild in der biblischen Urgeschichte

Die Provokation der alttestamentlichen Anthropologie[1] ist wohl darin zu sehen, daß sie von folgender Grundannahme aus denkt: In der Begegnung und Auseinandersetzung mit Gott sucht der Mensch seinen Standort in der Welt zu finden und sich in seinem Dasein zu orientieren. Indem der biblische Mensch sich als ein von Gott Angesprochener, Herausgeforderter, Beanspruchter erfährt, muß er sein Selbstverständnis (und Weltverständnis) im Kontext seines Gottesbildes artikulieren lernen. Dabei zeigt sich eine weitreichende religiös-theologische Prämisse. Je intensiver sich der Mensch mit Gott beschäftigt, desto mehr entdeckt er sein eigenes Menschenwesen und kommen ihm die Faktoren und Strukturen der conditio humana in den Blick. Während die Projektionsthese der atheistischen Religionskritik (Feuerbach, Marx, Freud) das Gottesbild als Legitimierung und Immunisierung des vorgängig behaupteten Menschenbildes verdächtigt, besteht die biblische Position auf der Erfahrung des nichtnivellierbaren Gegenüber der Realität Gottes. Was sich aber - gleichsam in der Vorwegnahme des atheistischen Anliegens durch die Propheten - so auswirkt, daß *das Gottesbild als kritischer Maßstab aller Menschenbilder auftritt* und damit als Chance, die autonome Selbstpotenzierung des Menschen aufzubrechen und damit seine wahre Humanität zu gewinnen.[2] Die biblische Anthropologie formuliert somit eine Alternative zu den üblichen Selbstverständnissen des Menschen und möchte wenigstens deren Hinterfragung in Gang bringen.

"Was ist der Mensch, daß du an ihn denkst,
das Menschenkind, daß du dich um ihn kümmerst?
Du hast ihn nur wenig geringer gemacht als Gott,
hast ihn mit Herrlichkeit und Hoheit gekrönt." (Ps 8,5f.)

In der weisheitlichen Auseinandersetzungsliteratur kann dieselbe Frage problematisiert werden, indem der leidende Ijob diese Zuwendung Gottes nicht mehr erträgt:

"Was ist der Mensch, daß du groß ihn achtest,
und deinen Sinn auf ihn richtest;
daß du ihn musterst jeden Morgen,/ und jeden Augenblick ihn prüfst...
Was tat ich dir, du Menschenwächter?" (Ijob 7,17f.20)

Es kann eigentlich nicht überraschen, daß in einer tausendjährigen Literatur- und Religionsgeschichte des alten Israel sehr verschiedenartige und auch disparate Ansätze einer Anthropologie sprachlichen Ausdruck fanden.

So läßt sich ein eigenes Profil im Menschenbild der prophetischen Literatur erkennen, wo das primäre Thema des gesellschaftskritischen Engagements und des Kampfes gegen die Unrechtspraxis eine Art negativer Anthropologie darstellt: der Mensch in der deformierten, gestörten Gemeinschaft; der unterdrückte, verachtete und rechtlose Mitmensch; Gewalttätigkeit und

Egoismus als Stil eigener Selbstverwirklichung auf Kosten der anderen. Der kritische Einspruch der Propheten ist jedoch motiviert durch die religiöse Überzeugung, daß der Mensch nur am solidarischen Befreier-(Exodus-)Gott lernen kann, wieviel wert der Mitmensch ist.

Neben dieser hochbrisanten Sozialanthropologie gibt es eine markant ausgeprägte Sicht des Menschseins in der **Gebetsliteratur der Psalmen**. Hier stellt sich das Menschsein dar in seiner Ambivalenz, seiner vielgestaltigen inneren Erlebniswelt, seiner Isolation und seiner Offenheit, zwischen dem Grundakkord des Weinens (Klage) und des Lachens (Lobpreis).

Wieder anders gelagert sind die anthropologischen Beiträge in der **Weisheitsliteratur und der sog. Problemdichtung**. In der distanzierten Diktion der Skepsis (Kohelet) wie in der erregten Protestsprache (Ijob), aber auch in der abgeklärten Vernünftigkeit des Weisheitslehrers (Jesus Sirach) werden die Grundthemen des Menschseins diskutiert: die Sinnfrage, die Möglichkeit des Scheiterns, das kleine Glück im Alltag, die Lebensklugheit als Überlebensfrage.

A. Denkform und Darstellungsebene der "Urgeschichte"[3]

Wer sich mit den Texten und Erzählungen von Gen 1-11 beschäftigt, hat zunächst auf die eigentümliche Sprach- und Ausdrucksebene zu achten, um sich gegen Mißverständnisse zu sichern. Demnach haben auch anthropologische Aussagen in der Urgeschichte der Bibel eine ganz eigene, qualitativ anders gelagerte Ausdrucks- und Geltungsebene. Bereits die Spitzenstellung von Gen 1-11 als Vorbau des AT signalisiert diese Eigenqualität. Zu denken gibt ferner die Beobachtung, daß die Schöpfungs- und Ursprungsmotive in der Schilderung der Endzeit ihre Korrespondenz haben (theologisch spricht man von der Entsprechung zwischen Protologie und Eschatologie). In der Erzähllogik geht es also nicht eigentlich um Vergangenheitsdarstellung oder Schilderung eines zeitlich weit zurückliegenden Beginns, sondern *das Reden von den Ursprüngen zielt darauf hin, die eigene Gegenwart zu begreifen und zu bewerten.* Das Wissen, wie alles begonnen hat und wie es dazu kam, wo wir jetzt stehen, artikuliert sich in der literarischen Gattung der urgeschichtlichen Ätiologie. Damit ist signalisiert: Der Textautor einer ätiologischen Darstellung ist primär an Aussagen über die Gegenwart interessiert, wenn er von deren Anfängen erzählt! Damit hängt ein Weiteres zusammen. In der Sprechweise des Beschreibens von Fakten und Vorgängen aus längst vergangenen Zeiten werden Wertungen und normative Bestimmungen für die eigene Gegenwart des Menschen und seine conditio humana gewonnen: So ist der Mensch bzw. so sollte der Mensch sein!

Aus der Mißachtung dieser Ausdrucksebene und dem Ignorieren der Gattung der Ätiologie resultieren jene bekannten und notorischen Mißverständnisse gegenüber den Texten der Urgeschichte, indem diese als Deskription und als Referat über eine bestimmte Urzeitepoche begriffen werden. Man griff bereitwillig nach Informationen und Daten über jene ferne Zeit, von der man sonst keine Kenntnis hatte: Entstehung der Welt in sechs Tagen, Schöpfungswerke und ihre Reihenfolge als inhaltliche Kosmologie und Kosmographie, Beginn des Lebens und der Menschheit in eigenen, nichtevolutiven Schöpfungsakten, Ursprungswelt als Paradies ohne das Phänomen des Sterbens und Alterns; die Frau stammt aus dem Mann, die Ursünde kommt von der Schlange, die Sintflut als Weltkatastrophe, ungeheure Lebensalter wie Metusalem...

Aus der verläßlichen Kenntnis neuzeitlicher Wissenschaft mußte dieses informations- und wissenszentrierte Mißverständnis zu einem für die Bibel tödlichen und destruktiven Urteil führen: Sind die biblischen Angaben falsch, dann sind es Märchen und Mythen, somit ohne jeden Anspruch für uns. Es sind unverbindliche, kenntnislose religiöse Phantasien.

In diesem neuzeitlichen Urteil steckt allerdings ein weiteres Mißverständnis, das zu folgenreichen Fehlinterpretationen gegenüber der Bibel führte: Mythos und Mythologie als blanker Aberglaube, als ein naiv-primitiver Religionsausdruck! Dieses aufgeklärt-positivistische Urteil machten sich dann auch Exegeten zu eigen, indem sie den Bibeltext selbst als Mythenkritik und als Vorgang der Entmythisierung verstanden. Auch hier vollzog sich eine Umpolung in jüngster Zeit. Man denkt wieder sehr viel positiver und sensibler über die mythische Denkform und ihre spezifische Realitätswahrnehmung.[4] *Neben der literarischen Gattung der Ätiologie und Ursprungserzählung müssen also auch die mythische Denkform und die mythologische Darstellungsweise für die Funktion der Urgeschichtstexte veranschlagt werden.* Einerseits geht es somit um normativ-kritische und um Wertungsaussagen und andererseits um "Sinngebungs- und Orientierungsfunktion" (Hans Poser) sowie um mögliche Integrationsleistung mythischer Realitätserfassung.

Schließlich muß für das Verständnis der Urgeschichte der Bibel ein bedeutsamer literaturgeschichtlicher Befund ausgewertet werden: Die biblischen Schöpfungs- und Ursprungsdarstellungen sind Resultat eines langen und vielschichtigen Reflexions- und Überlieferungsprozesses. Charakteristisch ist dabei - und für den Exegeten eine unverzichtbare Einsicht - die Tatsache, daß Israel zu seiner religiösen und Glaubenssprache ausschließlich über die *ständige Rezeption von und Auseinandersetzung mit der altorientalischen Kulturwelt fand*! Artikulationsformen und Ausdrucksmöglichkeiten sind dieser entlehnt: Vokabular, Vorstellungsrahmen, weltbildhafte Prämissen, Metaphorik, Handlungssequenzen usw. stammen aus der kritischen Beschäftigung mit der altorientalischen Kultur. So muß man sagen: Ohne altorientalische Mythologie gäbe es keine biblische Schöpfungstheologie![5]

Als vielschichtige Überlieferungsgeschichte ist die Urgeschichte nicht literarisch homogen. Sie enthält Erzählfragmente und ursprünglich selbständige Textgrößen (z.B. Kulturnotizen, genealogische Angaben, naturkundliche Listen, Episoden, eine vorgeprägte Fluterzählung usw.). Wohl im 10. Jh. v. Chr. entstand dann ein erster literarischer Großtext im Erzählwerk des sog. JAHWISTEN (Textbestand: Gen 2,4 - 4,26; Kap. 6-8*; 9,18-29; Kap. 10*; 11,1-9). Sehr viel später, gegen Ende des 6. Jh. v. Chr., entstand ein weiteres Erzählwerk zur Urgeschichte und Vorgeschichte Israels: die PRIESTERSCHRIFT genannt. (Textbestand: Gen 1,1 - 2,4a; Kap. 5; 6,9 - 9,17*; Kap. 10*; 11,10 - 27,31f.). Wohl erst im 5. Jh. v. Chr. wurden die beiden Erzählschichten in einer umfassenden Redaktionsarbeit kompilatorisch (* für solche Mischtexte) vereinigt, wobei P einen gewissen Vorzug vor J hatte.

Interpretationsfragen müssen also diese Textschichtung vor Augen haben. Das bedeutet etwa, daß J und P eine je andersgelagerte und eigenakzentuierte Konzeption von Schöpfung und Anthropologie haben, was im folgenden illustriert wird. Aber auch die Auffassung über die Natur der Ursünde ist deutlich different. Ja selbst das Profil des Gottesbildes dieser Erzählwerke stellt sich bei beiden anders dar. Zeigt sich beim älteren J die Schöpfungsfürsorge Gottes als Rückverlängerung seiner primär erfahrenen geschichtsbildenden Initiativen für die Patriarchen (Gen 12,1-3), so sieht P den Schöpfer des ganzen Kosmos als den äußersten Horizont und als Basis für die Durchschlagskraft und Veränderungsmacht des Wortes Gottes in der Geschichte. (In ähnlich weiter Perspektive vollzieht sich übrigens zur selben Zeit im Exil erstmalig die Reflexion eines thematischen Monotheismus; vgl. Jes 40-55.)

B. Der anthropologische Beitrag der Urgeschichte in der Priesterschrift

Diese Erzählschicht ist durch eine sehr straffe und prägnante, auch etwas theoretisch-dürr wirkende Darstellung charakterisiert. Sie beschränkt sich auf eine einzige Handlungssequenz (die es im Ansatz bereits in der mesopotamischen Mythologie gibt!): Weltschöpfung - kosmische Krise der Sintflut - Schöpfungskompromiß. Die chronologische und zeitliche Strukturierung vollzieht sich in den genealogischen Passagen: vom Urmenschen bis zur Noahfamilie (Kap. 5); von der Noahfamilie bis zur Völkerfamilie (Kap. 10*); von Sem bis zum Vater Abrahams (Kap. 11). Auf diese Weise erzielt der Autor die theologisch wichtige Einbindung der Geschichte Israels in die Menschheitsgeschichte.

Vor allem die Erzählfolge und das Gefälle von Schöpfung und Flut entstammen der altorientalischen Mythologie und werden nun für die inhaltliche Darstellung und Entfaltung einer fundamentalen Ambivalenz des menschlichen Daseins ausgewertet. In diesem urgeschichtlichen Paradigma zeigen sich die großartige Schönheit und die Bedrohtheit der Welt, das Menschsein in der Fülle des Lebens und seinem Gefälle zum Tod, der Mensch in der Gottesgemeinschaft und seiner Entfremdung von Gott. Dabei interessiert sich die P allerdings nicht wie der J für die einzelnen Umstände, Faktoren und Details in jenem Umschlag von der idealen zur kaputten Schöpfungswelt, sie bezieht vielmehr die beiden Grundsituationen in scharfer Polarisierung aufeinander.

Als Schöpfung Gottes ist die Welt in Gen 1 ein wunderbar geordneter, sorgfältig durchgeplanter, optimal funktionierender, lebensfördernder Daseins- und Wohnbereich für alles Lebendige. Ausdruck nicht überbietbarer Schöpfungsqualität ist die abschließende Summierung jenes monotonen: "Und Gott sah, daß es gut war" zum Gesamturteil: "Und Gott sah alles, was er gemacht hatte, und siehe: es war sehr gut!" (1,31) Demgegenüber kontrastiert nun das Urteil Gottes angesichts der kaputten Welt in der Flutgeneration: "Und Gott sah die Erde, und siehe: sie war verdorben!" (6,12) In dieser schon stilistisch erkennbaren *Polarisierung von idealer und zerrütteter Schöpfungswelt* müssen zwei Grundaussagen des Menschenbildes verstanden werden: der Mensch als das Abbild des Schöpfers und als Herr der Schöpfung einerseits, sowie der Mensch als das durch Gewalttätigkeit deformierte Geschöpf andererseits.

Der Mensch als Mandatar des Schöpfers in der Welt

Die Schöpfungswelt in ihrer grandiosen Architektonik und ihren ausgegrenzten Domänen der Lebensräume für alle Lebewesen ist eine bewohnbare, stabilisierte, lebensfreundliche Welt - so ist die formale Struktur dieses Textes zu interpretieren. Aus dem Chaos wurde der Kosmos! Alles Bedrohliche, Dämonische, Undifferenzierte (Chaosschilderung v. 2) ist gebändigt. In der idealen Schöpfungswelt gibt es nichts Korrekturbedürftiges, nichts Fragmentarisches, nichts Defizientes, keine Negativität. (Aus diesem Grund erfährt die ursprüngliche Lebenssicherung durch Nahrungsbeschaffung für Mensch und Tier jene eigentümliche Regelung, während in unserer Erfahrungswelt es ohne Töten und Sterben ja kein Überleben geben kann.)

Im Darstellungsgang der Schöpfungswerke nimmt die Erschaffung des Menschen inhaltlich und kompositorisch eine Höhepunktposition ein. Der Mensch ist der König der Schöpfung, wofür auch Elemente der ägyptischen Königsideologie (Pharao als Abbild Gottes und Schöpfungsherr!) ausgewertet werden. Dabei geschieht die Erschaffung des Menschen von vornherein in doppelter Perspektive, die seinen existentiellen und theologischen Stellenwert signalisiert. *Als Abbild des Schöpfergottes und als Herrscher der Erde gewinnt der Mensch seine fundamentalen anthropologischen Koordinaten*, in denen er seine Weltorientierung und den Sinn seines Daseins findet. Der Mensch gewinnt seinen Ort durch seine Gottesbeziehung und durch seine Welthaftigkeit. Geht eines von beiden verloren, ist die humanitas des Menschen bedroht. Für die biblische Anthropologie ist also die Aussage, der Mensch sei das auf Gott hin offene Wesen (ek-sistere!), von konstitutiver Bedeutung.

Sehr viel aktueller als die atheistische und emanzipatorische Kritik an der Verwiesenheit auf Gott ist heute die Problematisierung der zweiten Perspektive in der Menschenschöpfung: Herrschafts- und Kulturauftrag, das dominium terrae, erscheinen dem außer- und postchristlichen Urteil als Legitimation für den destruktiven Umgang mit der Natur! Gewiß erzwang erst die heutige Umweltgefährdung einen sensibleren, problembewußten Umgang mit dem biblischen Text, dennoch gibt es exegetisch und sachlich keine biblische Bestätigung oder Legitimierung eines technokratischen und aggressiven Weltverhaltens des Menschen![6] Im Gegenteil, man muß registrieren, daß eine sorgfältige Beachtung der Komposition und des Aussagegefälles gegen ein solches Mißverständnis gerichtet sind. Die innerbiblische Argumentation ist schlüssig und stringent. Der Mensch erhält den Kultur- und Herrschaftsauftrag *als* Abbild Gottes. D.h., der Mensch ist nach dem Modell des Schöpfers gestaltet. Hier muß die Dominanz des Kontextes geltend gemacht werden: *Das Agieren des Menschen in seiner Welt hat sich am Schöpfungshandeln Gottes zu messen.* Der Schöpfer in seinem konzentrierten Engagement und Interesse am Aufbau einer idealen und lebensfreundlichen Schöpfungswelt ist Maßstab und kritische Norm allen Weltengagements des Menschen! Dieses hat die Kreativität Gottes zu spiegeln.

Trotzdem bleibt bei solcher Klarstellung der Sachaussage für die Priesterschrift ein Formulierungsdilemma. Um die Größe und die schöpferische Weltkompetenz des Menschen auszusprechen, muß sie altorientalische Ausdrucksmaterialien heranziehen. Sie setzt konkret etwa die Sprache altorientalischer Königsideologie und Unterwerfungsterminologie ein. Wie in der Schöpfungsmeditation von Ps 8

"Du hast ihn mit Herrlichkeit und Hoheit(Glanz) gekrönt,/
ihn herrschen lassen über das Werk deiner Hände,/
hast alles ihm zu Füßen gelegt." (v. 6-7),

so verwendet auch Gen 1,28 Termini der Erobererersprache (wie in den Landnahmeerzählungen im Josuabuch!). Dabei spielt die Vorstellung herein, wonach der Pharao in der rituellen Jagd die in den wilden Tieren repräsentierten Chaosmächte bändigen muß. In der Ausdrucksweise der Hirtenmetaphorik zeigt eindrucksvoll Ezechiel, was Machtmißbrauch wirklich bedeutet (Ez 34,4).

Schließlich muß berücksichtigt werden, daß in der genauen und detaillierten Regelung der Nahrungsbeschaffung jeder Anlaß zur Bedrohung anderer Lebewesen von vornherein eliminiert wird (1,29f.). In der idealen Schöpfungskonzeption, wie Gott sie durchsetzen wollte, lebt man nicht auf Kosten anderer. Für die Tiere sind Gras und Blätter da, für die Menschen Getreide und Baumfrüchte (die Wassertiere bleiben außer Betracht, wie auch in der Flutgeschichte). So ist es eine absolut störungsfreie und konfliktlose Welt, in der das Leben einen unantastbaren Höchstwert hat. Ein letztes Argument gegen die Fehlinterpretation: Der gesamte Unterwerfungsauftrag ist als Segensterminologie vorgetragen. So zielt die Formulierung der Menschenschöpfung auf die Gewinnung eines kritischen Maßstabes für das Weltverhalten des Menschen. *Am Schöpfer soll der Mensch lernen, gegenüber der Welt nicht destruktiv, sondern kreativ zu handeln,* gegenüber den Lebewesen nicht bedrohlich, sondern fürsorgend aufzutreten. Der Mensch ist nicht als Jäger, sondern als Hirte der Tierwelt konzipiert. Hier ist Segensdiktion (die atl. immer auf Lebenssteigerung zielt!), sie darf nicht zum Fluch transformiert und pervertiert werden.

"Ursünde" = Gewalttätigkeit als Verlust der Schöpfungsqualität

Die Störung und die Bedrohung in dieser Schöpfungswelt kommen für den P-Schriftsteller - anders als bei J - übergangslos und unvermittelt aus dem Totalumschlag in eine Welt der Gewalt. "Die Erde war im Urteil Gottes verderbt, und die Erde war voller Gewalttat." (6,11). "Alles Fleisch" war gewalttätig geworden und hatte so die Schöpfung ruiniert. Gott zieht daraufhin die Konsequenzen und gibt die Schöpfung den Chaosmächten, denen er sie einst entrissen hat, preis (vgl. 7,11)! Die Funktion der globalen Flutkatastrophe ist die *Dimensionierung der Ursünde als Vorgang der Zerstörung der Schöpfung.* Nach der Reinigung und Regeneration der Erde beginnen die Restauration und der Neuanfang. Jetzt erst hat P die harte, unvermeidbare, defiziente Realität unserer Erfahrungswelt im Blick.

Im großen Schöpfungskompromiß von Gen 9,1-7 werden zwar der Schöpfungssegen und die Garantie von Lebensfülle erneuert und im Noahbund wird anschließend die Welt für alle Zukunft stabilisiert, aber die Nahrungszuweisung ist einschneidend modifiziert: Man darf Tiere töten, um zu leben! Doch ist der Bruch nicht mehr ganz heilbar: "Furcht und Schrecken der Tiere vor euch!" (9,2) So lebt ab jetzt der Mensch auf Kosten anderer Lebewesen. Die in diesem Text verankerte Umweltethik setzt an dem Punkt an: wohl töten, um zu überleben; niemals aber töten, um sich rücksichtslos durchzusetzen! Der sorgsame Umgang mit dem Blut (typisch semitisch an die magische Vorstellung von der Tabumacht von Blut als Sitz des Lebens anknüpfend) *signalisiert die Unantastbarkeit des Lebens selbst* (9,4). Dämme gegen die Zerstörung fremden Lebens sollen errichtet werden. Hier wird die Sorge spürbar, der Mensch könne durch das Töten der Tiere gewalttätig und blutrünstig und so zum Mörder werden (v. 5-6)! Deshalb wird nochmals ganz grundsätzlich an die Ebenbildfunktion des Menschen appelliert.

Was im Schöpfungstext nur sehr knapp ausgesprochen ist, das wird im Alten Testament sonst immer wieder variiert: Der Mensch, der sich vom Schöpfer abkoppelt und dessen Bild zerbricht, wird zum Störfaktor in der Welt. So ist im großartigen Schöpfungshymnus von Ps 104 der "Sünder" einziges destruktives und bedrohliches Element in einer sonst optimal laufenden Schöpfung (v. 35). Beim Propheten Hosea (8. Jh. v. Chr.) wird wegen des Gottesverlustes "das Land verdorren, alles wird verwelken/ samt den Tieren des Feldes, auch die Fische im Meer gehen zugrunde." (Hos 4,3) Und Jeremia skizziert als tödliche Folge des Abfalls von Juda und Jerusalem gegenüber Gott eine Art Anti-Schöpfungsgeschichte, die Zug um Zug von der Schöpfung zum Chaos zurückfällt (Jer 4,23-26). Besonders eindrucksvoll und modern anmutend zeigt Habakuk, wie der gewalttätig auftretende Mensch seine Umwelt zugrunderichtet.

> "Dich erdrückt dein Verbrechen gegen den Libanonwald, und die Vernichtung des Großwildes lastet auf dir;
> wegen des Blutes, das du vergossen hast unter den Menschen,
> wegen der Gewalttat, die du verübt hast..." (Hab 2,17)

Die ideale Schöpfungswelt der Urgeschichte von P hat nicht nur eine kritische und normierende Funktion für die Bewältigung unserer defizienten Erfahrungswelt. Sie setzt auch Impulse frei für die utopische Phantasie von einer anderen Welt, von einer neuen Schöpfung: "Der neue Himmel und die neue Erde..." (Jes 65,17; 66,22; Offb 21,1). Dann wird auch jede Form von Gewalt ihr Ende finden, wie die Utopie vom eschatologischen Tierfrieden im messianischen Friedensreich andeutet: Jes 11,6-9; 65,25. Paulus verbindet die neue Lebensmöglichkeit des Christen mit der Hoffnung auf ein Neuwerden der Welt insgesamt.

> "Auch die Schöpfung soll von der Sklaverei und Verlorenheit befreit werden zur Freiheit und Herrlichkeit der Kinder Gottes. Denn wir wissen, daß die gesamte Schöpfung bis zum heutigen Tag seufzt und in Geburtswehen liegt." (Röm 8,21f.)

Wobei wir uns heute die bedrängende Frage stellen, ob es nicht vielmehr eine Agonie ist, in der die Natur liegt. Jedenfalls denkt sich Paulus den Christen mit seiner neuen Wertwelt als ein Ferment, das die Schöpfungswelt durchringen kann. Wichtig dürfte für unsere aktuelle Diskussion sein, daß es jedenfalls weit mehr braucht als ein Sanierungskonzept für die Rettung von Natur und Umwelt, indem vor allem die Christen für eine neue Anthropologie plädieren. *Um die Natur zu retten, muß sich der Mensch verändern.*

C. Jahwistische Urgeschichte: die Ambivalenz des Menschlichen Daseins

Viel konkreter, plastischer, auch farbenreicher gestaltet der Jahwist jenen Ursprung als fundamentale Weichenstellungen und Vorentscheidungen für heutiges Menschsein. Er schildert - ätiologisch begründend -, wie unsere schwierige Existenz entstand. Auch er gestaltet eine Polarität zwischen dem paradiesischen Dasein in der Gottesgemeinschaft und einer Epoche eskalierender Entfremdung vom Schöpfergott. Die Paradiesgeschichte (Kap. 2-3) verdichtet dies in einer großartigen und mythennahen (damit emotional angereicherten) Darstellung. Dabei sind die Elemente einer idealen Konzeption der menschlichen Existenz in einer wunderbaren Schöpfungswelt sehr viel deutlicher und griffiger. Fundamental ist gewiß die Aussage der Erzählkomposition, daß Gott eine ganze Reihe von Maßnahmen setzt, sich gewissermaßen eminent anstrengt, um dem Menschen ein wahrhaft paradiesisches Dasein aufzubauen. Aus sumpfigem bzw. wüstenhaftem Gelände wird ein herrlicher Garten (Oasen-/Wüsten-Kosmogonie gegenüber der Wasser-Kosmogonie von Gen 1!) mit Wasserreichtum, köstlichen Früchten, reichen Bodenschätzen, ein Dasein, in das auch die Tierwelt integriert ist, eine Gemeinschaft mit einer wunderbaren Frau, selbst Gott geht hier spazieren... Diese Handlungssequenz ist von sachlich-theologischem Gehalt: *Gott baut mit hohem Einsatz an dem Lebensglück des Menschen!* Dies ist der erste, weichenstellende Zug im Profil des Gottesbildes beim Jahwisten. Dies gilt es auch als anthropologischen Sachverhalt zu werten.

1. Der Mensch und die Arbeit: Mensch als Kulturwesen

Anthropologisch relevant ist die Auffassung, daß paradiesische Existenz kein Schlaraffenland eines seligen Faulenzens ist, sondern daß der Mensch dieses Paradies zu erhalten, zu bewahren, sich um sein Lebensglück zu kümmern hat und daß dies die Menschlichkeit des Menschen bedeutsam fördert: "Gott setzte ... ihn in den Garten Eden, daß er ihn bebaue und behüte" (2,15). In solchem hegenden und pflegenden (semantisch: colere - Kult/Kultur!) Umgang mit der Welt soll der Mensch sein Dasein realisieren. Also auch *J formuliert einen spezifischen Kulturauftrag im Sachkontext der Menschenschöpfung!* Daraus wäre abzuleiten, daß für J der Mensch nicht Mensch wird ohne Kulturarbeit.

Dabei wäre ein Seitenblick auf altorientalisch-mythologische Vorstellungen zu dieser Sachlage lohnend. Der Mythos innerhalb der mesopotamischen Hochkultur sieht den Zweck der Menschenschöpfung exakt in der Verlagerung und damit Entlastung der Götter von ihrer Arbeitslast hin zu den Menschen. Nach dem Atrachasisepos (18./17. Jh. v. Chr.) soll der Mensch leben, um für die Götter zu arbeiten und dadurch deren Kult (Tempel ist immer auch ein Wirtschaftsunternehmen großen Ausmaßes!) sicherzustellen. Durch die Menschenschöpfung werden hier die Götter von der entfremdenden Arbeit befreit. Hingegen ist die Einstellung und Wertung der älteren sumerischen Kultur zur Arbeit (3. Jt. v. Chr.) sehr viel positiver: "Die Spitzhacke, der Spaten, der Tragkorb, der Pflug: Lebensodem des Landes!"

Gegenüber dem Kulturkonzept der Wahrung des paradiesischen Lebensraumes durch die Arbeit des Menschen als Idealentwurf Gottes steht die harte, zermürbende, mühselige Realität der nachparadiesischen Erfahrungswelt. Hier hat der Mensch einer feindseligen Erde den Unterhalt zu entreißen; in mühsamer, die Gesundheit zermürbender, aufreibender Bauernarbeit (vorrangiger Anschauungsbereich des Israeliten im 10. Jh. v. Chr.) fristet der Mensch sein Dasein. Dieses hat insgesamt ein Gefälle zum Tode. "Denn Staub bist du, zum Staub kehrst du zurück!" (3, 19) Dieser berühmte Satz steht nun innerhalb eines emotional besetzten Kontextes: der Strafsanktionen des Schöpfers gegen den Menschen. Deshalb signalisiert dieser Wahrspruch, daß diese harte Faktizität eines Menschenlebens als "Sein zum Tode" keinesfalls gemeint ist als neutrale, resignative Deskription, daß jeder Mensch halt sterben muß. Vielmehr ist dies eine Folge, eine letzte Konsequenz einer ungeheuren Aktion des Menschen.

Die ätiologische Rückfrage - wie ist der Tod in die Welt des Menschen gekommen? - will erschließen, daß dieser *Übergang vom paradiesischen Hegen zur außerparadiesischen Daseinsfristung Resultat einer fundamentalen Störung der Gottesbeziehung ist.* In der altorientalischen Diktion der Verhängung einer Fluchsanktion wird dieser Seinsbruch formuliert.

> "Der Ackerboden sei verflucht deinetwegen. Unter Mühsal wirst du von ihm essen...
> Dornen und Disteln läßt er dir wachsen...
> Im Schweiße deines Angesichts sollst du dein Brot essen, bist du zurückkehrst zum Ackerboden." (3,17-19a)

Der Jahwist wehrt sich gegen die Zumutung, ein solches Leben sei selbstverständlich, sei normal, oder gar von Gott so gewollt. Mit seinen literarischen Mitteln sucht er auszusprechen, daß Gott den arbeitenden Menschen im Milieu des paradiesischen Lebensglückes konzipiert hat, der Mensch jedoch sein Lebensglück gegen Gott und autonom anstrebte. Dieser Wille zur Selbstpotenzierung war die Ursache für die nun herrschende Negativität des Daseins. Wo immer der kulturgeschichtlich interessierte Jahwist vom Kulturschaffen des Menschen erzählt, redet er auch von seiner Zweideutigkeit: der Arbeitsteilung (Hirte und Bauer 4,1); der Gründung der Stadt (4,17 vgl. mit 11,1ff.!); dem Metallhandwerk (4,22 vgl. mit v. 23!); dem Weinbau (5,29 und 9,20 vgl. mit 9,21ff.). Zur anthropologischen Auswertung der Arbeit muß schließlich auch dieser Akzent wahrgenommen werden. Diese Negativität und Defizienz der menschlichen Arbeitswelt ist keineswegs ein Verhängnis, ein Schicksal. Sie ist Strafsanktion, besser: das Inkrafttreten des sich selbstpotenzierenden Menschen (was ja eine Grundvorstellung von Sünde im AT überhaupt ist). Denn Gen 1 und 2 begreifen ja die Schöpfungswelt - in markantem Unterschied zu den Schöpfungsmythen der Umwelt - als eine radikal nichtgöttliche Realität! Die Welt als Lebensraum des Menschen ist profan, entgöttert, damit enttabuisiert. Diese Welt ist völlig nichtsakral, ihr fehlt jede numinose Qualität. Das bedeutet, daß der Mensch in dieser Welt mit einem entdämonisierten Lebensraum zu tun hat. *Diese fundamentale Kontingenz und Geschöpflichkeit der Welt* ist also einerseits eine befreiende Sicht für den Menschen, andererseits ortet sie die Verantwortung für die Schwierigkeiten in der Daseinsbewältigung beim Menschen selbst. Aus diesem Grund kann der Jahwist dann in der weiteren Erzählfolge auf eine Wende dieser Situation so hinarbeiten, daß der Mensch zu einem neuen Verhältnis zu Gott findet. Darin wird eine neue Perspektive für den arbeitenden Menschen in der Abrahamgeschichte sichtbar (Kap. 12ff.), wo der Mensch als Segensträger Gottes zu neuem Wohlstand und zu einem reichen Dasein und langen Leben zurückfindet. Der primäre Anspruch, Arbeit soll zur Sicherung des Lebensglückes dienen, bleibt als Maßstab und kritische Norm wirksam und soll über Abraham in die Menschheit gelangen.[7]

2. *Der Mensch und die Tierwelt*

Der Schöpfer macht sich Gedanken um das Glück des Menschen: "Es ist nicht gut, daß der Mensch allein bleibt!" (2,18) Man achte auf diesen Zug: nicht daß Gott feststellt, sein bisheriges Produkt wäre unvollständig und somit das Schöpfungshandeln fragmentarisch. Vielmehr geht aus der Handlungssequenz klar hervor, daß hier Menschwerdung in mehreren Stufen beabsichtigt ist: über die Integration der Tiere ins Dasein des Menschen und die Erschaffung der Frau. Dabei liegt ein Hauptton auf der impliziten Aussage, daß *Gott intensiv und hartnäckig arbeitet an der Menschwerdung und am Lebensglück des Menschen.* Diesen Zug im Gottesbild des Jahwisten gilt es festzuhalten. Hinter der erzählten Versuchsreihe stehen die Auffassung und die theologische Überzeugung: Die Initiative zur Optimierung und völligen Humanisierung des Menschenwesens ergreift ausschließlich, aber auch kompetent der Schöpfergott! Darin liegt ein Sachurteil: der einsame Mensch im Paradies - das ist ein Torso. *Die Formel "der vereinzelte, private Mensch im Glück" - diese Formel stimmt nicht für die biblische Anthropologie!*

Die Tierwelt, die Gott dem Menschen zuführt, erweist sich als nicht dialog- und partnerfähig. Immerhin ist das Vorgehen Adams, alle Lebewesen zu benennen, ein Vorgang der Zuordnung und der Integration der Tiere in seinen eigenen Lebensraum. Auch die Tiere erhalten ihren Ort im paradiesischen Dasein. Wiederum ändern sich diese Beziehung und das friedliche Zusammensein als Folge und Auswirkung der Störung der Gottesbeziehung! Auch hier ein provokanter Ton für den heutigen Leser der Texte. Die Sicht von Gott hat sachlich mit der Bewertung der Tierwelt zu tun. Aus der Entfremdung vom Schöpfergott resultiert die Fremdheit und Gefährlichkeit der Tiere. Die Intrige der Schlange und ihre Verführungskraft (ein hochmythischer und religionsgeschichtlicher Hintergrund: Weisheit, sexuelle Lebenskraft, Macht als Assoziationsraum der Schlangensymbolik!) sowie der menschliche Versuch, sich göttliche Kompetenzen anzueignen, führen zur Störung des Verhältnisses zum Tier überhaupt. Die Schlange wird verflucht (Ätiologie: warum kriecht dieses gefährliche Tier auf dem Bauch?), das Tier wird zum Feind des Menschen (3,14f.). Erfahrungsbasis ist die Gefährdung durch die Giftschlange in der Ackerarbeit und in Plantagen sowie ihre Tarnung, sodaß sich der Israelit dagegen kaum schützen kann. Auch an diesem Phänomen zeigt sich ein Aspekt jenes Kampfes ums Dasein, der als Folge des Paradiesverlustes das menschliche Leben dominiert.

3. Der Mensch als Mann und als Frau (ein nichtsexistisches Menschenbild)

Zentraler sind die Aussagen über den Menschen als Geschlechtswesen, Menschsein in der Geschlechterpolarität. Hier ist eine primäre Wertung und damit eine gültige Normbestimmung für das Menschenbild in der Darstellung zu sehen, daß paradiesische Existenz erst durch die Realisierung geschlechtlicher Partnerschaft optimal geschaffen ist. *Adam ist als einzelner erst unterwegs zu seiner Menschwerdung. Adam wird Mensch durch die Erschaffung der Frau.* Ohne sie bliebe er in der Isolation und Vereinzelung, er wäre ein Torso, ein Fragment. Erst in der Frau findet er sein Gegenüber (nicht sein Duplikat!), seine Entsprechung (nicht ein fremdes Wesen!), was in der hebräischen Diktion deutlicher gesagt ist als in der deutschen Übersetzung. Gleichsinnig, wenn auch sehr viel theologisch-grundsätzlicher, formuliert auch P in Gen 1,27. "Als Abbild Gottes schuf er ihn: (Adam): als Mann und Frau schuf er sie." Anders gesagt: Der

Mensch ist Mann und Frau und in solcher Geschlechterpolarität hat der Mensch vom Schöpfer her seine Konstitution.

Schärfer kommt der positive Grundton über die Frau bei J zur Geltung - freilich auch hier eine sachliche Grundbestimmung in einem nichtvermeidbaren Formulierungsdilemma (wie beim Herrschaftsauftrag s.o.). Wiederum fließt eine mythologische Hypothek ein, die nur exegetisch-religionsgeschichtliche Sondierung einigermaßen in den Griff bekommt. Damit die zu erschaffende Frau nicht eine andere Gattung neben Adam und Tier (beide werden aus der Erde gebildet!) werde, damit ferner die biologische Gemeinsamkeit und die personale Nähe gesichert sei, deshalb muß dieser schöpfungsmäßige Neueinsatz als Bilden der Frau aus Adam gefaßt werden. Dieser Vorgang des Schaffens der Frau aus der Rippe des Adams muß streng funktional interpretiert werden! Zur konkreten Vorstellungsweise kommt schließlich eine mythologische Tradition. Es gibt sumerische Texte, in denen das sumerische Ideogramm TI semantisch "Rippe" und "Leben" zugleich bedeutet.[9]

Auch wenn es nicht realistisch ist anzunehmen, der biblische Schriftsteller habe von diesen sumerischen Bedeutungsbezügen noch gewußt, so bleibt doch die auffällige Ähnlichkeit im Spiel des Jahwisten mit diesen Bedeutungsnuancen zu registrieren und kann einen Fingerzeig für die Interpretation der Textpassage geben. Als z.B. im sumerischen Mythos die Götter Enki und Ninmach im Wettstreit die Menschen erschufen, wurde die Göttin Ninmach als nin-ti "Herrin des Lebens" bezeichnet, so wie auch Eva als die hebräische Chawwáh "Mutter allen Lebens" genannt wurde. "Adam nannte seine Frau Chawwáh (= Eva), denn sie wurde die Mutter allen Lebens." (Gen 3,20). Auch das sei beachtet: Man hat in bronzezeitlichen Gräbern von Jericho gestalthafte Modelle gefunden, welche aus einem Schilfkern bestanden, um den herum die Tonfigur "gebaut" wurde, wie es Gen 2,22 heißt: "Gott ... baute aus der Rippe, die er von Adam genommen hatte, eine Frau..."

Die volle Menschwerdung des Menschen geschieht also in der Begegnung von Adam und Eva, von Mann und Frau. Dies wird in der Erzählung emotional außerordentlich dicht durch eine sprachliche Höhenlage ausgedrückt, die ein wesentlicher Hinweis ist, wie wichtig es dem Jahwisten ist, diesen anthropologischen Sachverhalt innerhalb der Schöpfungserzählung zur Geltung zu bringen. Die Begrüßung der Frau, die Gott für ihn gestaltet hat, ist ein hymnischer Lobpreis, von Herder als "die jauchzende Bewillkommnung" charakterisiert. Die Intensität der Darstellung liegt aber nicht nur im Stilistischen, sondern auch in der Auswertung einer bestimmten Ausdrucksmöglichkeit, nämlich in der Verwendung der sog. Verwandtschaftsformel:

> "Das endlich ist Bein von meinem Bein,/
> und Fleisch von meinem Fleisch." (v. 23)

Diese formelhafte Sprechweise läßt sich gut orten innerhalb der altisraelitischen Sprachkonvention. Als etwa Jakob nach Obermesopotamien zur Sippe seiner Vorfahren flüchtet, sagt dessen Onkel Laban beim Zusammentreffen: "Du bist wirklich mein Bein und mein Fleisch!" (Gen 29,14) Abimelech appelliert an die Clansolidarität mit folgendem Satz: "Denkt daran, daß ich euer Fleisch und Bein bin!... So sagten sie: Er ist unser Bruder!" (Ri 9,2-3). So wird demnach in der Begegnung von Adam und seiner Frau *als Ausdruck der Vollendung der Menschwerdung die Kongenialität der Frau für den Mann im Motiv der Nähe und Verwandtschaft ausgesprochen.* Die Intensität des Zusammengehörens von

Mann und Frau wird noch in einem zweiten Stilmittel ausgedrückt, nämlich durch die Namensetymologie: 'isch - 'ischscháh! Im Englischen läßt sich dies entsprechend übersetzen: man - woman („wife of man'). Luther suchte das Wortspiel zu bewahren: "Mann - Männin". Was freilich sexistisch mißverstanden werden kann, indem man heraushört, daß die Frau vom Mann her definiert wäre! Die Etymologie hat jedoch eine funktionale Zuspitzung. Wie die Benennung der Tiere durch Adam, so ist die *Namengebung ein Vorgang der Integration, der Zuordnung. "Die Frau" ist nicht die Fremde, die Andersartige!* Wenn schon sexistisch verdächtigt wird, dann muß doch sehr zu denken geben, welche Konsequenz Adam aus dem Befund "denn vom Mann ist sie genommen" zieht! Abhängigkeit müßte man nämlich gerade in der umgekehrten Richtung empfinden, wird doch gefolgert: "Darum verläßt der Mann Vater und Mutter und er bindet sich (!) an seine Frau und sie werden zu *einem* Fleisch." (2,24) So gewährt die Textformulierung keinen Ansatzpunkt für eine sexistische Fehlinterpretation der Paradiesgeschichte Kap. 2 (wie ja auch Kap. 1 bei P).

Und in einem letzten Motiv wird die absolut störungsfreie, keinerlei repressive Obertöne zulassende Kommunikation angedeutet durch die paradiesische Nacktheit (v. 25), die noch keine Spur gegenseitiger Bloßstellung und Verletzlichkeit andeutet (wie dann nach dem Umschlag 3,10). Insgesamt wird somit in einem ganzen Bündel literarischer Ausdrucksmittel die Menschwerdung des Menschen in der Polarität von Mann und Frau sowie ihrem absolut störungsfreien und ungefährdeten Zueinander artikuliert. Erfaßt man die Funktionalität dieser Ausdrucksweisen, dann gibt es hier keinen Ansatzpunkt für den Nachweis einer Unterbewertung oder patriarchalisch-sexistischen Vereinnahmung der Frau (was angesichts heute üblicher feministischer Exegese ins Gespräch einzubringen wäre).

Diese Gesamtposition eines schöpfungstheologischen Idealentwurfs in Kap. 2 (den noch Jesus von Nazareth in seinem kritischen Potential für die Scheidungsdiskussion aktivieren kann, vgl. Mt 19,5!) findet jedoch ihr dunkles Gegenbild (Negativfolie) in *Kap. 3, wo eine Anthropologie des entfremdeten Menschen als Konsequenz der Entfremdung vom Schöpfer konzipiert wird.* So ist nun die harte, bedrückende Realität im Menschendasein, so war sie jedoch von Gott nicht geplant, dazu kam es durch menschliche Gegeninitiativen, sich sein Dasein in absoluter Eigenplanung zu schaffen. Gott behaftet (typisch alttestamentliche Auffassung vom Sachzusammenhang von Schuld und Strafe, die ja nicht von außen verhängt wird, sondern als innere Sachkonsequenz zur Geltung gebracht wird!)[10] den Unrechtstäter mit den inneren Konsequenzen seines Unrechts.

Die Entfremdung des Menschen vom Schöpfer schlägt jetzt um in eine Situation vielfältiger Störung der Beziehung zueinander. Zug um Zug *wird die Integration aufgehoben in einen nachparadiesischen Status partnerschaftlicher Desintegration.* Erste Folge der Ursünde - als der Versuch begriffen, die Theonomie durch Autonomie abzulösen; also in eigener Kompetenz, die gesamte Wertwelt ("Gut und Böse" als Stilform des sog. Merismus, dh. Totalitätsaussage!) festzulegen und den Schöpfer zu eliminieren ("sein wie Gott") - ist das Sichverstecken als Verweigerung der Kommunikation mit Gott (3,8ff.). Dies wirkt sich sofort aus als die Erfahrung gegenseitigen Bloßgestelltseins (3,10)!

Man beachte den scharfen Umschlag im Atmosphärischen gegenüber 2,25. Vor allem ändert sich der Grundton. Jetzt herrschen Vorwurf, Kritik und Anklage gegenüber der Frau. Sie ist schuld! "Die Frau, die du mir beigesellt hast, die da hat mir von dem Baum gegeben!" (v. 12). Nicht Einverständnis, sondern Distanzierung ist jetzt der Gestus Adams gegenüber Eva.

In der Verhängung der Strafsanktion über die Frau kommen nun (wie oben bei den Tieren) genau jene tristen Erfahrungsgegebenheiten zum Tragen, die dem Autor der Erzählung aus seiner Alltagssituation präsent sind. Das sind für J keine unhinterfragbaren, unantastbaren, biologisch, soziologisch, ideologisch gültigen Faktizitäten, wie man etwa in einer traditionellen Naturrechtsethik daraus Gesetzlichkeiten und Normalität abgeleitet hat. *Das Dasein der Frau ist qualifiziert als eine Situation der schweren Entfremdung, der Inhumanität, die man als solche kennzeichnen und demaskieren muß.* So dürfte es nicht sein, es könnte ganz anders sein - wenn es jene fundamentale Störung gegenüber dem Schöpfer nicht gäbe! Was also in einer patriarchalischen und sexistischen Gesellschaft als Normalität und bleibende Ordnung gilt, das begreift die Bibel als Fluchgeschichte, repressive Gesellschaft, welche - trotz der von Gott ausgesprochenen Sanktionssätze - nicht die Deckung des Schöpfergottes findet.

"Viel Mühe bereite ich dir, sooft du schwanger wirst./ Unter Schmerzen gebierst du deine Kinder;/ nach deinem Mann geht dein Begehren,/ er aber wird dich beherrschen!" (3,16)

Die Frau als Mutter und als Gattin trägt eine schwere Bürde, diese ist ein negativer Kontrast zu einer paradiesischen Existenz. In ätiologischer Erklärung wird dabei gerade die Situation des Alltäglichen, nicht die Extremsituation apostrophiert (die etwa die Unverheiratete oder die Kinderlose in Israel wäre). Um auch hier die Gewichte auszutarieren, müßte darauf hingewiesen werden, daß die schwerste Sanktion und Glücksminderung Adam trifft, wobei man auch dies zu sehen hat, daß Adam durch die Störung der Partnerbeziehung (die ihm noch Kap. 2 so wichtig war!) selbst schwer beeinträchtigt wird. Für die Gewaltdiskussion ist dies ein wesentlicher Punkt. Der gewalttätige Mensch wird durch diese Praxis selbst deformiert. Nur in sexistischer Diktion wäre dies eine positive Aussage: "Er aber wird dich beherrschen!" (3,16)

4. *Der Mensch als Dialog- und Gemeinschaftswesen*

Die Schöpfungstexte akzentuieren zwar den Menschen zunächst als Geschlechterwesen, sie sind jedoch zugleich interessiert an der anthropologisch relevanten Konstitution des Menschen als zôon politikôn, als ens soziale, als politisch-gesellschaftlichen Wesens. Gerade dem Alten Israel ist nach seiner typisch semitischen, nicht griechisch-hellenistischen Anthropologie der Mensch als private Existenz und als Individuum so gar nicht faßbar. *Der Mensch ist eine korporative Persönlichkeit*, wie es ausgedrückt wurde: Adam steht für die Menschheit, Abraham für das erwählte Volk, Jakob für die Nation Israel, an der Biographie der Propheten ist das Geschick Israels ablesbar, der König ist Repräsentant und Integrationsfigur des Bundesvolkes, der Messias trägt die Hoffnungen des Neuen Bundes usw. Demnach ist das paradiesisch glückliche und absolut störungsfreie *Zusammensein von Adam und seiner Frau ein Paradigma menschlicher Gemeinschaft und Sozietät überhaupt!* Und aus der Kommunikationsstörung der Paradiesmenschen mit dem Schöpfer resultieren fundamentale Defizite zwischenmenschlicher Kommunikation. Adam und Eva werden einander fremd und feind, sie erschweren sich das Zusammenleben.

Wie läßt sich argumentativ dieser politisch-gesellschaftliche Gehalt des Urpaares als der Keimzelle jeder Gemeinschaft nachweisen? Man muß hier die weitere Erzählfolge des Jahwisten heranziehen, wo ja eine Wirkungsgeschichte jener Ursünde explizit wird. Die Störung der Partnergemeinschaft setzt sich - und zwar massiv eskalierend! - fort im Handlungsverlauf der Urgeschichte. Hatte die Priesterschrift die Destruktion der idealen Schöpfung von Gen 1 durch universale Gewalttätigkeit sehr verdichtet ausgesprochen (6,9ff.), so komponiert der ältere Jahwist eine ganze *Erzählsequenz, die eine Verschärfung und einen progressiven Verlauf jener ersten Entfremdung des Menschen vom Mitmenschen skizziert.* Darin liegen nun eine ganze Reihe von anthropologisch bedeutsamen Implikationen und Elementen.

(1) In der *Erzählung von Kain*, dem Ackerbauern, und Abel, dem Schafhirten (welche das altorientalische Literatursujet des Streites zwischen konkurrierenden Berufen aufgreift), spitzt sich alles zu auf das Problem kainitischer Konfliktlösung. Die in der Komposition angestrebte Parallelisierung von Kap. 3 und Kap. 4 zwingt zum Sachvergleich. Es zeigt sich, daß auch die Tat Kains als "Sündenfall" begriffen werden soll. Zugleich entsteht in der Abfolge beider Erzählungen ein Gefälle von den Störungen zwischen Mann und Frau hin *zur tödlichen Bedrohung des Bruders durch den Bruder!* Im Brudermord erreicht die Entfremdung vom Schöpfergott, der allein über das Leben verfügen darf, eine weitere Stufe des Abfalls vom paradiesischen Ursprung.

(2) Noch weiter eskaliert die Unfähigkeit, miteinander auszukommen und zusammenzuleben, im sog. *Lamechlied*, einem Racheschwur, der das maßlose Zurückschlagen zum Daseinsgesetz erhebt:

> "Ja, einen Mann erschlage ich für eine Wunde
> und ein Kind für eine Strieme!
> Wurde Kain siebenfach gerächt,
> dann Lamech siebenundsiebzigfach!" (4,23-24)

Daß hier jenes berühmte Gesetz der Wüste, die Talion, in ungeheurer Verschärfung apostrophiert wird, lassen die genauen Entsprechungen im Ausdruck erkennen: "Du mußt geben Leben für Leben, Auge für Auge, Zahn für Zahn..., Wunde für Wunde, Strieme für Strieme!" (Ex 21,24f.). Dabei ging es um ein Mindestmaß an Rechtskultur (die Clan- und Stammessozietät hat einzustehen!) in der Extremsituation äußerster Rechtsunsicherheit (Wüste als Ort, wo es keine Zeugen gibt! Vgl. dazu bes. Dtn 22,25-27 und 21,1ff.). Fungiert hier das Talionsgesetz zur Eingrenzung von Gewalt und Rechtsbruch, so wird bei Lamech in der totalitären Rechtssetzung gerade jener Rechtshintergrund ignoriert. Lamech bestimmt, wieviel das Leben der andern zu gelten hat.

(3) Eine weitere Stufe der Entfremdungsgeschichte zum Schöpfer in der nachparadiesischen Menschheit stellt die *Flutgeneration* dar. "Alles Sinnen und Trachten des Herzens ist nur noch böse!" (6,5) In solcher Zentrierung des

Bösen gibt es nichts mehr zu reparieren, sondern nur noch zu eliminieren. (Wobei die Flutsanktion primär die Funktion hat, in ihrer globalen Zerstörungsmacht die Dimension der Bosheit des Menschen zu signalisieren). Gerade an den Sintfluterzählungen gilt es, um Mißverständnisse auszuschalten, zu berücksichtigen, daß die Urgeschichtstexte paradigmatische Grundsituationen des Menschseins darstellen wollen, hier also von der Möglichkeit des totalen Scheiterns des Menschen als Konsequenz des Gottesverlustes die Rede ist und nicht von einem historischen Faktum (wofür man immer wieder vergeblich die Archäologie bemüht hat). Die Ausdrucksweise des "Sinnens und Trachtens" arbeitet mit bestimmten semantischen Akzentuierungen, die etwa in der prophetischen Sozialkritik eine Rolle spielen. Es ist der nach dem Besitz und Lebensraum des wehrlosen Mitmenschen ausgreifende begehrliche, "Unheil planende" Mensch (vgl. Mi 2,1-2; Jer 17,9-11! und in der Formulierung des Dekaloggebots "Du sollst nicht begehren!" Ex 20,17). Bei allen diesen Formen von "Kainmenschen" wird *thematisiert, daß der sich vom Schöpfer abkoppelnde Mensch nicht mehr weiß, welchen unantastbaren Höchstwert das Leben des Mitmenschen hat.*
Der Kainmensch wird zur Bedrohung für seine Mitmenschen, er hat mit dem Paradies die Gemeinschaftsfähigkeit verloren. In seinem gewalttätigen Auftreten gerät er in die Isolation (Kain wird nach Nod verbannt 4,16).

5. Der Mensch - ein theonomes oder autonomes Wesen?

In der theologischen Anthropologie der Urgeschichte ist die Basis aller Wertungen und Normaussagen bezüglich der menschlichen Existenz, vor allem in ihrer Ambivalenz und Zweideutigkeit, das Verhältnis des Menschen zum Schöpfergott. In narrativer, aber sachlich prägnanter Weise wird die Überzeugung vertreten: *Am Gottesbild entsteht das Menschenbild.* Am Schöpfer lernt der Mensch, wieviel wert der Mitmensch ist. Der schöpfungstheologische Entwurf des idealen Menschseins gibt einen heuristischen Rahmen für die Sondierung der Phänomenalität menschlichen Daseins. Auf solche Weise ermöglicht das Wissen um den Schöpfungsursprung ein tiefes Verständnis der menschlichen Grundkonstitution, und zwar in einer sehr kritisch hinterfragenden Weise.

Eine zentrale anthropologische Aussage ist demnach die Verwiesenheit des Menschen auf Gott. *Der Mensch als Geschöpf Gottes* - diese Bestimmung erscheint allerdings der neuzeitlichen Anthropologie problematisch und ganz unter negativen Konnotationen stehend. Dies gilt besonders in der religionskritischen Zuspitzung des humanistischen Atheismus. Ist damit nicht eine lähmende Subalternität, eine umfassende Fremdbestimmtheit des Menschen durch Gott ausgedrückt?

Genau in diesem Problemkontext entstand jene Textinterpretation von Gen 2-3, die einen massiven "Perspektivenwechsel" (L. Kolakowski) vornahm: Die Schlange als mythische Weisheitsgöttin und Sexualsymbol setzt Initiativen der Befreiung und der Bewußtwerdung für Adam, dem der Schöpfergott das wahre Wissen (Baum der Erkenntnis) und das volle Leben (Baum des Lebens) vorenthält. Dabei erscheint der Sündenfall als Emanzipationsvorgang! Durch Wissen um "Gut und Böse" geschieht Aufklärung, wird der Mensch zur Entscheidung fähig; durch die Entdeckung der Sexualität kann er über die Zukunft des Lebens verfügen (Fruchbarkeitskulte!). Die Ursünde nach religiöser Ideologie wäre in Wirklichkeit das Zusichkommen, die Selbstfindung, die Individuation des Menschen. In Gen 2-3 sei der Übergang von Theonomie als Heteronomie zur Autonomie des Menschen gestaltet!

Diese Exegese ist beeindruckend und geistreich, aber isolierend und das Darstellungsgefälle wie die Kontextführung mißachtend. Ganz abgesehen von der problematischen Eintragung modern-abendländischer Assoziationen. Es nützt nichts, wer den Text erfassen will (und nicht nur als Assoziationsraum für eigene Gedankenführung heranzieht), der muß sich um sein Aussageprofil bemühen. Danach ist einerseits die Theonomie des Paradiesmenschen gerade nicht Fremdbestimmung, sondern Ausdruck dafür, daß der Schöpfer alle Schöpfungsinitiativen zu dessen Glück mobilisiert. Der Text entfaltet mit seinen narrativen und bildhaften Mitteln Zug um Zug, *wie gerade die Absetzbewegung von Gott zur Heteronomie führt!* Sünde wird ätiologisch als ein Autonomiestreben begriffen, in dem der Mensch sich in die Position Gottes bringen will. Der Gedanke, "sein zu können wie Gott" und selbst über die Wertwelt ("Gut und Böse") souverän zu verfügen, hat fundamentale Konsequenzen.

Wie oben gezeigt, verliert der Mensch das Wissen um den Höchstwert fremden Lebens (die biblischen Autoren beziehen auch die Tiere mit ein!); zugleich destruiert er seine eigenen Lebensmöglichkeiten, wie wiederum paradigmatisch erzählt wird.

(1) Als Konsequenz dieser Ursünde, die als Alternative ja präsent bleibt und als kritischer Begriff einzusetzen wäre, bringt der Jahwist ein hochmythologisches Erzählfragment. In Gen 6,1-4 wird im Sujet der Liebe zwischen *Göttersöhnen und Menschentöchtern* die *Usurpation göttlicher Kompetenz über ewiges Leben* in äußerster Knappheit ausgedrückt. Als Strafsanktion tritt die Begrenzung der Lebenszeit auf 120 Jahre in Kraft. Dabei kann die sagenhafte Vorstellung von Riesen, Vorzeithelden, Hochberühmten (v. 4) ätiologisch geklärt werden.

(2) Auch die *Turmbaugeschichte* ist als Explikation des Autonomiestrebens der Menschen eindrucksvoll und bildintensiv erzählt. In der Kontamination eines Turmbau- und eines Stadtgründungsmotivs wird der Versuch geschildert, durch eigene Fähigkeit und Leistung *eine unangreifbare Machtbasis zu schaffen.* Der den Himmel aufsprengende Turm und die Metropolis werden zu Symbolen, Gott abzuschaffen und sich autonom zu setzen. "Dann wird ihnen nichts mehr unerreichbar sein, was sie sich auch vornehmen!" (11,6) In einer Reihe ätiologischer Motive (Demontage der Großbauten zur Ruine; Sprachenwirrwarr, Zerstreuung in die Länder der Erde; Babylon = balal/verwirren) wird das Scheitern jenes *Versuchs der Selbstpotenzierung und der Totalautonomie* ausformuliert. Der sich absolut setzende Mensch verliert gerade dadurch seine Dialog- und Kommunikationsfähigkeit. Wie der gewalttätige Kain, so muß die imperialistisch auftretende Menschheit ins Exil und in die weltweite Diaspora.

Damit ist innerhalb der Urgeschichte ein *Endzustand jener Entfremdungsgeschichte des Menschen von Gott* erreicht. Der signalhafte Neueinsatz der Heilsgeschichte mit Abraham setzt ab Kap. 12 eine ganz andere Konzeption der Realisierung des Menschseins als das für Gott offene Wesen ins Werk. In der

Geschichte Israels entsteht jetzt das neue Paradigma, in dem die Sinnfrage und das Daseinsverständnis des Menschen stellvertretend und modellhaft reflektiert wird an der theologischen Gestalt "Israel", welche wiederum als kritischer Maßstab für das historische Israel fungiert!

Ehe man den Verdacht einer nationalistischen und privatistischen Religionsform Israels ausspricht (welcher das AT selbst seine Zustimmung verweigert), wäre zu bedenken, daß es gerade jener religiöse Erfahrungsraum der Erwählungs- und Bundesgeschichte Israels sowie dessen spezifisches Gottesverständnis ist, das eine für die Antike einzigartige Ursprungsgeschichte der ganzen Menschheit zu konzipieren ermöglichte. Nicht das Volk Israel, sondern haadám = der Mensch/das Menschenwesen kommt aus der Hand des Schöpfers!

Gen 1-11 wurde darüber hinaus die wirkungsgeschichtlich - bei allen Fehlinterpretationen - so bedeutsame und innovatorische Basis der christlichen Anthropologie und bietet noch heute eine Herausforderung für die Suche nach einem zeitgemäßen Menschenbild: der Mensch, integriert in Natur und Kosmos; fähig für den Kontakt mit der Tierwelt; ein Kulturwesen zur Bewahrung der Schöpfungsqualität seines Lebensraumes durch Arbeit; fähig für liebendes Zusammensein von Mann und Frau; ein Dialogpartner für den Mitmenschen, nicht sein Mörder; Selbstentfaltung und Individuation nicht auf Kosten der andern usw. Als theologisch-biblische Anthropologie vertreten diese Texte die Grundüberzeugung, daß dieser Entwurf des Menschseins überaus profitiert durch das Wissen um den Schöpfer, der dem Menschen in der Phantasie vom glücklichen Leben weit voraus ist, der die sozialethische Aussage vom Höchstwert des Lebens mit größtem Nachdruck vertritt und der die Welt als Heimat, als Lebensraum und als Ort der kulturellen und existentiellen Entfaltung des Menschen qualifiziert hat.

Anmerkungen

1 Eine materialreiche und thematisch ausgreifende Gesamtdarstellung, die fachlich kompetent und zugleich allgemeinverständlich gehalten ist, bietet Hans Walter Wolff: Alttestamentliche Anthropologie, München 1984, 4. Aufl.

2 Vor allem die prophetische Literatur erweist sich als überraschend sensibel für die religiöse Problematik der Selbstprojizierung des Menschen, und zwar primär im Phänomen der Wahl eigener Götter bzw. in der Herstellung von Götterfiguren. Die Propheten erkennen darin den Vorgang einer Projektierung der Selbsterlösung über die nach außen verlagerte, objektivierte eigene Wertwelt (vgl. Jes 44,9-20; Jer 10,1-16). Vgl. dazu R. Oberforcher: "Wissen um Gott" (Hosea) als kritischer Maßstab aller Menschenbilder. Eine bibeltheologische Auseinandersetzung mit dem atheistischen Projektionsverdacht, in: Theologie der Gegenwart 26 (1983), S. 37-48, 90-98.

3 Gute Orientierung zu den Fragen der Interpretation und eine sehr ansprechende bibeltheologische Kommentierung der Urgeschichte findet sich bei Claus Westermann: Am Anfang. 1. Mose, Neukirchen/Vluyn 1986. Ferner der klassische, unübertroffen schöne Kommentar von Gerhard von Rad: Das 1. Buch Mose. Genesis (Das Alte Testament Deutsch), Göttingen 1972, 9. Aufl.

4 Dem Beobachter der geistigen Landschaft kann nicht entgehen, daß es geradezu eine Renaissance des Mythos und eine Neueinschätzung der mythischen Denkform heute gibt. Dazu einige Stichworte, wobei es auf die Weite der Frageperspektive ankommt. Für den Bereich der Religionswissenschaft stehe das bahnbrechende Werk von Mircea Eliade, bes. in der dreibändigen Synthese: Geschichte der religiösen Ideen, Freiburg 1978 ff. Innerhalb der strukturalen Ethnologie deckte Claude Lévi-Strauss die eigene Rationalität des Mythos

auf. Paul Ricoeur bemüht sich um die Beziehung von religionspsychologischen und mythopoetischen Faktoren in seinem hermeneutischen Ansatz. Gegenüber der alten, geistige Evolution suggerierenden Formel "Vom Mythos zum Logos" (E. Nestle) bestehen D.S. Kirk und Walter Burkert auf dem geistesgeschichtlichen Eigenwert der griechischen Mythostradition. Besonders an den wissenschaftstheoretischen Implikationen der griechischen Mythologie interessiert ist das Werk von Hans Hübner: Die Wahrheit des Mythos, 1985. Einen gewichtigen kulturphilosophischen Beitrag zur Diskussion leistet H. Blumenberg, neuestens in: Arbeit am Mythos, 1979. Hingewiesen sei ferner auf das Symposion "Philosophie und Mythos", hg. v. Hans Poser 1979. Innerhalb der Theologie wird der betont auf C.G. Jung zurückgreifende Ansatz von Eugen Drewermann als Herausforderung empfunden, dem es primär um eine therapeutisch-symbolhermeneutische Auswertung der mythischen Bildqualität in der Bibel geht. Vgl. bes. das umfangreiche Werk: Tiefenpsychologie und Exegese, Freiburg 1984 ff. - Hier wäre ferner das Phänomen eines neuartigen Interesses an der Mythologie der Primitivvölker (Aborigines, Indianer, Germanen...) und ihrer Weltdeutung zu berücksichtigen.

5 Breit illustriert und mit Textbeispielen belegt wurde dieser traditionsgeschichtliche Hintergrund des Schöpfungsthemas im AT im Blick auf den altorientalischen Kulturkontext bei R. Oberforcher: Schöpfung und Lebenssinn (Schriften und Behelfe des Religionspädagogischen Instituts Innsbruck. 6), Innsbruck 1986. Für das Motivrepertoire in der altorientalischen Mythologie und ihrer Ikonographie vgl. Othmar Keel: Die Welt der altorientalischen Bildsymbolik und das Alte Testament, Zürich 1980, 3. Aufl.

6 Dazu: G. Liedke: Im Bauch des Fisches. Ökologische Theologie, Stuttgart 1981, 2. Aufl. Exegetisch-bibeltheologisch ausgreifender diskutiert das Problem Odil H. Steck: Welt und Umwelt. (Biblische Konfrontationen), 1978.

7 Ferner der Sammelband: Mitarbeiter der Schöpfer. Bibel und Arbeitswelt. Hg. v. Luise und Willy Schottroff, München 1983.

8 Zu einer gesamtbiblischen Darstellung des Themas vgl. Frank Crüsemann u. Hartwig Thyen: Als Mann und Frau geschaffen. Exegetische Studien zur Rolle der Frau, Berlin 1978.

9 Dieser Zusammenhang wurde vor allem durch Karl Oberhuber, emeritierter Ordinarius am Institut für Sprachen und Kulturen des Alten Orients in Innsbruck, in die Diskussion eingebracht.

10 Besonders signifikante Textstellen (vgl. auch "Wer andern eine Grube gräbt...") sind: 2 Kön 17,15; Jes 5,18; 64,6; Hab 2,10; Ob 15; Ps 109,17; 9,16; Spr 26,27; 8,36; 16,22.

Günther Dankl

Von der Empfindsamkeit zur Wahrheit

Zum Bild des Menschen in der österreichischen Kunst der Jahrhundertwende

Seiner 1948 erschienenen Analyse der modernen Kunst stellte der Kunsthistoriker Hans Sedlmayr als Motto den Satz eines anderen Kunsthistorikers, Wilhelm Pinders, voran: "Schon die Kunstgeschichte gehört nicht sich allein an: sie dient der Kunde vom Menschen." Diese Einsicht ermutigte Sedlmayr, mit seiner Schrift nicht eine rein kunstgeschichtliche Analyse der Kunst seit dem 18. Jahrhundert zu erstellen, sondern vielmehr "eine ‚Kritik' des Geistes" und eine "Diagnose der Zeit, ihres Elends und ihrer Größe, von der Kunst her" zu erarbeiten. Die Kunst des 19. und 20. Jahrhunderts "als Instrument einer Tiefendeutung von Epochen" benützend, kommt Sedlmayr dabei zu der Ansicht, daß die Entwicklung der Kunst seit etwa 1770/80 dem Verlauf einer "Krankheit" gleicht. Symptome dieser "Erkrankung" sind für ihn der auftretende Stilpluralismus und die zu beobachtende "Zerspaltung der Künste" wie das "Chaotische" und das "Fragmentarische". Die Zusammenschau dieser Symptomgruppen ergibt "die Diagnose: Verlust der Mitte" - so auch der Titel der Arbeit.[1]

Es ist hier nicht der Ort, Sedlmayrs durchaus umstrittene Analyse der bildenden Kunst des 19. und 20. Jahrhunderts zu diskutieren - eine Analyse, die in ihren grundsätzlichen Anschauungen bereits in einer Reihe von früheren Schriften[2] und kunsttheoretischen Äußerungen Sedlmayrs begründet und nicht zuletzt unter dem Eindruck des Zweiten Weltkrieges entstanden ist. Wenn hier bei aller kritischen Distanz zu diesem Werk Sedlmayr dennoch zitiert wird, dann aus zwei Gründen: Einmal, weil Sedlmayr gerade in dieser Schrift den bemerkenswerten Versuch unternimmt, dem Bedingungsverhältnis zwischen den künstlerischen Erscheinungen und der gleichzeitigen geistigen und gesellschaftlichen Situation nachzugehen; zum anderen, weil Sedlmayr als eine weitere Diagnose der "Erkrankung" der modernen Kunst gerade den "Verlust des Menschenbildes" behauptet: "Unsere Diagnose ist also nicht neu. Sie bestätigt sich an der unbestreitbaren Tatsache, daß der modernen Kunst das Bild des Dämonischen und des dämonisierten Menschen so leicht, das Bild des großen und menschlichen Menschen so schwer, das Bild des heiligen und des Gottmenschen überhaupt nicht gelingt. (...) Dieser Zustand hat sich allmählich herausgebildet, langsam ist das alte Kapital der humanistischen Tradition aufgezehrt worden. Schon in der ersten Hälfte des (19., d.V.) Jahrhunderts ist die Dämonisierung des Menschenbildes - gerade an großen Leistungen der Bildniskunst - zu beobachten, und es kann sein, daß gerade das Durchscheinen des Dunkelgrundes - vor dem der Mensch steht wie einst vor dem goldenen Lichtgrund - den Porträts dieser Zeit eine besondere Tiefe gibt, welche die Bildnisse des 18. Jahrhunderts nicht hatten. Seit den achtziger Jahren des 19. Jahrhunderts breitete sich mehr und mehr das Nichts um den Menschen und in ihm aus, am Beginn des 20. Jahrhunderts erscheinen Richtungen, die ein unentstelltes Menschenbild nicht mehr geben können und wollen."[3]

Sedlmayr hat mit dieser Gleichsetzung: daß eine entstellte Darstellung des Menschen unweigerlich einem "Verlust des Menschenbildes" entspricht, die Darstellung des Menschen in der bildenden Kunst auf einen äußerst glatten und einfachen, d.h. ideologischen Nenner gebracht. Zugleich hat er damit aber auch verdeutlicht, daß die jeweilige Situation der Gesellschaft und die gleichzeitige Darstellung des Menschen dieser Gesellschaft in der bildenden Kunst miteinander verknüpft sind. Eine solche Darstellung jedoch muß nicht notwendig die rein physiognomische, scheinbar "natürliche" Erscheinung des Menschen wiedergeben, sondern kann durch die unmittelbare Auseinandersetzung des Künstlers mit der jeweiligen gesellschaftlichen Wirklichkeit entstanden sein und auch indirekt über eine künstlerische Formensprache vermittelt werden. Das Verhältnis von bildender Kunst und Menschenbild am Beispiel der österreichischen Kunst des ausgehenden 19. und des beginnenden 20. Jahrhunderts bilden den Inhalt der nachfolgenden Betrachtungen.

I

Im Jahre 1892 stellte sich der Maler Theodor von Hörmann in dem Gemälde "Der Maler im Blumengarten" (Abb. 1) selbst inmitten eines Blumengartens malend dar. In diesem Bild ist die gesamte Gartennatur in feine Farbflecken und pastose Tupfen aufgelöst. Hörmann selber nimmt keine zentrale Stellung innerhalb des Bildes ein. Vielmehr erscheint er klein und bescheiden, inmitten der ihn umgebenden Natur arbeitend, damit beschäftigt, die Vielfalt der Farben, den Glanz des Sonnenlichtes und die dadurch hervorgerufenen Reflexe und Schattierungen auf die Leinwand zu bringen. Beherrschendes Thema dieses Bildes ist die Darstellung der Natur, hinter der der Mensch bescheiden zurücktritt.

Mit dieser Darstellung der sinnlichen Erscheinungswelt kann Hörmann unter den österreichischen Malern der zweiten Hälfte des 19. Jahrhunderts am ehesten das Recht für sich in Anspruch nehmen, Impressionist genannt zu werden. Er hat sich zwischen 1886 und 1890 in Frankreich aufgehalten, um sich an Ort und Stelle mit der neueren französischen Malerei auseinandersetzen zu können. Vor allem unter dem Eindruck seines Paris-Erlebnisses entwickelte sich dabei seine Malerei in einem "Bereich zwischen realistischer Exaktheit und impressionistischer Momentaufnahme".[4]

Im selben Jahr, in dem Hörmann nach Frankreich aufbrach, erschienen in erster Auflage Ernst Machs "Beiträge zur Analyse der Empfindungen".[5] Mit diesem Werk, in dem Mach sich - so der Untertitel - mit dem "Verhältnis des Physischen zum Psychischen" auseinandersetzte, begründete der österreichische Physiker, Philosoph und Psychologe seinen sensualistischen Positivismus; zugleich lieferte er damit die theoretische Untermauerung der impressionistischen Kunstanschauung. Auch seine 1885 entstandenen "Antimetaphysischen Bemerkungen" lesen sich wie eine philosophisch-psychologische Begründung des Impres-

Abb. 1

sionismus, wenn es darin heißt: "Somit setzen sich die Wahrnehmungen sowie die Vorstellungen, der Wille, die Gefühle, kurz die ganze innere und äußere Welt, aus einer geringen Zahl von gleichartigen Elementen, bald flüchtigerer, bald festerer Verbindungen zusammen. Man nennt diese Elemente gewöhnlich Empfindungen." Und weiter: "Nicht das Ich ist das Primäre, sondern die Elemente (Empfindungen). (...) Die Elemente bilden das Ich. Ich empfinde Grün, will sagen, daß das Element Grün in einem gewissen Komplex von anderen Elementen (Empfindungen, Erinnerungen) vorkommt."[6]

Mit der Reduzierung des Individuums auf die Empfindungen und Eindrücke des Ich spricht Mach im wesentlichen das aus, was die Impressionisten auf malerischem Wege zu erreichen suchten. Ihr Anliegen ist nicht die Wiedergabe der wirklichen Erscheinungswelt im Sinne der vorangegangenen Realisten, sondern die Anerkennung und Vermittlung dessen, was sich im spontanen, von keinem Bewußtsein gelenkten Sehakt niederschlägt. "Sie entschlagen sich", so Werner Hofmann, "der sachlichen Gründlichkeit zugunsten einer malerischen Oberflächlichkeit, die jeden Gegenstand nur als Summe von Farbreizen erleben will."[7]

In den Bildern der Impressionisten erfolgte die Darstellung des Menschen mit derselben Berechtigung und derselben Absicht wie die Darstellung einer Landschaft, einer Spiegelung auf der Wasseroberfläche oder des flimmernden Sonnenlichtes. D.h., die Impressionisten interessierten sich für den Menschen nicht als kritischen Zeitgenossen, ihr Interesse galt den optischen Reizen und den physischen Erscheinungen, die mit einer ungeheueren Sensibilität vom Auge auf die Leinwand übertragen wurden. Das Revolutionäre der neuen Mal- und Sehweise der Impressionisten zeigt sich erst in vollem Ausmaß, wenn man, über die neuen Bildinhalte hinausgehend, jenen plastischen Bildraum betrachtet, innerhalb dessen der impressionistische Künstler seine Sicht der Welt - und damit auch des Menschen - darstellt. Gerade der Bildraum, d.h., jener Raum, der die jeweilige Position der Objekte der Natur innerhalb der Bildebene angibt, bildet in der bildenden Kunst ein fundamentales Element, das über kunstimmanente Probleme hinausweist und Wesentliches über die Erfahrung der Welt und die Stellung des Menschen innerhalb der Welt aussagt. Seit der Renaissance wurde der Raum mittels eines festen Rahmens dargestellt, der die verschiedenen Dinge, von einem Fixpunkt aus betrachtet, perspektivisch zusammenhielt; jetzt begann man zu entdecken, daß die Welt je nach Entfernung und Blickwinkel ein unterschiedliches Aussehen bekommt. Ohne nun gleich auf die dreidimensional bestimmte und globale Weltsicht zu verzichten, bildete sich um 1870/80 eine neue, be-greifende Auffassung des Raumes heraus, die den seit der Renaissance geltenden traditionellen, d.h. den Raum szenographisch organisierenden Gesichtspunkt zu verdrängen beginnt. "Der Betrachter sieht nicht mehr durch den Rahmen hindurch eine geordnete Gesamtdarstellung, sondern fixiert seine erhöhte Aufmerksamkeit auf einen Einzelpunkt, der, wenn man es so ausdrücken will, das Zentrum wird, das die gesamte Komposition erhellt."[8]

Die Änderung des Bildraumes in der Malerei erklärt sich nicht nur durch den Einfluß der neuentdeckten japanischen Kunst, die durch die Verwendung der Parallelperspektive anstelle der europäischen Zentralperspektive jegliche illusionistische Modellierung und Tiefenstaffelung vermied, sondern vor allem durch die veränderte Haltung, die die gesamte Gesellschaft der äußeren Erscheinungswelt gegenüber eingenommen hat. Der Impressionismus - und noch stärker der Neoimpressionismus - sind Erscheinungsformen einer Epoche, die sich auf philosophischem Gebiet das Problem der Analyse der sinnlichen Wahrnehmung gestellt hat. Beide gehören damit einer Zeit an, "die die mechanische Konzeption eines Universums aufgibt, dessen unveränderliches Aussehen man erkannt zu haben glaubte, um eine analytische Konzeption der Natur zu erarbeiten. Das menschliche Auge durchringt die Materie, es wird morgen eine Welt wahrnehmen, deren allgemeine Form nicht mehr determiniert ist durch die Gewohnheit, alles, den plastischen Bildraum eingeschlossen, in eine Art abstrakten Kubus zu projizieren, wobei das euklidische Bild einer unveränderlichen und konkreten Welt entsteht, die der Mensch als Besucher durchwandert."[9]

Theodor von Hörmann hält sich in seiner Darstellung der "wahren" Natur noch an die szenographische Sicht jener Welt, für die Machs abschließende Sätze seiner "Antimetaphysischen Bemerkungen" immer noch ihre Gültigkeit besitzen: "Die Welt besteht für uns nicht aus rätselhaften Wesen, welche durch Wechselwirkung mit einem andern ebenso rätselhaften Wesen, dem Ich, die allein zugänglichen ‚Empfindungen' erzeugen. Die Farben, Töne, Räume, Zeiten (...) sind für uns vorläufig die letzten Elemente (...), deren gegebenen Zusammenhang wir zu erforschen haben. Darin besteht eben die Ergründung der Wirklichkeit."[10] In diesem Sinne steht für Hörmann die Erarbeitung einer analytischen Konzeption im Vordergrund seines künstlerischen Schaffens. Unter einem anderen Vorzeichen wird es dann die Analyse des Menschen sein, die den Künstler der Jahrhundertwende und noch viel mehr des beginnenden Expressionismus in den Bann ziehen wird.

Hörmann bildete in der österreichischen Kunst des 19. Jahrhunderts eine der wenigen impressionistischen Ausnahmen. Die offizielle Kunst dieser Zeit dachte nämlich nicht "impressionistisch", sondern "historisch". Dabei ist es besonders Hans Makart gewesen, der seine Zeit in allen Fragen des Geschmacks prägte und dessen "Makart-Stil", weit über den Bereich der Malerei hinausgehend, in Mode und Kunstgewerbe zu einem fest umrissenen Begriff wurde. Als ein vom Kaiser persönlich geförderter "Staatskünstler" wurde er dazu berufen, die neuen Monumentalbauten der Wiener Ringstraße auszumalen; er war es auch, dem 1879 die Leitung für die Vorbereitung und Durchführung des Festzuges der Stadt Wien anläßlich der Silbernen Hochzeit des Kaiserpaares übertragen wurde, in welchem der Kostümkult dieser Zeit seinen einmaligen Kulminationspunkt feierte.

Hauptanliegen der Initiatoren dieses Festzuges war es, die Verbundenheit der Kunst und des Künstlers mit der bürgerlichen Kultur und dem Traditionsbewußtsein des Hofes zum Ausdruck zu bringen. Diese Symbiose von Kunst, Staat und Gesellschaft, die den Historismus kennzeichnet, ließ eine Kunst entstehen, deren Funktion auf Repräsentation, Dekoration und Verstärkung der vorherrschenden Ideologie ausgerichtet war - einer Ideologie, die sich in einem liberalen Streben nach Freiheit und Fortschritt äußerte und in einem gleichzeitigen Bewahren und Verteidigen des Bestehenden. Als Charakteristikum des Historismus kann die Aneignung und Übernahme von Formen vergangener Epochen und Stile angesehen werden. In der Architektur wie in der Malerei und im Kunsthandwerk wird das gesamte Register der Vergangenheit bemüht, um zu repräsentieren, zu gefallen und ein Illusionsbild zu erzeugen. Dabei ist keineswegs alles "Gegenwartsflucht"[11], was auf den ersten Blick diesen Anschein erweckt. Vielmehr geht es um die Heraufbeschwörung eines "idealistischen" Bildes, wobei der Rückgriff auf die Vergangenheit als Ausdruck und Resultat einer positivistisch verstandenen Entwicklung im Sinne der Fortschrittsgläubigkeit der Zeit zu verstehen ist. Das Ergebnis jedoch ist vielfach geschichtslose Maskierung, Kostümzwang um jeden Preis - und vor allem "ideologische Bemäntelung", wie dies Werner Hofmann im Hinblick auf den Festzug von 1879 bemerkt.[12]

Gleiches gilt für die Historienbilder und die Porträtkunst, die in engem Zusammenhang mit den aufwendigen Inszenierungen gesehen werden müssen. Makart war der gefragteste Porträtist der Wiener Gesellschaft zwischen 1870 und 1884. Mit seiner Porträtmalerei erfüllte er nicht nur das gründerzeitliche Repräsentationsbedürfnis, in ihr kommen auch die Sicht und das Wesen des Historismus voll zur Geltung. Makart ist der ideale Präsentator jener heilen Welt, in der es scheinbar nur Jugend und Schönheit gab. Ausschließlich an der dekorativen Gesamtwirkung interessiert, gestaltete er nicht realistische Porträts, die das Einmalige des Menschen vermittelten, sondern eliminierte mit seinen modellhaften Idealvorstellungen die individuelle Eigenart der Porträtierten.

In Makarts Frauenporträts - stellvertretend dafür mag das Porträt der "Freifrau von Waldberg" (Abb. 2) genommen werden - kommt die ahistorische Betrachtungsweise des Historismus voll zum Ausdruck: Noch so genaues Erfassen der ästhetischen Reize und noch so blendende Technik dienen nicht der Charakterisierung der Dargestellten - und damit der historischen Bewußtmachung -, sondern der Wiederholung einer klassischen, jederzeit abrufbaren, weil geschichtslosen Idealität. Diese "Ästhetik der Verschleierung" bestimmt die offizielle österreichische Kunst bis in das frühe 20. Jahrhundert. Der Jugendstil knüpft beinahe nahtlos am künstlerischen Erbe von Hans Makart an - allerdings nicht im Sinne eines neuerlichen Konformismus von Leben und Kunst, sondern im Protest dagegen, der sich im Rückzug der Kunst auf sich selbst, in die Sphäre des "l'art pour l'art" äußerte, wobei Makart selbst dazu beigetragen hatte, diesen Rückzug vorzubereiten.

II

Achtzehn Jahre nach dem ersten Erscheinen der "Analyse der Empfindungen" war es Hermann Bahr, der Machs Erkenntnis vom "unrettbaren Ich" zum Schlagwort popularisierte. Als selbsternannter "Anwalt der Cultur" und "Seismograph des Zukünftigen" ständig bestrebt, den künstlerischen Zeichen seiner Zeit theoretischen Ausdruck zu verleihen, stellte er in seinem 1904 erschienenen "Dialog vom Tragischen" die Verbindung zwischen Machs philosophisch-physikalischem Traktat und der Kunst seiner Zeit her: "Hier (in Machs ‚Analyse der Empfindungen') habe ich ausgesprochen gefunden, was mich die ganzen drei Jahre her quält: ‚Das Ich ist unrettbar.' Es ist nur ein Name. Es ist nur eine Illusion. Es ist ein Behelf, den wir praktisch brauchen, um unsere Vorstellungen zu ordnen. Es gibt nichts als Verbindungen von Farben, Tönen, Wärmen, Drükken, Räumen, Zeiten, und an diese Verküpfungen sind Stimmungen, Gefühle und Wille gebunden. Alles ist in ewiger Veränderung."[13]

Bahr schrieb diese Sätze aus der Sicht der Jahrhundertwende, d.h. einer Zeit, die auf das Sensualistische, Psychologische und Symbolistische hin ausgerichtet war und in der die für die zweite Hälfte des 19. Jahrhunderts noch bestehende Gültigkeit der Wissenschaft für das Leben grundsätzlich fragwürdig geworden ist. Wie genau Bahr den "Geist" der Zeit getroffen hat, zeigen die letzten Sätze von "Das unrettbare Ich": "Das Ich ist unrettbar. Die Vernunft hat die alten Götter umgestürzt und unsere Erde enttrohnt. Nun droht sie auch uns zu vernichten. Da werden wir erkennen, daß das Leben nicht die Wahrheit ist, sondern die Illusion. Für mich gilt nicht, was wahr ist, sondern was ich brauche, und es geht die Sonne dennoch auf, die Erde ist wirklich und Ich bin Ich."[14]

Die von Bahr genannte Zerstörung der "alten Götter" und "Entthronung" der Erde durch die Vernunft hatte bereits mit dem Impressionismus und in verstärktem Maße mit dem Neoimpressionismus eingesetzt. In der Kunst der Jahrhundertwende tritt die Absage an ein gesichertes Welt- und Menschenbild vollends zu Tage. Als Zeichen dafür kann das 1889 begonnene und für die Aula der Wiener Universität bestimmte Deckengemälde "Die Philosophie" von Gustav Klimt angesehen werden. Dargestellt ist, wie es im Katalogtext zu der 1900 in der Secession ausgestellten ersten Fassung zu diesem Gemälde heißt: "Das Entstehen, das Fruchtbarsein und das Vergehen. Rechts: Die Weltkugel, das Welträtsel, unten auftauchend eine erleuchtete Gestalt: Das Wissen."[15]

Abb. 2

Mit dieser Darstellung des Werdens und Vergehens, zwischen denen sich das Leben der Menschen abspielt, mit der Darstellung der Allegorie des Wissens und des alles umfassenden Welträtsels bietet uns Klimt eine pessimistische Sicht der Welt und des Menschen, die sich von dem vom "gründerzeitlichen" Fortschrittsglauben erfüllten positivistischen und rational bestimmten Wissenschaftsbild Machs deutlich unterscheidet. Klimts "Wissen" tritt uns nicht als eine positive und vom Glauben an Vernunft und Fortschritt erfüllte Gestalt gegenüber; vielmehr wird uns das in einen dichten Haarstrom eingehüllte Frauengesicht gerade durch diese Einhüllung und durch seinen Blick selber zum Rätsel. Es ist, als ob dieses Frauengesicht uns in das kosmische Drama, das sich hinter ihm abspielt, miteinbeziehen wollte. Es stellt den einzigen irdischen Bezug her zwischen dem Menschenstrom der linken Bildhälfte und dem unendlichen Kosmos der "abstrakteren" rechten Hälfte. Klimt zeigt uns hier eine schmerzvolle, gegenrationale Weltsicht, die, so der amerikanische Historiker Carl E. Schorske, in der Philosophie Schopenhauers und Nietzsches begründet ist.[16]

An Klimts "Philosophie" entzündete sich anläßlich der Präsentation der ersten Fassung von 1900 ein ideologischer Streit, an dem sich namhafte Gelehrte und Professoren der Wiener Universität beteiligten. Dabei waren es vor allem die blasphemische Verzerrung der Wissenschaft und die pessimistische Weltsicht, die schockierten und Anlaß zur durchwegs ablehnenden Haltung gaben. Eine ähnliche Weltsicht liegt auch einem weiteren Deckenbild für den Festsaal der Wiener Universität zugrunde, nämlich der "Jurisprudenz", deren erster Entwurf aus dem Jahre 1903 stammt und gegenüber der noch malerisch wirkenden "Philosophie" nun ganz der "Stilkunst" der Jahrhundertwende verschrieben ist.

Viel stärker als die "Philosophie" auf Kontrastwirkung hin angelegt, zeigt die Allegorie der "Jurisprudenz" eine aus dem Flächengebilde heraustretende ausgemergelte Gestalt eines Menschen, die sich widerstandslos den Fängen eines polypenartigen Ungeheuers ausliefert. Um die Menschengestalt herum gruppieren sich, in dasselbe Flächengebilde eingeschlossen, bildfrontal drei nackte Frauengestalten; hoch über diesem bildbeherrschenden Figurenensemble, in einen abgehobenen Bereich unnahbar entrückt, waltet die Gruppe der Justitia. Klimt kehrt, wie Werner Hofmann dazu bemerkt, in diesem Bild "die Situation des Parisurteils um: aus dem beherrschenden Mann ist eine hinfällig gekrümmte Kreatur geworden, über deren Los die drei Parzen entscheiden. Ihr dunkler Machtbereich ist der in den Hintergrund verbannten ‚Gerechtigkeit' verschlossen."[17]

Betrachtet man alle drei Fakultätsbilder ("Philosophie", "Jurisprudenz", "Medizin"), denen gerade durch den Bezug zur Universität und zum geistigen Leben der Zeit programmatische Bedeutung zukommt, so kann man neben einer Reihe von symbolreichen Anspielungen, wie etwa auf die Rolle der Frau bzw. des Weiblichen und der Sexualität, in diesen Bildern das Welt- und Menschenbild von Gustav Klimt so umreißen: Nicht die "philosophische Kathederwissenschaft" klärt den Menschen auf, nicht die zur prunkvollen Institution erstarrte Jurisprudenz vermag ihn gegen die verschlingende Willkür der "Rachegöttinnen" zu beschützen, nicht der medizinische Fortschritt erlöst ihn von seinen Qualen:

Heilung und Erlösung aus dem alles verschlingenden Unheil kann der Mensch allein durch die Macht der Kunst und durch das Kunstwerk selbst finden.[18]

Damit ergibt sich für die Kunst der Jahrhundertwende die Devise: Ästhetizismus anstelle von Positivismus und Materialismus. Eine Devise, die nicht nur in den Bildern dieser Zeit zum Ausdruck kommt, sondern nach den Vorstellungen der Künstler in alle Bereiche des menschlichen Lebens wirken sollte.

Die Umsetzung dieser Botschaft wirkte auf das Kunsthandwerk und die Architektur ebenso wie auf die Gestaltung der einzelnen Ausstellungen der Secession.[19]

Diese Botschaft findet sich auch in den zahlreichen Bildnissen, vorwiegend Frauenporträts, die Klimt im Laufe seiner künstlerischen Tätigkeit geschaffen hat. Einen Höhepunkt bildet dabei das 1907 entstandene Bildnis "Adele Bloch-Bauer I" (Abb. 3).

Ähnlich der "Jurisprudenz" ist auch dieses Bild auf eine Kontrastwirkung hin angelegt, die sich aus der Gestaltung des großflächigen Hintergrundes, des

Abb. 3

kleinteiligen Mittelteiles und der daraus hervortretenden sichtbaren Körperteile ergibt. Während die Hände, die Schulterpartie und das Gesicht mit sensibler Genauigkeit und gesuchter Ähnlichkeit mit dem Modell wiedergegeben sind, verschwindet der Rest des Körpers hinter einer rein dekorativ wirkenden und kostbar gestalteten Mosaikwand von Ornamenten, innerhalb der sich die Konturen des Körpers und der Faltenwurf des Kleides nur schwer ausnehmen lassen. Erst beim näheren Hinsehen gewahrt man ein großes Ohrenfauteuil, in welchem Adele Bloch-Bauer, in eleganter Haltung sitzend, Platz genommen hat. Kleidung und Fauteuil bilden ein gemeinsames, in Gold und Silber ausgeführtes Gefüge von Spiralen, Dreiecken, Quadraten, Ovalen und Rechtecken, das verhüllend und beschützend zugleich den Körper der Dargestellten umgibt. Umgekehrt verhält es sich im oberen Teil des Bildes, wo die Anhäufung von Ornamenten einen kostbaren Hintergrund für die sich davon abhebenden Teile des Körpers bildet.

Die Vormacht des Ornamentalen in diesem Hauptbild der "goldenen Periode" ist offensichtlich. Dennoch geht Adele Bloch-Bauer in diesem dekorativen Gefüge nicht verloren, sondern bildet im Kontrast eine Einheit mit ihm. Klimt begnügt sich mit der Darstellung der Hände und des Gesichtes, in denen sich das Ich der Porträtierten offenbart; der Rest der Figur wird vernachlässigt zugunsten einer reichen Gestaltung der malerischen Oberfläche. Trat bei Hörmann der gesamte Mensch hinter der Darstellung und Gestaltung der "wahren" Natur zurück, und ging es Makart allein um die Darstellung der ästhetischen Reize auf Kosten der individuellen Charakterisierung, so strebt Klimt zwar eine genaue und individuelle Erfassung des Menschen an, zugleich jedoch huldigt er, ähnlich wie zuvor Makart, einem Ästhetizismus, der nunmehr in einem rein formalistischen Bereich des l'art pour l'art angesiedelt ist.

Bei Makart war die Porträtähnlichkeit unwesentlich, wichtiger war die Repräsentation und Verstärkung der vorherrschenden Ideologie. In der Kunst der Jahrhundertwende ist der unter Makart herrschende Konformismus von Kunst, Staat und Gesellschaft brüchig geworden. Die Künstler der Jahrhundertwende, allen voran Gustav Klimt, sahen ihre Aufgabe nicht mehr darin, "staatstragende" Themen zu gestalten. Die bewegenden Grundfragen sind vielmehr die dem Rationalem sich widersetzenden Bereiche der Liebe, des Todes, des menschlichen Lebens überhaupt, und in erster Linie der Kunst, die als neuer Glaube über allem schwebt. So träumte man von der "Freiheit der Kunst", von einer "Kunst für Alle" und von einer Aufhebung der Grenzen zwischen "hoher" und "niederer" Kunst[20] und übersah dabei, daß man sich dadurch immer mehr vom wirklichen Leben entfernte. In ein ästhetisches "Festkleid" gehüllt, verliert auch eine noch so individuelle Erfassung des Menschen ihre Gültigkeit und verlieren Darstellungen von alten Menschen und schwangeren Frauen ihre Glaubwürdigkeit, noch dazu, wenn sie zum Großteil in den "dunklen" Bereichen des Symbolischen, Traumhaften und Triebhaften angesiedelt sind. Dennoch: Klimt hat mit seiner Kunst den Weg vorgezeichnet, den die nachfolgende Künstlergeneration in der Darstellung des Menschen einschlagen wird.

"Schildert einmal, wie sich geburt und tod, wie sich die schmerzensschreie eins verunglückten sohnes, das todesröcheln einer sterbenden mutter, die letzten gedanken einer tochter, die in den tod gehen will, in einem Olbrichschen schlafzimmer abspielen und ausnehmen", ruft Adolf Loos bereits 1903 den Künstlern der Jahrhundertwende zu.[21] Schon früh ein "Unbehagen an der Kultur" seiner Zeit verspürend, wandte sich Loos in seinen zahlreichen Schriften gegen die Kunst der Wiener Secession und forderte eine Abkehr vom Panästhetizismus des Gesamtkunstwerkes und eine Hinwendung zu einer sachlichen Alltagskultur, in der für bloßen ästhetischen Verputz und leere Ornamentik kein Platz mehr ist.

Unterstützt wurde er dabei auf literarischer Ebene von Karl Kraus, der in seinem 1918 erschienenen Aphorismusband "Nachts" die gemeinsame Position zum vorherrschenden Ästhetizismus so charakterisierte: "Adolf Loos und ich, er wörtlich, ich sprachlich, haben nicht anders gezeigt, daß zwischen einer Urne und einem Nachttopf ein Unterschied ist und daß in diesem Unterschied erst die Kultur Spielraum hat. Die andern, die Positiven, teilen sich in solche, die die Urne als Nachttopf, und den Nachttopf als Urne gebrauchen."[22]

Neben Adolf Loos und Karl Kraus war es Sigmund Freud, der durch seine psychoanalytische Theorie zur Überwindung der reinen Symbolkunst der Jahrhundertwende beigetragen hat. Während er in seiner Methode der Traum- und Selbstanalyse an die Literatur und bildende Kunst seiner Zeit anknüpfte - das Ich und der Traum sind jene Bereiche, die in mannigfachen Variationen die Themen der Literatur und bildenden Kunst der Zeit bildeten -, schuf er mit seinen "Drei Abhandlungen zur Sexualtheorie" (1905) die geistige Voraussetzung, auf die Adolf Loos in seinem Vortrag "Ornament und Verbrechen" (1908) zurückgreifen konnte[23], und bereitete den Weg für eine Kunst, in der die Analyse des Menschen an die Stelle des ausschließlich Symbolischen und Traumhaften rückt. Als die bedeutendsten "Analytiker" in der bildenden Kunst sollten sich Egon Schiele und der um vier Jahre ältere Oskar Kokoschka erweisen.

III

Am 12. Juni 1908 fand in Wien anläßlich des sechzigsten Jahrestages der Thronbesteigung Kaiser Franz Josef I. wieder ein Festzug statt. Abermals dienten die Wiener Ringstraße und die Wiener Bevölkerung als Kulisse für ein ähnlich meisterhaft inszeniertes Schauspiel wie bei dem Festzug anläßlich der Silbernen Hochzeit des Kaiserpaares. 1879 war es vor allem das Bürgertum gewesen, das sich in einer historischen Selbstdarstellung präsentierte; 1908 galt die Aufmerksamkeit den einzelnen Völkern der Monarchie, die sich in einer folkloristischen und bäuerlichen Idylle den zahlreichen Zuschauern zeigten. Beiden Festzügen gemeinsam war die Tendenz der Verniedlichung und Beschönigung. Dennoch: War der Festzug von 1879 trotz aller "Ästhetik der Verschleierung" ein echt empfundener Ausdruck des Selbstbewußtseins des Bürgertums und ein Zeugnis bürgerlicher Emanzipation, so bedeutete der von 1908, mit seinen folkloristischen Einlagen, in einer Zeit heftiger Nationalitätenkämpfe, die machtpolitische "Verschleierung" schlechthin. 1879 bekundeten die bildenden Künstler unter der Führung von Hans Makart die Verbundenheit der Kunst mit dem Bürgertum und dem Herrscherhaus; 1908 fehlte die starke Künstlerpersönlichkeit, die dem Festzug den persönlichen Stempel aufgedrückt hätte - die zunehmende Entfremdung zwischen Kunst und Gesellschaft zeigte ihre ersten Auswirkungen.

Im selben Jahr 1908 traten sowohl Egon Schiele als auch Oskar Kokoschka mit ihren Bildern zum ersten Mal an die Öffentlichkeit: Schiele in einer kleineren Ausstellung in Klosterneuburg, Kokoschka in Wien, wo er sich an der "Kunstschau" der aus der Secession ausgetretenen Klimt-Gruppe beteiligte. Beide traten mit ihrer Kunst die Nachfolge Klimts an; beide erkannten in Klimt in inhaltlicher und stilistischer Hinsicht die entscheidende Potenz der Kunst der Jahrhundertwende.

Klimts Leistung hatte darin bestanden, daß er konsequent den Menschen in seiner Eingebundenheit in einen existentiellen Grundfragenkomplex dargestellt und daß er grundlegende Vorstellungsbilder des menschlichen Innenlebens sichtbar gemacht hatte, wenngleich dabei die Gefahr des Untergehens und Verlierens des Individuellen in einer dekorativen Sphäre des Allgemeinmenschlichen ständig gegeben war. Schiele und Kokoschka knüpften an Klimts Menschenbild an, drangen jedoch tiefer als dieser in die innersten Schichten des menschlichen Körpers und der menschlichen Existenz ein.

Im Unterschied zu Kokoschka, der sich schon bald von Klimt und der Kunst der Jahrhundertwende lösen konnte, stand Schiele dieser Zeit in stilistischer Hinsicht nahe. Dennoch: Werden die Linien bei Klimt rund und fließend und die Farben dekorativ eingesetzt, so wird bei Schiele der Bleistiftstrich sperrig und äußerst dynamisch verwendet und die Farbe ins Expressive übersteigert - die Linien und Farben dienen nicht mehr der Darstellung einer allgemeinen Aussage, sondern werden zum Ausdrucksträger und Spiegelbild "innerer seelischer Kräfte und Vorgänge".[24] Am stärksten kommt dies in den zahlreichen Selbstbildnissen zum Ausdruck, wie z.B. in jenem aus dem Jahre 1910 (Abb. 4), in dem Mimik und Gestik den Körper als "Zwangsjacke und Gefängnis von Geist und Seele"[25] erscheinen lassen.

Neben diesen "analytischen" Bildern entfaltet sich Schieles Expressionismus in einer Reihe von Bildern, in denen die Nähe zur Kunst des Symbolismus und des Jugendstils und zur Gedankenwelt Nietzsches offenkundig ist.[26] In diesen Zusammenhang gehören auch eine Reihe von Schieles Gedichten und Briefen. Manche dieser Briefe klingen geradezu wie expressionistische Manifeste, wie z.B. jener an Arthur Roessler adressierte Brief vom 6. Jänner 1911, in dem Schiele eine Anklage gegen die "Schüler", die "ewig Uniformierten, (...), Beamten, Lehrer, (...), Kleriker, Gleichwollenden, Nationalen, Patrioten" sowie "Rechner" und "Niveaumenschen" erhebt, also gegen alle, die sich einer Entfaltung der eigenen und individuellen Persönlichkeit hemmend in den Weg stellen.

Dieses Bekenntnis zum Leben und zur Entwicklung der eigenen Persönlichkeit, das sich in den Jahren um 1910/12 heftig äußerte, verlor in den Jahren 1917/18 an Intensität und Schärfe. In dieser Zeit entstand das wohl bekannteste Werk seiner Spätzeit, "Die Familie", das ein kauerndes Menschenpaar mit einem Kind zeigt. Hatte sich Schiele in früheren Jahren bemüht, die Leinwand gleichsam aufzureißen und mittels scharfer Konturlinien ein Psychogramm der dargestellten Personen - sich selbst eingeschlossen - zu schaffen, so wirkt hier die gesamte Komposition ausgeglichener und ruhiger. Die drei Figuren sind schalenartig hintereinander gestaffelt: Kind - Frau - Mann, und zugleich über-

Abb. 4

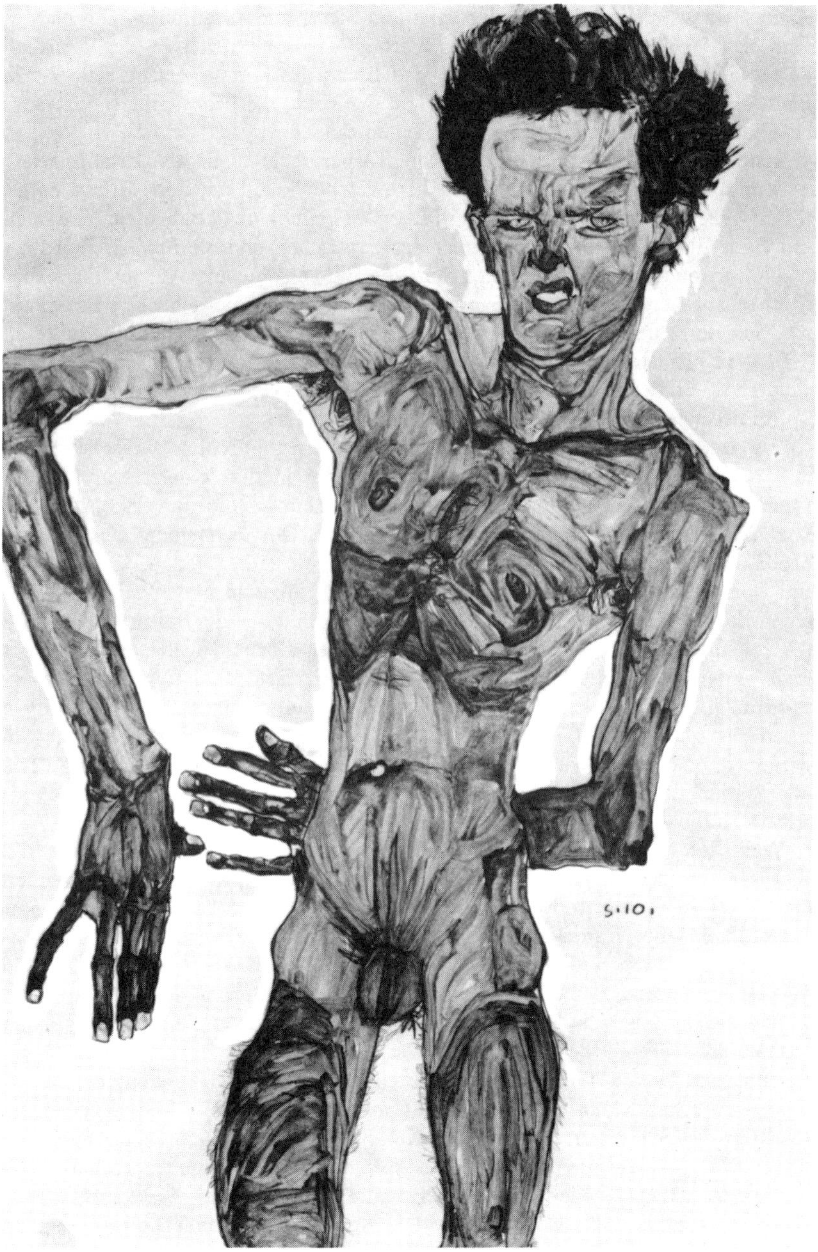

einander getürmt. Jeder der drei Menschen empfängt seine Identität aus einem ihm spezifischen Lichtton, dem die Eigenfärbung seiner Haut entspricht. Dennoch korrespondieren die Farbtöne untereinander: Der gelbliche Farbton des Mannes wächst zum Braunton der Frau und dieser zum Grauton im Gesicht des Kindes. Die Korrespondenz in den Farben wiederholt sich in der formalen Gestaltung: Die abgewinkelten Arme und Beine des Mannes setzen sich fort in der ovalen Schulterpartie und den Beinen der Frau, die Frau umfängt ihrerseits das Kind mit ihren Armen und abgewinkelten Beinen.

Schiele gestaltet in diesem Bild den Körper nicht mehr als "Zwangsjacke". In dem Bild hat die Versöhnung mit dem Körper - und mit dem Menschen als dessen Träger - wieder stattgefunden. Der Darstellung des Leidenden, Einsamen und Bedrängten und der Darstellung des Erotischen und Verführerischen folgt in den letzten Jahren von Schieles Schaffen die versöhnende Ausweitung seiner Themen auf den Bereich der Familie und der zwischenmenschlichen Beziehungen. Schiele selber war es nicht gegönnt, dieses neue Lebensgefühl auszukosten - 1918, im Entstehungsjahr des Bildes "Die Familie", stirbt am 28. Oktober seine Frau Edith an der spanischen Grippe, drei Tage später wird auch er ein Opfer dieser Epidemie.

Ein fast noch unbequemerer Zeitgenosse als Egon Schiele war Oskar Kokoschka, der anläßlich seiner ersten Ausstellung in der "Kunstschau" als der "Oberwildling" bezeichnet wurde[27] - eine Bezeichnung, die unreflektiert in die Kokoschka-Literatur eingegangen ist und dadurch zur Entstehung eines Künstlerporträts beigetragen hat, das uns Kokoschka als einen wilden, ungezügelten und kompromißlosen Künstler schildert. Aber Kokoschka, der seinen Kampf gegen das Ornament und die ästhetisierende Hochkultur der Jahrhundertwende auf zeichnerischer, malerischer und literarischer Ebene angetreten hatte, hat auch selber alles unternommen, dieses Bild zu bekräftigen. Er liebte es, vordergründig und provokant zu agieren, und er brach radikaler als Egon Schiele mit der Ästhetik der Jahrhundertwende. Dennoch widmete er seine erste, im Verlag der Wiener Werkstätte 1908 erschienene illustrierte Dichtung "Die träumenden Knaben" Gustav Klimt, wobei diese Widmung mehr bedeutete als private Höflichkeit und Bewunderung.

War dieses Buch für Kokoschka noch eine "Art Bericht in Wort und Bild über meinen damaligen Seelenzustand"[28], so setzte er in den nachfolgenden Jahren bis zu seinem freiwilligen Kriegsdienst 1914 seine Kraft dazu ein, unter Verwendung aller formalen und inhaltlichen Mittel das Wesentliche des Menschen zu enthüllen und darzustellen. Dabei ging es Kokoschka über das rein Psychologische hinaus um eine Verbindung des Allgemeinen mit dem Autobiographischen und um die Einbettung des Menschen in die großen mythologischen Zusammenhänge.

Zentrales Thema in der Kunst Kokoschkas bildete die Darstellung der Beziehungen zwischen Mann und Frau. Einen maßgeblichen Einfluß übten dabei die Schriften des Schweizer Juristen und Kulturhistorikers Johann Jakob Bachofen (1815-1887) aus, dessen Werk über das Matriarchat Kokoschka damals nach eigenen Angaben zu lesen begonnen hatte wie "andere die Schriften von Marx".[29] Wohl am stärksten kommt der "Kampf der Geschlechter" in seinem Drama "Mörder, Hoffnung der Frauen" zum Ausdruck, in welchem er in einer dynamischen und elliptisch verknappten Sprache eine "ins Mythische und zu Grundkräften des Daseins hinaufstilisierte Spannung zwischen den Geschlechtern"[30] walten läßt.

Dem sprachlichen Ausdruck entspricht der graphische Duktus der Zeichnungen, die Kokoschka zu diesem Stück geschaffen hat. In diesen und in den anderen Zeichnungen dieser Zeit gestaltete Kokoschka den Körper des Menschen wie eine "Landschaft", die von Nervensträngen und Blutgefäßen durchzogen ist. Diese Binnenzeichnung macht die psychische und physische Erscheinung des Menschen sichtbar und scheint auch in den Porträts der Zeit um 1910/12 auf. Dabei greift Kokoschka nicht selten zum "umgekehrten" Pinsel, um die dem Auge an sich verborgenen "Lebenslinien" ins Bild zu bringen, wofür das 1907 entstandene "Porträt eines alten Mannes (Vater Hirsch)" (Abb. 5) ein Beispiel ist.

Hans Maria Wingler, der bedeutendste Biograph Kokoschkas, beschreibt diesen als eine Persönlichkeit, die durch "eine außerordentlich Komplexität und Vielschichtigkeit charakterisiert" ist.[31] In dieser Vielschichtigkeit hat eine mythische Erfassung der Welt und des Menschen ebenso Platz wie eine imaginative Vergegenwärtigung der ihn umgebenden Umwelt und Personen. Beide Möglichkeiten verwirklichte Kokoschka in seinem Kunstschaffen gleichzeitig: Er erlebte und reflektierte die körperliche und seelische Beschaffenheit des konkreten individuellen Menschen und zugleich projizierte er seine Vorstellungswelt und seine von daher geprägten Erfahrungen im Umgang mit den Menschen in seine Gemälde, Porträts und Illustrationen. Darin zeigt sich auch bei allen Gemeinsamkeiten der Unterschied zu der Kunst Egon Schieles. Gemeinsam ist beiden die Konzentration auf den Menschen als das alleinige Thema ihres künstlerischen Schaffens. Während jedoch Schiele an der Darstellung des Einzelnen, vornehmlich seiner eigenen Person, festhielt, ging Kokoschka darüber hinaus, bestrebt, die Darstellung in größere mythologische Zusammenhänge zu bringen. Kokoschka ist Zeit seines Lebens jener "Irrende Ritter" geblieben, als den er sich 1915 unter dem Eindruck des Ersten Weltkrieges selbst dargestellt hat und der in thematischer Hinsicht an den "Wohlgerüsteten Starken" in dem 13 Jahre zuvor geschaffenen "Beethovenfries" von Gustav Klimt erinnert. Bei Klimt kommt diesem "Starken" eine Erlöserrolle zu, die ihn dazu bestimmt, stellvertretend für die leidende und schwache Menschheit, die Suche nach dem Glück anzutreten, das sich schließlich in einem "idealen Reich" der Liebe und Freude und der ästhetischen Schönheit offenbart. Kokoschkas "Ritter" ist auch auf der Suche, aber findet keine Erlösung. Wie hätte er eine solche auch finden können, "nachdem sich alles, was der naturwissenschaftliche Pantheismus dem Menschen versprach und worauf die Weltordnung aufgebaut wurde, als Trug erwies, ein Teil des babylonischen Turmes nach dem anderen eingestürzt ist und den tiefer Blickenden und Empfindenden nur die große Sehnsucht nach den Göttern blieb", wie es der Wiener Kunsthistoriker Franz Dvořák im Zusammenhang mit dem Erscheinen der Mappe "Variationen über ein Thema" von Oskar Kokoschka 1921 formuliert hat.[32] Kokoschka blieb Schieles späte Versöhnung mit dem Menschen versagt. Seine Sehnsucht nach den Göttern und seine Suche nach den großen Zusammenhängen, die ihn mit der Kunst des Symbolismus und des Jugendstils verbunden hatte, sollte auch seinem weiteren künstle-

Abb. 5

rischen Schaffen zugrunde liegen und durch die Erfahrung eines weiteren Krieges noch verstärkt werden.

Das Jahr 1918 bildet eine vorläufige Zäsur in der Entwicklung der österreichischen Kunst - und in der Darstellung des Menschen in dieser Kunst. Der Bogen, der sich von der Erarbeitung einer analytischen Konzeption der Natur, innerhalb der der Mensch nur einen Teilbereich einnimmt, über das ästhetische Konzept des Jugendstils bis zur Analyse des Menschen spannt, hat seinen vorläufigen Höhe- und zugleich Endpunkt erreicht. Von dieser Darstellung des Menschen unterscheidet sich die Kunst nach dem Ende des Ersten Weltkrieges vor allem durch das Wissen um das Elend und die Grausamkeit des Krieges, dessen intensives und persönliches Erlebnis oft in literarische und religiöse Allegorik gekleidet wird. Zum anderen ist es die wiedergewonnene Freiheit und ist es das Leben, die umso stärker in das Bewußtsein der jungen Künstlergeneration drängen und in den Bildern zum Ausdruck kommen. Die Welt der Maschine, die Faszination der Geschwindigkeit und die Dynamik der Großstadt sind die neuen Themen der Kunst, die in einer österreich-spezifischen Synthese von emotionellem Expressionismus und rationaler Analyse aufgegriffen werden und damit die Darstellung des Menschen in den Hintergrund treten lassen.

Anmerkungen

1 Sedlmayr, Hans, Verlust der Mitte (1948), West-Berlin 1968[8].
2 Vgl. dazu vor allem seine Schriften "Die Mitte des Kunstwerkes" und "Ursprung und Entstehung des Kunstwerks".
3 Sedlmayr, a.a.O., S. 122 f.
4 Frodl, Gerbert, "Stimmungsimpressionismus" und "Naturalismus", in: Kat. Ausst. Wien um 1900, Wien-München 1985, S. 13-15, hier S. 14. Zu Theodor von Hörmann vgl. Braunegger, Theodor/Hörmann, Magdalena, Theodor von Hörmann, Wien 1979.
5 Machs "Beiträge zur Analyse der Empfindungen" erschien in mehreren Auflagen unter dem Titel "Die Analyse der Empfindungen und das Verhältnis des Physischen zum Psychischen".
6 Mach, Ernst, Antimetaphysische Bemerkungen (1885), zit. nach: Wunberg, Gotthart (Hg.), Die Wiener Moderne, Stuttgart 1981, S. 137-145, hier S. 140 f.
7 Hofmann, Werner, Grundlagen der modernen Kunst, Stuttgart 1978[2], S. 183.
8 Francastel, Pierre, Die Zerstörung des plastischen Bildraums, in: Bürger, Peter (Hg.), Seminar: Literatur- und Kunstsoziologie, Frankfurt 1978, S. 371-391, hier S. 387.
9 Francastel, a.a.O., S. 145.
10 Mach, a.a.O., S. 145.
11 Hofmann, Werner, Das Irdische Paradies, München 1960, S. 178.
12 Hofmann, Werner, Hans Makart, in: Kat. Ausst. Experiment Weltuntergang, hg. von Werner Hofmann, München 1981, S. 9-20, hier S. 17.
13 Bahr, Hermann, Das unrettbare Ich, in: H.B., Dialog vom Tragischen, Berlin 1904, S. 79-101; zit. nach Wunberg, a.a.O., S. 147.
14 Bahr, a.a.O., S. 148.
15 Kat. der VII. Ausstellung der Vereinigung bildender Künstler Österreichs-Secession, Wien 1900; zit. nach: Nebehay, Christian, M., Gustav Klimt, München 1976, S. 144.
16 Schorske, Carl, E., Wien, Geist und Gesellschaft im Fin de Siécle, Frankfurt/Main 1982; bes. S. 213 ff.
17 Hofmann, Werner, Gustav Klimt und die Wiener Jahrhundertwende, Salzburg 1970, S. 23.
18 Vgl. dazu Hofmann, a.a.O., S. 22 f.
19 Als Beispiel dafür kann die 1902 stattgefundene XIV. Ausstellung der Wiener Secession (Beethoven-Ausstellung) betrachtet werden, in der Wandmalerei, Schmuck und Plastik zu einem einzigen "Gesamtkunstwerk" vereint wurden.

20 Siehe dazu vor allem den im 1. Heft der Zeitschrift der Wiener Secession, VER SACRUM, 1898 erschienenen programmatischen Aufsatz "Weshalb wir eine Zeitschrift herausgeben?", in dem es u.a. heißt: "Und da wenden wir uns an euch alle, ohne Unterschied des Standes und des Vermögens. Wir kennen keine Unterscheidung zwischen "hoher Kunst" und "Kleinkunst", zwischen Kunst für die Reichen und Kunst für die Armen. Kunst ist Allgemeingut." Zit. nach: Kat. Ausstel. VER SACRUM. Die Zeitschrift der Wiener Secession 1898-1903, Historisches Museum der Stadt Wien 1983, S. 36-38, hier S. 37.

21 Loos, Adolf, Sämtliche Schriften in zwei Bänden, hg. von Franz Glück, Bd. 1, Wien-München 1962, S. 240.

22 Kraus, Karl, Nachts (1918), S. 61; zit. nach: Kat. Ausst. Jugend in Wien, Literatur um 1900, hg. von Bernhard Zeller, München 1974, S. 314.

23 Dieser seit 1908 mehrmals gehaltene Vortrag erschien erstmals in dem Sammelband "Trotzdem, 1900-1930", Innsbruck 1931/32.

24 Mitsch, Erwin, Egon Schiele, München 1973, S. 27.

25 Mitsch, a.a.O., S. 28.

26 Diese Auseinandersetzung mit der Gedankenwelt Nietzsches wird in einer Reihe von um 1913 entstandenen Selbstbildnissen offenbar, deren Titel, wie z.B. der "Rufer" oder der "Seher", sich wie Kapitelüberschriften aus dem "Zarathustra" lesen.

27 Hevesi, Ludwig, Kunstschau Wien 1908: "Auch an einem ‚wilden Kabinett' fehlt es nicht. Der Oberwildling heißt Kokoschka, und man verspricht sich viel von ihm in der Wiener Werkstätte." Zit. nach: Wingler, Hans, Maria, O.K. Ein Lebensbild, Frankfurt/Main-Berlin 1966, S. 23.

28 Kokoschka, Oskar, Mein Leben, München 1969, S. 52.

29 Kokoschka, a.a.O., S. 62.

30 Vietto, Silvio/Kemper, Hans-Georg, Expressionismus, München 1975, S. 84.

31 Wingler, Hans, Maria, Oskar Kokoschka, Das Werk des Malers, Salzburg 1956, S. 64.

32 Dvořák, Max, Einleitung zum Mappenwerk "Variationen über ein Thema" von Oskar Kokoschka (1921); zit. nach: Wingler, a.a.O., S. 67 (Anm. 27).

Abbildungen

1)	Theodor von Hörmann	Der Maler im Blumengarten, 1892 Innsbruck, Tiroler Landesmuseum Ferdinandeum
2)	Hans Makart	Bildnis der Freifrau von Waldberg, um 1876 Salzburg, Salzburger Museum Carolino Augusteum
3)	Gustav Klimt	Bildnis Adele Bloch-Bauer I, 1907 Wien, Österreichische Galerie
4)	Egon Schiele	Selbstbildnis als männlicher Akt, 1910 Wien, Graphische Sammlung Albertina
5)	Oskar Kokoschka	Alter Mann (Vater Hirsch), 1907 Linz, Neue Galerie der Stadt Linz

Fotonachweis:
Tiroler Landesmuseum Ferdinandeum (Foto Linster) (1), Salzburger Museum Carolino Augusteum (2), Österreichische Galerie Wien (3), Graphische Sammlung Albertina (4), Neue Galerie der Stadt Linz (Foto Michalek) (5)

Manfred Steinlechner

Das anthropologische Sprechen und die Psychoanalyse

Conditio humana, Bedingung des Menschlichen; gibt es überhaupt Bedingungen, die ein Mensch in seinem Leben zu realisieren hat, damit er ein Mensch genannt werden kann?

Sollte es die Möglichkeit geben, die Bedingungen solcher Bedingungen zu formulieren - können wir sie denn positiv im Sinn eines Katalogs von zu verwirklichenden Eigenschaften, Gefühlen, Handlungen äußern? Ich möchte diese Frage verneinen.

Anthropologisches Sprechen, das auf die Beantwortung der Frage zielt, was denn der Mensch sei, erhebt häufig den Anspruch, eine positive Lehre zu dieser Fragestellung anzubieten; zwar wird eingeräumt, daß wir vielleicht in diesem oder jenem wissenschaftlichen Selbstdefinierungsgebiet noch nicht genug über ihn (Achtung, das heißt immer: über uns!) wissen, und es noch weiterer biologischer, physikalischer, medizinischer, genetischer oder psychoanalytischer Erkenntnisse bedarf, damit wir schließlich - und sei es auch durch Falsifikation - alles über "ihn" wissen.

Trotz dieser Bescheidenheit, die im Grunde weitere Selbstdefinierung erst stimuliert, konkurrieren in unserer Gegenwart verschiedene anthropologische Systeme, die für sich in Anspruch nehmen, besonders genau/tief oder der Natur abgeschaut zu wissen, was das eigentlich Menschliche ausmacht, welche Zukünfte oder Vergangenheiten daraus folgen und welcher Sinn zu verwirklichen/zu verwenden ist, um diesem Menschlichen zu entsprechen.

Ein kursorischer Blick auf einige Beispiele positiven anthropologischen Sprechens (mag es nun theologisch, wissenschaftlich-rassistisch oder szientistisch begründet sein) in diesem Jahrhundert mag zeigen, welche Folgen ein solches "Wissen" über die jeweils anderen der Herrschaft hat:

a) Wenn etwa gesagt wurde, daß sich das Menschliche des Menschen insoweit realisiert, als der Mensch es in Tugenden wie: Untertänigkeit, Gehorsam, Demut oder Treue zum Vaterland objektiviert, weil er damit nicht nur den weltlichen oder geistigen Vertreter Gottes auf Erden, sondern letzteren selbst ehrt und sich durch diese Ehre erst selbst entspricht, so hat dies in historischer Praxis bedeutet, daß andere Möglichkeiten, das Menschliche zu verstehen und zu vergegenständlichen (z.B. ein von Autonomie träumender Serbe) nicht dem herrschaftlich kodifizierten Bild des Menschlichen entsprachen oder als nicht-menschliche/unmenschliche Auslegungsformen des Menschlichen liquidiert werden mußten ("Serbien muß sterbien").

b) Wenn etwas später gesagt wurde, daß sich das Menschliche insoweit als Menschliches realisiert, als es der Natur des Menschen entspricht, und diese Natur - unter Mithilfe rassistischer Ethnologie, Genetik, Medizin, Psychologie etc. - als germanische, arische, grausame, reine Natur (im Gegensatz zur jüdischen, kränklichen, intellektuellen, überdifferenzierten Denaturierung/Entar-

tung) objektiviert und im Weltkrieg und im Konzentrationslager "bewiesen" werden muß, so hat dies aufgrund der inzwischen fortgeschrittenen Arbeitswerkzeuge = Kriegsgerät und der fortgeschrittenen Rationalisierung in der Verwaltung = Auschwitz das Zugrundegehen ungezählter Menschen bedeutet. Der Mensch wurde unter Mithilfe dieses positiven wissenschaftlich-anthropologischen Sprechens seines Lebens und seines Todes gleichermaßen enteignet.
c) Wenn schließlich eine partikulare Interpretation menschlicher Freiheit, nämlich: Freiheit für die "freie" Welt von jeder militärischen Gefahr durch absoluten Selbstschutz bei gleichzeitiger absoluter Gefährdung des im "Reich der Finsternis" lebenden Feindes = SDI mit dem Interesse des schlechthin Menschlichen identifiziert wird und dieser Freiheitsbegriff daher überall exportiert werden muß, damit die dort Lebenden auch das Interesse des Menschlichen realisieren können, wird für uns Enteignete unter ständigem Gemurmel szientistischen anthropologischen Wissens über das Menschliche das letzte Stündchen geläutet (vielleicht hat dieser letzte Halbsatz nicht die Bedeutung eines wahren = positiven Satzes über menschliche Zukunft, aber er hat jedenfalls die Bedeutung eines wahren Satzes über das durch solches Sprechen und Handeln in unserer Gegenwart entstandene unermeßliche Leiden).

Weit davon entfernt, Zwangssystemimperative wie Geld und Macht nur auf der Theorieebene anthropologischen Sprechens ansiedeln zu wollen, möchte ich die Fragestellung auf das anthropologische Sprechen begrenzen und sagen: Überall und immer, wo Menschen mit sich und anderen derart verkehren, daß sie ein positives und identifiziertes, eindeutiges und endgültiges oder ausschließliches bildbegriffliches Wissen vom Menschlichen haben, kann dies nur in Gewalt enden, weil ein Mensch mit einem positiven anthropologischen Bewußtsein in einer anderen, ihm fremden Auslegung des Menschlichen jedenfalls nicht die Realisierung seines = des Menschlichen, sondern eben die Verfehlung dieses Menschlichen oder die Realisierung des Menschlichen als Verirrung/Entartung/jenseits des Expertenwissens etc. feststellen wird.

Wie diese diagnostizierte Verfehlung dann geahndet wird, ist eine Frage der historischen Konstellation und der möglichen Mittelwahl; mit Hilfe welcher Theorien, Systeme, Glaubensgrundsätze schließlich die Liquidierung begründet wird, ebenso.

Daraus folgt für mich: Angesichts der katastrophischen Erfahrungen, die wir mit der Herrschaft des Begriffs, den wir jeweils vom eigentlich Menschlichen haben, über den gemeinten Verdinglichungsgegenstand Mensch gemacht haben, ist anthropologisches Sprechen, wenn es denn etwas anderes sein soll als Gewalt, nur mehr in dem Bewußtsein möglich, daß - sei es auf universitärem, politischem, pädagogischem, oder sog. privatem Boden - es sich dabei nur um einen vorläufigen, offenen, negativen, vieldeutigen Vorschlag unter egalitären Staatsbürgern handeln kann, wie man nämlich den Menschen jeweils auch sehen könnte und wie das Menschliche auch sich realisieren könnte in Negation zu bereits vorliegenden positiven Entwürfen, ohne daß sich dieses Reden selbst noch einmal positiv setzt.

Im Gegensatz dazu ist immer dann, wenn einer sich erhebt und aus seinem diskursiv orientierten Vorschlagsreden eine wie immer wissenschaftlich bewiesene oder prophetisch erleuchtete präskriptive Anthropologie formuliert, wie wir leben sollen, damit wir Menschen sind, die Gewalt mitten unter uns.

Sigmund Freud hatte, als er in naturwissenschaftlich geprägter Erkenntnisabsicht seine Praxis als Neurologe in Wien eröffnete, durchaus eine positive medizinische Anthropologie im Sinn, die ihm als Humanisierungsfortschritt imponierte.

Wir können uns vergegenwärtigen, daß die Geschichte der Ausgrenzung der herrschaftlich etikettierten Formen menschlicher "Unvernunft" z.B. von den katholischen Hexenverbrennungen über das 1656 gegründete "Hospital général", das zur ersten allgemeinen Verwahrungsstätte für sog. Irre, Huren, Säufer, Verbrecher und alle übrigen Unerwünschten wurde (mit absolutem Rechtssprechungs- und Exekutionsrecht des Direktors), über die wirtschaftliche Verwertung dieser Gesamtanstalten zur langsamen Medizinalisierung des Wahnsinns führte, also: vom Tollhaus über das Arbeitshaus zum Irrenhaus.[1]

Als Freud bei Charcot, in der Hochburg der damaligen Psychiatrie, der "Salpêtrière", den beschwörend-hypnotischen Umgang mit dem sog. Hysteriker erlebte, war er an einem Ort, an dem die Verwandlung des Arbeitshauses in eine Irrenanstalt im Dienste der Entzifferung des vordem verschlüsselten Ausgegrenzten weit fortgeschritten war. Freud beschreibt Charcot in einer Würdigung folgend: "Die Verfügung über ein großes Material an chronisch Nervenkranken gestattete ihm nun, seine eigentümliche Begabung zu verwerten. Er war kein Grübler, kein Denker, sondern ... ein Seher. Vor seinem geistigen Auge ... ergaben sich die neuen Krankheitsbilder; ... die vollständigen und extremen Fälle, die "Typen" ließen sich mit Hilfe einer Schematisierung hervorheben, und von den Typen aus blickte das Auge auf die lange Reihe der abgeschwächten Fälle..."[2]

Freud sagt ungefähr folgendes: Nachdem Charcot kraft seines Amtes als Primar der "Salpêtrière" über die Sache, sprich "großes Material an chronisch Nervenkranken" verfügte, bestand sein eigentliches Genie darin, sich damit nicht zu begnügen, sondern die Herrschaft über die "Sache" qua Amt mit einer Herrschaft über dieselbe "Sache" qua neuer Begrifflichkeit zu amalgamieren. Die Logik, der Charcot nach Freud folgte, war etwa die: Alle, die ich in eine Uniform gesteckt habe, erkläre ich zu Polizisten; viele, die mein seherischer Blick entdeckte, tragen ähnliches wie Uniformen; also sind alle solche abgeschwächte Polizisten.

Hier ist es nicht weiter interessant, ob Charcot tatsächlich nur so arbeitete; wichtig ist, daß Freud an Charcot lobte, daß er mit jeder Lebensweise des Besonderen durch seine Subsumtion unter eine begriffliche Herrschaft durch Typisierung Schluß machte.

Die Vernichtung des Besonderen durch die Herrschaft des verallgemeinernden Begriffs meint aber genau jenes anthropologische Sprechen, das all das sich dem Begreifen entziehen wollende Verschiedene aus Herrschaftsbedürfnis in der Identität des Begriffs liquidiert.

Rilke formuliert seine Angst vor solchem Zugriff so:

"Ich fürchte mich so vor des Menschen Wort. Und dieses heißt Hund, und jenes heißt Haus, sie sprechen alles so deutlich aus: Mich bangt auch ihr Sinn, ihr Spiel mit dem Spott, sie wissen alles, was wird und war, kein Berg ist ihnen mehr wunderbar; ihr Garten und Gut grenzt gerade an Gott. Ich will warnen und wehren: Bleibt fern. Die Dinge singen hör' ich so gern. Ihr rührt sie an; sie sind starr und stumm. Ihr bringt mir all die Dinge um."[3]

Die Medizinalisierung des Wahnsinns bringt den Heilungswunsch hervor; er besteht um 1880 unter sog. Fortschrittlichen nicht mehr in der Hexenverbrennung oder der lebenslänglichen Ankettung, sondern in der naturwissenschaftlich vermittelten Hoffnung, das "angesammelte Material an chronisch Nervenkranken" über biochemische Eingriffe zu reduzieren und die chemisch Geheilten der Werktätigkeit wieder zuzuführen.

Im "Entwurf einer Psychologie" von 1895 bestimmt Freud als sein Forschungsziel, "psychische Vorgänge darzustellen als quantitativ bestimmte Zustände aufzeigbarer materieller Teile, und sie damit anschaulich und widerspruchsfrei zu machen".[4]

Dieses szientistische Selbstverständnis Freuds bedeutete forschungslogisch: Interesse an maximaler manipulativer Verfügung über jene psychischen Vorgänge, die durch biochemische Eingriffe in Zukunft "geheilt" werden sollten.

Im Nachwort zum "Fall" Dora, einem 18jährigen, offenbar an Hysterie erkrankten und viktorianisch gebildeten Fräulein, bedauert Freud die Tatsache, daß seine Therapie eine rein psychologische sei, aber "die Theorie versäumt es keineswegs, auf die organische Grundlage der Neurose hinzuweisen, wenngleich sie dieselbe nicht in einer pathologisch-anatomischen Veränderung sucht und die zu erwartende chemische Veränderung als derzeit noch unfaßbar durch die Vorläufigkeit der organischen Funktion ersetzt".[5]

Freud zitiert Breuer, Charcot und einen anderen Wiener Neurologen, die allesamt in Nebenbemerkungen das Geheimnis der Hysterie im Schlafzimmer ansiedelten; Charcot tat dieses Geheimnis sogar seinerseits im Fachgespräch mit Freud durch Koitusbewegungen kund. Freud auf alle diese den Genannten unbewußt bleibenden Beobachtungen: "Aber der Eindruck war bald vergessen; die Gehirnanatomie und die experimentelle Erzeugung hysterischer Lähmungen hat alles Interesse absorbiert."[6]

Wir können sehen: Die erotische Sinnlichkeit des hysterischen Leidens durfte nur mehr wahrgenommen werden, wenn es naturwissenschaftlich formulierbare Beweisketten und Typologien dafür gab.

Dieser Zwiespalt wird Freud und seine Theorie lebenslänglich begleiten: Einerseits hat er es mit dem klagenden Menschen in Gestalt einer bürgerlichen Frau zu tun; dieses unerkannte Menschliche = Fremde = "dunkler Kontinent Weib" (Freud) soll zukünftig durch Biochemie vertraut = kolonialisiert werden.

Die Praxis Freuds aber dementierte seine Verfügungswünsche: Er bricht mit dem bürgerlichen Schema der Arzt-Patientbeziehung zu einer Zeit, als sich dieses Herrschaftsverhältnis erst zur vollen Größe aufrichtet.

Aus der Rekonstruktion der Geschichte der Anna O. (=Berta Pappenheim), einer Patientin Breuers, lernt er von dieser die "talking cure", wie sie es selbst nennt, die eben darin bestand, daß die Patientin Themen und Grenzen des Gesprächs selbst bestimmte.

Damit findet sich der Arzt Freud in einer innerhalb seines Berufsstandes wahrlich exzentrischen Position wieder: Aus dem einseitig explorierenden, examinierenden, therapierenden Arztherrscher gerät er in die Position des verstehenden und deutenden Zuhörers. Er bricht auch mit den konventionellen Diskursbeschränkungen: Der gleichschwebenden Aufmerksamkeit des Analytikers entsprach nun die Aufforderung an den Patienten, alles zu sagen, was im Strom der Assoziationen auftauchen mochte, und wenn es die bürgerlichen Schamgrenzen auch noch so sprengte.

Dem Schlafzimmergeheimnis war nur beizukommen mit der Verordnung des Geständniszwangs. War die Hypnose noch eine inquisitorische Gewalt mit anderen Mitteln, traute Freud dem Unbewußten zu, selbst Lust am Geständnis zu haben. So wurde aus der hypnotischen Vergewaltigung die Respektierung des Widerstands gegen das Geständnis unter der Prämisse seiner gleichzeitigen Bearbeitung in der Gestalt der Nichterfüllung des hysterischen Wunsches. Der Mensch in Gestalt einer bürgerlichen Frau war in sein unzensuriertes Rederecht eingesetzt, und der bürgerliche Mann Freud ließ sich von einer Frau erzählen, was Sexualität im Wien der Jahrhundertwende für eine Frau (nicht) sein konnte.

Weil Freud mit der Herrschaftsinterpretation der Beziehung Arzt-Patient partiell brach, konnte eine hermeneutische Praxis entstehen, die das Fremde zu verstehen versuchte, ohne es den "typischen" Begriffen zu unterwerfen; in seiner Lebenspraxis brach Freud mit der gültigen Angstinterpretation von Wirklichkeit, sich das Fremde vom Leib zu halten, indem es der Medizinalisierung unterworfen wurde.

Vielleicht kann ich dies auch so erzählen: In einer geschlossenen metaphysischen Weltdeutung ist die Bezweiflung des geltenden Realitätsprinzips dermaßen un-möglich, daß andere Möglichkeiten des Lebensentwurfs nur unter der Folter gestanden wurden. In einer zwiespältigen Moderne um die Jahrhundertwende ist schon soviel Möglichkeitsentwurf angespart, daß sich das Realitätsprinzip (= affirmative Beziehung zu den gegebenen gesellschaftlichen Verhältnissen) als vom Möglichkeitsprinzip (= Wunsch, Traum, Pluralismus möglicher unkonventioneller Lebensformen) dominiert erweist.

Freud sieht, daß das sog. Unbewußte (= Ort abgedrängter, mit Konventionen nicht vereinbarer Lebenserfahrungen/Sexualitätsentwürfe) vom Lustprinzip (= Wunsch nach Ermöglichung dieser abgedrängten Erfahrungen) bestimmt wird.

Aus der Enge der bürgerlichen Selbsterhaltung, definiert als Realitätsprinzip, drängt überschüssig ein in diesem Prinzip nicht unterzubringendes Fremdes, alsgleich Krankes, das mehr will als ein Leben an der Seite eines bordellierenden, kriegführenden Herrenreiters, der in verstohlenen Augenblicken unter die Röcke greift, um Traumen und Träume zu initiieren.

Freuds älterer Kollege, Breuer, hatte 1880-1882 mit Anna O. gearbeitet, ihr seine gesteigerte Aufmerksamkeit und Anteilnahme geschenkt und derart eine Besserung ihrer "konvulsivischen Zustände" erzeugt; damit löste er aus, was später Übertragung heißen wird, also: heiße Liebesgefühle bei Anna O. Als sie schließlich von einem Kind mit Breuer zu phantasieren beginnt - betrachten wir hier Kind vielleicht als Symbol von Lust und Strafe zugleich - ergreift Breuer in "konventionellem Entsetzen", wie Freud es nennen wird, die Flucht. Er fährt sofort mit seiner Frau auf eine 2. Hochzeitsreise und zeugt dort ein wirkliches = anständiges = bürgerlich-eheliches Kind.

Freud nun ging einen Schritt weiter als Breuer; er ließ sich auf eine nicht vom Arzt gesteuerte Intimität ein mit der einen Auflage: Nie ein Gefühl "persönlich" zu nehmen, das ihm vom Patienten entgegengebracht wurde, und es daher auch nicht zu befriedigen.

In Zukunft wird eine "Lehranalyse" etabliert, zuerst in Waldspaziergängen mit Freud "persönlich", die jeden Analytiker davon überzeugen sollten, daß es sinnvoll ist, etwas ernst zu nehmen, ohne es "persönlich" zu nehmen.

Ich kann vielleicht sagen: Intimität schonungsloser Aufrichtigkeit war nun zwischen zwei Menschen lebbar geworden um den Preis, sie nicht handelnd zu realisieren. Oder: Die Erzählung war für Freud nur freisetzbar, wenn sichergestellt war, daß die Handlung ihr nicht folgte.

In der "talking cure" meinte Anna O., daß schon das Erzählen möglicher-unmöglicher Lebensentwürfe eine befreiende Wirkung im Korsett des Realitätsprinzips verursachte, oder: Weil wir nicht genau wissen, welche Handlung einem Wunsch zur Geltung verhelfen könnte, ist das Ausmalen des Wunsches in allen Farben schon lustvoll genug, um mit der versagenden Wirklichkeit in ein lebbareres Verhältnis zu geraten.

Ein eigenartiges Nebeneinander: Bis zu seinem Lebensende wird Freud die Hoffnung nicht aufgeben, über den Patienten doch noch einen naturwissenschaftlichen Diskurs zu führen, aber seine Praxis ist angstfreier.

Insofern die Angstinterpretation bürgerlicher Wirklichkeit lautet: Wenn wir alles Fremde, von uns Verschiedene, Besondere in die Herrschaft unseres Begreifens und unserer Verfügung eingeholt haben werden, werden wir durch den - naturwissenschaftlich organisierten - Begriff schließlich jede vom Begriff gemeinte Sache beherrschen und keine Angst mehr haben müssen, also: dann haben wir es nur mehr mit uns zu tun, und uns kennen wir - dann bedeutete dies bei Freud, daß er im Theorierahmen einer z.T. naturwissenschaftlichen, z.T. mythischen Verfügungsbegrifflichkeit eine hermeneutische Praxis etablierte, die dem Kolonialherrn mitteilte, daß er nicht einmal Herr im eigenen Hause ist, geschweige denn bei seiner hysterischen Frau.

So entstand einerseits die metapsychologische Begriffsherrschaft: Da ist die Rede von Triebökonomie und energetischen Besetzungen, von quantitativen Aspekten und den Neuronen, schließlich dem Überich, Es und Ich. Keine einzige dieser sog. Kräfte ist freilich je gemessen worden; es sind vielmehr naturwissenschaftliche Metaphern.

Freud hat sich der Konvention gebeugt, daß Aussagen über das Menschliche nur dann gültig = anerkannte Aussagen sein können, wenn sie im herrschaftlichen Begriffsapparat der Naturwissenschaft seiner Zeit formuliert sind.

Ich kann vielleicht sagen: Das Selbstbeharrungsinteresse des Juden Freud im antisemitischen Wien eines Lueger, in dem Hitler nach eigener Aussage den Antisemitismus erst gelernt hat, hat ihn zur Einnahme eines anthropologischen Sprechens veranlaßt, das bei seinen antisemitischen Medizinerkollegen auch üblich war. In seiner Lebenspraxis, die er nicht und nicht in die energetische Neuronensprache übersetzen konnte, war er aber schließlich bereit, auf eine menschliche Erzählung zu hören. Damit geschah das, was M. Erdheim die Bereitschaft Freuds nannte, den "sozialen" Tod zu sterben.[7] Freud, nach Aussage eines seiner Wiener Kollegen ein Fall für die Polizei und nicht für die

Wissenschaft, wurde selbstverständlich nie Universitätsprofessor mit eigener Kanzel. Er hatte es gewagt, das Befremdende in naturwissenschaftlicher Sprache darzustellen - eine Befleckung der Naturwissenschaft und als Tarnung wiederum nicht gut genug.

Freud wurde zum Schriftsteller, weil sich seine Begegnungen mit seinen Patienten nicht anders als narrativ darstellen ließen; er systematisierte diese Begegnungen in seiner Metapsychologie und schuf damit einen unmöglichen Bezugsrahmen. Dies ist mehr als ein szientistisches Mißverständnis: Es verweist vielmehr auf die prinzipielle Unmöglichkeit, das Leben eines Menschen wissenschaftlich so begreifen zu können, daß dieses Begreifen auf derselben Ebene möglich wäre wie das heilende Freisetzen des herrschaftsfreien Gespräches. Das herrschaftliche Verfügungswissen kann nicht die Metapsychologie diskursiver Herrschaftsfreiheit sein, oder: Eine bürgerliche Verfügungstheorie kann nicht die Theorie einer dieses bürgerliche Verfügungswissen sprengenden Praxis sein.

Als Freud schließlich das zentrale Problem anthropologischen Sprechens erkennt: daß, wer über den Menschen etwas aussagt, über sich selbst etwas aussagt, und sich zum Objekt der ersten Psychoanalyse macht, erkennt er sich in einem Bildungsprozeß, der ihm sein eigenes Interesse an verstümmelter Erinnerung mitteilt.

Freud wäre kein Bürger, würde er nicht das bürgerliche Subjekt zum Menschen schlechthin erklären und sagen: Was ich an mir selbst erlebt habe, ist nicht nur Resultat der bürgerlich-familialen Vergesellschaftungsform mit dieser spezifischen Produktion von Überschüssigkeit an Wünschen, sondern diese Konstellation ist universal. Indem er sich des Ödipus-Mythos bedient - Erikson wird sagen: der "Konstellation zweier Unbekannter", nämlich des Mythos und der gegenwärtigen Konstellation - und nun sagt, daß darin die Auskunft über das Menschliche selbst liegt, tritt Freud in Konkurrenz zu den ihn umgebenden, z.T. schon auf Krieg zuarbeitenden positiven Anthropologien seiner Gegenwart, z.B. der Schädelmessung und deren Ableitungen, entwickelt in Berliner Köpfen, die im Kongo ausprobiert und an Partisanen und Juden im 2. Weltkrieg fortgesetzt wurde. Schädelmessung ist die primitive Variante einer Universalisierung einer bürgerlichen Idee, die ein Mensch über sich selbst oder andere gehabt hat. Wer der Mensch bei Freud ist, sagt uns jetzt Ödipus, später noch Narziß.

Mit dieser Universalisierung wird die Psychoanalyse zur bürgerlichen Wissenschaft: Während der bürgerliche Herrschaftsmensch sein Verständnis des Menschlichen als Tauschverhältnis im Sinne einer Zwangsuniversalisierung allen Erreichbaren aufzwingt, universalisiert Freud den Untergrund des bürgerlichen Menschen und bestimmt diesen Menschen nun zwischen Vatermord, Geschwisterneid, inzestuöser Partnerwahl und Gottesprojektion.

Wie genau erkennt er doch in der vom Bürger abhängigen Frau die Schattenseite dessen vermeintlicher Autonomie; sogleich aber macht er aus dem bürgerlichen Kind in diesem Mann den Menschen.

Ähnliches widerfährt ihm und uns bei seiner Konzeption menschlicher Sexualität. Einerseits erkennt Freud, daß unsere Sexualität die Objekte der Begehrlichkeit nicht quasi natürlich mitbringt; Zwang und Sozialisation weisen erst den Weg zu den erlaubten/vorgesehenen Objekten.

In den "Drei Abhandlungen zur Sexualtheorie"[8] 1905 beschreibt Freud den polymorph-perversen Charakter unserer Sexualität, dem jede Ausdrucksweise möglich wäre, wenn sie nicht konventionell unmöglich wäre. In das luxurierende Lustwesen Mensch wird die Polarisierung der Geschlechterrollen hineingetrieben und führt zur Zwangsheterosexualität; es wird für eine Kontrollinstanz gesorgt, die den über die Herrschaft hinausblinzelnden Wunsch zur Ordnung pfeift, der Körper wird zur Arbeit zugerichtet.

Dies alles erkennend, macht Freud deutlich, daß der Psychosexualität noch in ihren sublimsten Formen als "Hingebung an konkrete Gegenstände und abstrakte Ideen" der Wunsch bleibt, in ozeanischer Befriedigung leben zu können.

Wieder hält Freud die Kritik an einer lusttötenden Gesellschaftsstruktur nicht durch; seinerseits muß er nun sagen, daß die Genitalität des Charakters Vorrang vor allen Vor-lüsten hat; Produktion als Ausdruck der Genitalität wird der Ort, sich der lauernden Perversion zu entschlagen.

Aus dem Spiel aller nur entdeckbaren luxurierenden Lüste, zu denen wir fähig und begabt sind, wird die Vorlust und die Hauptlust und die Perversion - aus dem bürgerlichen Primat der Produktion wird der Primat der Genitalität, und diese wird zur qualifiziertesten aller menschlichen Ausdrucksweisen, der Sexualität.

Bis aufs äußerte provozierend, sagt Freud dem sublimen Chirurgen, daß in ihm wohl die Lust des Fleischers steckt; aber alle Chirurgen und Fleischer und Menschen haben nur dann den Weg zur gelungenen Sexualität geschafft, wenn sie den Primat der Genitalität aufrichten.

Freud bleibt anstößig und verwechselt doch ein bürgerliches Herrschaftsmodell von Sexualität mit einer Sexualität, deren Offenheit er doch gerade gesehen hatte.

Freud organisiert als autoritärer Schulengründer mit seinen Ringträgerfreunden (seine engsten Mitarbeiter erhielten zum Zeichen der Eintracht denselben Ring) dann den nächsten Schritt im positiven Verwahrlosungsprozeß der Psychanalyse.

Wer nun unter den Analytikern der ersten Generation nicht die von Freud entdeckten Wahrheiten über das Menschliche zur ganzen eigenen Wahrheit über jenes machen wollte, wurde schnell exkommuniziert; Tausk, Ferenczi, Reich sind verschieden gelagerte Beispiele einer Dogmatisierung.

Und auf neue, noch unverwüstlichere Füße stellt Freud sein Gebäude: Eros und Thanatos werden nun zu den ewig kämpfenden Giganten der Weltgeschichte, die sich in jedem einzelnen als seine unausweichliche Natur widerspiegeln.

Zur blinden Illusion wird der ewige Friede Kants, denn der Mensch entpuppt sich nun als ein von Natur aus zum Frieden unfähiges Aggressionswesen, und nur seine zeitweilige kulturelle Domestizierung hält ihn manchmal davon ab, alles Lebende umzubringen.

"Das Ziel alles Lebens ist der Tod"[9], formuliert er, viva la muerte, und Eros ist der Umweg dazu. Er weiß schließlich auch, daß die "Absicht, daß der Mensch glücklich sei, im Plan der Schöpfung nicht vorgesehen" ist.[10]

Er weiß, angesichts des 1. und des drohenden 2. Weltkrieges, daß das zentrale Interesse des Menschen darin besteht, den anderen umzubringen; er weiß dies nicht vom bürgerlichen Menschen, sondern er weiß es, weil es die Natur des Menschen darstelle.

Mit dieser Naturalisierung der positiven Anthropologie Freuds ist mitgesagt, daß es letztlich keine Heilung geben kann, denn Heilung ist bloß der Umweg zur Realisierung des Natürlichen im Menschen.

Aus dem Überschüssig-Möglichen des Lustprinzips wird der kümmerliche erotische Einspruch gegen das verheerende Realitätsprinzip dieses Jahrhunderts. Darin drückt Freud eine Wahrheit über unsere Gegenwart aus und dementiert sie sogleich, indem sie zur Natur-Gegenwart aller Menschen postuliert wird.

Nun werden Analytiker kommen, bei denen nicht mehr eine Erfahrung ankommt, für die Freud den Begriff "Todestrieb" erfand, sondern anstelle einer Erfahrung wird der Begriff "Todestrieb" ankommen. Diese affirmative Rezeptionsgeschichte der positiven Anthropologie Freuds ist mit einer Erfahrung Peter Handkes illustrierbar: "Ich mußte so oft in der Schule einen Aufsatz über einen schönen Sommertag schreiben, bis ich an einem schönen Sommertag nicht mehr den schönen Sommertag, sondern den Aufsatz über den schönen Sommertag erlebte."[11]

Als der 82jährige und von Mundkrebs zerfressene Freud mit seiner von ihm selbst (a propos Ödipus!) analysierten Tochter Anna vor den Nazis nach England flüchten mußte, hatte sich eine völlig andere, barbarische Variante positiver Anthropologie durchgesetzt.

Was über den Menschen in den nächsten Jahren gesagt wurde, zeigten die Schlöte in Auschwitz; er wurde einer, über den nach Maßgabe des herrschenden anthropologischen, kapitalistischen, bürokratischen und nicht zuletzt medizinischen Bewußtseins begrifflich und faktisch total verfügt werden konnte, bis zum kapitalistisch-logischen Rentabilitätsbewußtsein seiner Wiederverwertung als Seife und Lampenschirm. Wer der bürgerliche Verfügungsmensch in Wahrheit ist, zeigen uns diese Schlote. Gesundheit hieß einmal bei Freud: Arbeiten und lieben können. Diese selbst schon affirmative Definition lautete nun: Krieg (= Arbeit unter faschistischen Bedingungen) führen können und sich identifizieren können.

1933 wurden die Bücher Freuds mit den Worten: "Gegen die seelenzerstörende Überschätzung des Sexuallebens - und für den Adel der menschlichen Seele! Ich übergebe dem Feuer die Schriften der Schule Sigmund Freuds" verbrannt. Freud, der sich von der nationalsozialistischen Bedrohung wie viele andere jüdischen Analytiker kein rechtes Bild machen konnte, kommentierte dies als Fortschritt: "Im Mittelalter hätten sie mich verbrannt, heutzutage begnügen sie sich damit, meine Bücher zu verbrennen!"

1933 wurde die Deutsche Psychoanalytische Gesellschaft im Vorstand und 1935 zur Gänze arisiert. Unter der Auflage, daß die Psychoanalyse überleben könnte, wenn sie judenfrei sei, mußten alle noch verbliebenen jüdischen Analytiker - es waren 18 und genau die Hälfte der Mitglieder der DPG - austreten. Nur ein einziger nichtjüdischer Analytiker (Bernhard Kamm) solidarisierte sich.[12]

Nun war auch die Stunde der Abrechnung für C.G. Jung gekommen, der den internationalen Vorsitz der Gesellschaft für Psychotherapie übernahm. Er meinte im dortigen Zentralblatt 1934: "Das arische Unbewußte ... enthält

Spannkräfte und schöpferische Keime von noch zu erfüllender Zukunft, die man nicht ohne seelische Gefährdung als Kinderstubenromantik entwerten darf ... Die jüdische Rasse als Ganze besitzt ... nach meiner Erfahrung ein Unbewußtes, das sich mit dem arischen nur bedingt vergleichen läßt. Das arische Unbewußte hat ein höheres Potential als das jüdische ... Meines Erachtens ist es ein schwerer Fehler der bisherigen medizinischen Psychologie gewesen, daß sie jüdische Kategorien ... unbesehen auf den christlichen Germanen oder Slawen verwandte. Damit hat sie nämlich das kostbarste Geheimnis des germanischen Menschen, seinen schöpferisch ahnungsvollen Seelengrund als kindisch-banalen Sumpf erklärt, während meine warnende Stimme durch Jahrzehnte des Antisemitismus verdächtigt wurde.

Diese Verdächtigung ist von Freud ausgegangen. Er kannte die germanische Seele nicht, so wenig wie alle seine germanischen Nachbeter sie kannten. Hat sie die gewaltige Erscheinung des Nationalsozialismus ... eines Besseren belehrt?" Und an anderer Stelle erfahren wir, daß Hitler für Jung der "Lautsprecher, der das unhörbare Raunen der deutschen Seele verstärkt, bis es vom unbewußten Ohr der Deutschen gehört werden kann", war.[13]

1936 wurde die DPG aufgelöst und in das Martin Göring-Institut - dieser war ein Verwandter Hermann Görings - integriert.

Dort durften die arischen Analytiker die Technik der Psychoanalyse weiter verwenden, aber weder den Namen Freuds nennen, noch die Tradierung seiner kulturkritischen Schriften betreiben.

Aus einer Praxis der Erinnerung wurde eine Praxis des Vergessens, und die arischen Analytiker fanden sich schließlich wieder als integrierte Mitglieder der "Deutschen Arbeitsfront" im Rahmen einer "Deutschen Seelenheilkunde". Die Psychoanalyse in ihrem umfassenderen Anspruch war unter Mithilfe der verbliebenen Analytiker liquidiert und zu einer Heillehre umgebogen. Die unselige und apolitische Gestalt, in der sich die amerikanische und die deutsche Psychoanalyse heute weitgehend darstellt, hat in diesen Jahren ihre Wurzel; während die ins amerikanische Exil vertriebenen jüdischen Psychoanalytiker dort in keiner Weise einen freundlichen Boden für die kultur- und ideologiekritischen Potentiale der Psychoanalyse vorfanden und sich in einem mühseligen Anpassungsprozeß schließlich in der Anpassungslehre der Ich-Psychologie auch einen affirmativen theoretischen Ausdruck verliehen, tradierten die in Deutschland gebliebenen Analytiker nach 1945 mit wenigen Ausnahmen eine klinisch reduzierte Analyse, die zudem den Marktchancen immer besser zu entsprechen begann.

Wenn ich mich frage, wie es denn überhaupt möglich gewesen ist, daß sich die Erkenntnisse der Psychoanalyse Freuds in irgendeiner Form im Göring-Institut etablieren konnten, so möchte ich auf den verdinglichenden Umgang mit diesen Erkenntnissen hinweisen, der damals und freilich besonders auch heute damit betrieben wird; wird nämlich die Einmaligkeit diskursiver Begegnung zwischen Analytiker und Klient zugunsten der aus dieser Begegnung stammenden Metapsychologie entschieden und diese dann als vorgängiges Erkenntnismodell zum Leitfaden jeder weiteren Begegnung rücktransportiert, geschieht in einer Psychoanalyse nichts anderes mehr als die Identifizierung des Klienten mit einem vorgegebenen Schema. Diese Praxis aber war zwanglos integrierbar in ein nach eben diesen Kriterien auch sonst verfahrendes Göring-

Institut. Im übrigen meine ich, daß es gesellschaftliche Verhältnisse geben kann, in denen der subjektive Heilungswunsch, indem er sich mit objektiven Gesundheitsimperativen verschwistert, zum blanken Zynismus gegenüber den Opfern wird. Psychoanalyse, die unter allen gesellschaftlichen Bedingungen betrieben werden kann, ohne daß sich die Beteiligten im Lauf des Geschehens des Wahnsinns ihres eigenen Heilungswunsches bewußt werden, ist keine mehr.

Ohne Alexander Mitscherlich hätte sich in der Bundesrepublik der Nachkriegsrestauration vermutlich nicht einmal die bescheidene Variante einer analytischen Sozialpsychologie etablieren können. Diesem Mann, der eines der bevorzugten Ziele einer nur faschistisch zu nennenden Rufmordkampagne der späten 60er Jahre wurde, ist es zuerst zu verdanken, daß die Psychoanalyse wieder mehr wurde als eine Spielart magischer Quacksalberei.

Auch sein Einfluß konnte es in keiner Weise verhindern, daß sich eine amerikanisierte Variante des Göring-Institutes in der Gegenwart als Psychoanalyse etabliert hat. In der Regel dehnt der zeitgenössische Analytiker sein Schweigen hinter der Couch auf die gesellschaftlichen Verhältnisse aus, deren beschädigende Kraft er doch täglich vor Augen hat.

Ein "Medicozentrismus" (Parin) hat die ideologiekritischen Aspekte der Psychoanalyse weit ins Abseits gedrängt, und ein neuer "furor therapeuticus" versucht in Konkurrenz zu Hexensalben und Wiedergeburttrainings das Unheilbare zu heilen, und sei es mit religiöser Inbrunst.

Damit das Subjekt überhaupt als potentiell heilbar postuliert werden kann, muß seine gesellschaftliche Vermittlung geleugnet werden. War Freud es noch zufrieden, das "hysterische Elend durch das gewöhnliche Unglück" zu ersetzen, sind die gegenwärtigen Ansprüche gestiegen. Eine starke Abwertung des "bloßen Redens" führte in der Theoriebildung der letzten zwei Jahrzehnte zur Hochschätzung des empathischen Einfühlens in die vorsprachliche Mutter-Kind-Dyade.

Viele Analytiker betreiben nun "Holding", werden zur spendenden Mutter, zum aufleuchtenden Auge, zur ermutigenden Begleitung der ersten Schrittlein, zur Folie der infantilen Bildungsprozesse, bevor sie in die nun als "männlich" geltende Sprache eintreten als dem Ort des "Unwesentlichen".

Die psychoanalytischen Gesellschaften wiederum sind unter dem Gesichtspunkt bürgerlichen Selbstbeharrungsinteresses organisiert. Die gesellschaftliche Anerkennung des Analytikers führte zu einer Akkumulation sozialer Macht ihrer Institutionen; Bundeskanzler ersuchen inzwischen um ihren Beistand. Die Kollaboration mit bürgerlicher Herrschaft in Gestalt des Buhlens um öffentliche Gunst und Krankenkassenanerkennung, ihre Etablierung als Dienstmagd der Psychiatrie, das geflissentliche Schweigen zum allgemeinen Unrecht etabliert über die institutionellen und durch bloße Macht vermittelten Sozialisationsrituale einen neuen Analytiker, der die gesellschaftlichen Verhältnisse als "Produktionen der individuellen Phantasie seiner Klienten" verwechseln muß, um die eigene Erkenntnisabwehr der faktischen Abhängigkeit seiner Existenz von der eigenen affirmativen Lebenspraxis zu leugnen.

Die sog. ökonomischen Zwänge produzieren eine neue Angstinterpretation gegenüber sozialer Wirklichkeit in den Köpfen vieler Analytiker; damit werden sie sogar jenen Pfarrern sympathisch, die sich bisher für Angstinterpretation zuständig fühlten. Wiederum schützt vor der Erkenntnis dieser Wirklichkeit die verdinglichende Gebrauchspraxis psychoanalytischer Begrifflichkeit; wenn es um Macht und Einfluß, um Pfründeverteilung und Sicherheit geht, werden Analytiker nicht weniger ungemütlich als andere Berufsgruppen; allein - es wird dann nicht z.B. auf die Klassenlage der Akteure rekurriert, auf die Erzeugung von Angst und Zustimmungsbereitschaft, sondern es wird nach dem Muster psychologisiert: "Wie schon Freud sagte, handelt es sich z.B. bei Hierarchiekonflikten um Vatermord und Geschwisterneid."

Davon abgesehen, daß es sich bei solchen Erklärungen um Kategorienfehler handelt - denn soziale Institutionen lassen sich nicht nach demselben Deutungsmuster verstehen wie Subjekte -, sehen wir die verheerende Tradierung der positiven Anthropologie Freuds, die dazu verwendet wird, Konflikte zu neutralisieren, anstatt sie auszutragen. Ein anderes, häufig zu hörendes Beispiel zeigt uns eine andere Variante dieses Sprechens: Ein Analytiker zum anderen: "Hast Du noch Zeit für einen Klienten?" Der andere bejaht. Darauf der eine: "Er ist aber ein Borderliner (= Grenzgänger zur Psychose)." Darauf der andere: "Heutzutage gibt es sowieso nur mehr Borderliner." Was hier geschieht, entspricht der schlechtesten Tradition der von Freud partiell überwundenen psychiatrischen Begriffsherrschaft: Ohne Ansehen der Person und mit Diagnosebögen im Kopf, deren positive Unbefragbarkeit den eigenen Kuchenanteil sichert, wird der Mensch begrifflich verdinglicht.

Das Unbewußte hat den Selbstverständlichkeitsgrad von Coca-Cola übertrumpft. Wir müßten von vorne beginnen zu fragen: Was ist heute das Unbewußte? Aber eine Fragefaulheit liegt über dem Land und gilt gar noch als akademische Bildung.

Folgendes halte ich für wahrscheinlich: Die Psychoanalyse hat sich in Fortsetzung der Tradition des Göring-Institutes ihre ideologiekritischen Möglichkeiten abkaufen lassen; diese Anpassung an die gesellschaftlichen Verhältnisse wird ihr Ende sein, wenn auch als luxuriöses Ende. Wenn nämlich Heilung darin besteht, Herrschaft zu akzeptieren - und sei es jene des ICH - dann wird Psychoanalyse selbst Teil jenes Identitätszwangs, vor dem sie ursprünglich das Nichtidentische beschützen wollte.

Wir sind alle versehrbare Geschöpfe; eine Antwort auf diese anthropologische Grunderfahrung ist die Sicherheitsmoral, die von der bürgerlichen Auslegung dieser prinzipiellen Versehrbarkeit alle Furcht und Gefahr zu nehmen versuchte.

In ihrer theologischen Variante entfremdet sie das Leben von der mutigen Einsicht in die Unausweichlichkeit dieser Gefährdetheit und gewährt falsche Sicherheit um den Preis falschen Gehorsams.

In ihrer gegenwärtigen politischen Variante sichert sie die bürgerliche Angstinterpretation von Wirklichkeit durch atomare Festungsmauern; für diese "Sicherheit" bringen wir jedes Jahr Millionen von Kindern um.

Wenn die theologische und die politische Variante der Sicherheitsmoral einander vor dem Traualtar einer bürgerlichen Interpretation des Katholischen das lächelnde Ja-Wort geben, segnen sie die Mauern und die Kinder mit ihrer Angst.

Geblendet von solcher Angst-Macht, fallen psychoanalytische Ministranten in tiefer Macht-Angst in die Knie, verhohlen auf Gläubige schielend, die an alles glauben, auch an die Ministranten.

Anmerkungen

1 Vgl. Dörner, K., Bürger und Irre. Zur Sozialgeschichte und Wissenschaftssoziologie der Psychiatrie, Frankfurt 1969.
2 Lorenzer, A., Intimität und soziales Leid. Archäologie der Psychoanalyse, Frankfurt 1984, S. 36.
3 Rilke, R.M., aber wo hab ich es bloß einst gefunden...?
4 Freud, S., Entwurf einer Psychologie, in: Aus den Anfängen der Psychoanalyse, Frankfurt 1962, S. 305.
5 Freud, S., Bruchstücke einer Hysterie-Analyse, STA. Frankfurt 1971, S. 178.
6 Lorenzer, A., a.a.O., S. 69 f.
7 Erdheim, M., Die gesellschaftliche Produktion von Unbewußtheit. Eine Einführung in den ethnopsychoanalytischen Prozeß, Frankfurt 1982.
8 Freud, S., Drei Abhandlungen zur Sexualtheorie, in: STA, Bd. 5, S. 37 ff.
9 Freud, S., Jenseits des Lustprinzips, in: STA, a.a.O., S. 248, Bd. 3.
10 Freud, S., Das Unbehagen in der Kultur, in: STA, Bd. 9, S. 208.
11 Handke, P., Ein autobiographischer Essay, in: Ich bin ein Bewohner des Elfenbeinturms, Frankfurt 1972, S. 13 f.
12 Vgl. Lohmann, H.-M., u. Rosenkötter, L., Psychoanalyse in Hitlerdeutschland, in: Psyche, 36. Jg., 11/1982, S. 961 ff.; Cocks, G.C., Psychoanalyse, Psychotherapie und Nationalsozialismus, in: Psyche, 37. Jg., 12/1983, S. 1057 ff.
13 Vgl. Hermanns, L., Rittmeister, J.F. und Jung, C.G., in: Psyche, 36. Jg., H. 11/1982, S. 1027 ff.

Sylvia Wallinger

Aspekte einer feministischen Anthropologie: Contradictio in adjecto oder ein Weg zur androgynen Ganzheit?

1. Voraus einige einleitende Worte:

Anthropos, homo sapiens, Humanismus, Anthropologie, menschliche Kultur, Philosophy of Man, Condition humaine: Das in dieser Begrifflichkeit wohnende Individuum ist tendenziell gleichzusetzen mit einem idealisierenden Selbstbild des judäochristlichen Mannes, wie er vorzüglich in Europa anzutreffen ist.

Eurozentrismus und Androzentrismus gehören ebenso zusammen wie Rassismus und Sexismus, sodaß ich zu Beginn also festhalten möchte, daß das Konstrukt "Mensch" weitestgehend ein selbsterhöhendes Destillat des weißen Mannes ist, die Frau aber in jedem Falle das "andere Geschlecht" (*de Beauvoir*, 1949), gleichgültig, ob weiß oder nicht. Grundsätzlich finde ich diese Tatsache nicht weiter schlimm, man (frau) muß sich ihrer nur bewußt sein, um nicht in Studium und Beruf sich selbst dafür verantwortlich zu halten, nicht in die entworfenen Menschlichkeitsimagines humanistischer Forschung und Lehre hineinzupassen.

2. Das Menschenbild als Gottesbild

Stellen wir uns also die Frage nach der historischen Dimension, nach der Gewordenheit dieses Menschen- i.e. Mannesbildes (Mannsbildes), gehen wir zurück zu Adam und Eva, zum ersten Menschenpaar. Und hier beginnt auch schon die Crux, denn laut jüdisch-esoterischer und apokrypher Tradierung war nicht Eva, sondern Lilith Adams erste Frau, geschaffen zugleich mit ihm und, wie wir gleich sehen werden, so wie er als Abbild Gottes.

In der Goetheschen Walpurgisnacht in Faust I erscheint sie mit langen, offenen Haaren, dem Signum der erotischen Ungezähmtheit, als Symbol der Wiederkehr des Verdrängten. E. Patai berichtet, daß Adam sich vor Liliths Verführungen gefürchtet habe - sie wollte *auf* Adam liegen, nicht *unter* ihm - und der patriarchalische Gottvater ihm willfährig gewesen sei, Lilith verbannt und anschließend Eva in der allgemein bekannten Weise erschaffen habe. Lilith, ursprünglich eine sumerisch-babylonische Sturmdämonin, die in einem Baum des Gartens der Göttin Inanna gehaust hatte, aber lebte weiter als mittelalterliche *succuba*, als Herrin der ungetauften Kinder (cf. Patai, 1967).

In der phallozentrischen judäochristlichen Schöpfungsgeschichte mit dem Mythos der männlichen Gebärfähigkeit - männlicher Gott erschafft den Mann alleine, wie ihn etwa der homophile Michelangelo so eindrucksvoll in der

Sixtinischen Kapelle gestaltete - zeigen sich die beiden Facetten eines gemeinsamen Willens zur Macht: Es ist sowohl der patriarchalische Gott das spiegelnde, idealisierte Abbild des Menschen, den ich von nun an, wenn nicht eigens angemerkt, mit dem weißen Manne identisch setze, als Vater, Fürste, Gatte, Priester und Feldherr, als auch ebendieser Mensch in einem atemberaubenden Zirkelschluß das Ebenbild eben dieses Gottes.

Mary Daly faßte diesen Vorgang in den prägnanten Satz: "If God is male, then the Male is God."

Der spezifische Charakter des Gottesbildes als Projektionsleinwand des Menschen war, wie bekannt, bereits 1857 in *Feuerbachs* "Theogonie" materialistisch und 1932 in *Freuds* "Der Mann Moses und die monotheistische Religion" psychoanalytisch beschrieben und kritisiert worden, wenn auch ohne an der maskulin definierten Ikonographie dieses Gottes und ihren konkreten Auswirkungen auf Frauen Anstoß zu nehmen.

Ich will nun der anderen Linie dieses Menschenbildes als Abbild Gottes im Sinne einer geschaffenen ontologischen Konstante nachspüren und wende mich daher an die Quelle, nämlich an die Genesis:

3. Die Schöpfungsgeschichte: Genesis 1 und 2

In Genesis 1, 24 - 1, 31 lesen wir:

"24 Dann sprach Gott: Das Land bringe alle Arten von lebendigen Wesen hervor, von Vieh, von Kriechtieren und von Tieren des Feldes. So geschah es. 25 Gott machte alle Arten von Tieren des Feldes, alle Arten von Vieh und alle Arten von Kriechtieren auf dem Erdboden. Gott sah, daß es gut war. 26 Dann sprach Gott: Laßt uns Menschen machen als unser Abbild, uns ähnlich. Sie sollen herrschen über die Fische des Meeres, über die Vögel des Himmels, über das Vieh, über die ganze Erde und über alle Kriechtiere auf dem Land. 27 Gott schuf also den Menschen als sein Abbild; als Abbild Gottes schuf er ihn. Als Mann und Frau schuf er sie. 28 Gott segnete sie, und Gott sprach zu ihnen: Seid fruchtbar, und vermehret euch, bevölkert die Erde, unterwerft sie euch, und herrscht über die Fische des Meeres, über die Vögel des Himmels und über alle Tiere, die sich auf dem Land regen. 29 Dann sprach Gott: Hiermit übergebe ich euch alle Pflanzen auf der ganzen Erde, die Samen tragen, und alle Bäume mit samenhaltigen Früchten. Euch sollen sie zur Nahrung dienen. 30 Allen Tieren des Feldes, allen Vögeln des Himmels und allem was sich auf der Erde regt, was Lebensatem in sich hat, gebe ich alle grünen Pflanzen zur Nahrung. So geschah es. 31 Gott sah alles an, was er gemacht hatte: Es war sehr gut. Es wurde Abend, und es wurde Morgen: der sechste Tag."

In kumulativem Stil, mit fast suggestiver Färbung hämmert uns der Verfasser (daß es sich um eine Verfasserin handeln könnte, ist m.W. selbst von den kühnsten Feministinnen nie behauptet worden) das doppelgeschlechtige Wesen als Abbild der somit ebenso androgynen Gottheit ein: 1, 27; der Wechsel vom maskulinen Personalpronomen im Akkusativ Singular - ihn - zum sexusneutralen Akkusativ Plural - sie - dürfte wohl an der Übersetzung liegen, hier haben die Exegeten ein gewichtiges Wort zu reden. Es bleibt aber das Faktum der am Text belegbaren Abbildhaftigkeit des Menschen (nicht Ebenbildhaftigkeit!) in seiner/ihrer männlichen und weiblichen Erscheinungsweise, was m.E. einen eindeutigen Rückverweis auf die ursprüngliche Konzeption einer androgynen

Gottheit im Sinne einer Aufhebung und Verschmelzung des kreatürlichen Dualismus vorstellt.

Auffallend scheint mir auch die im Vergleich zu Genesis 2 relativ milde Aufforderung zur Unterjochung der Natur, da sie zumindest einen expliziten Existenzanspruch der nichtmenschlichen Kreatur textuell festhält. Als Legitimationstext für grenzenlose patriarchalische Macht und Herrlichkeit läßt sich Genesis 1, 24 - 1, 31 nur schwer heranziehen, weswegen diese Passage wohl auch vergleichsweise schwach im herr-schenden Bewußtsein verankert ist.

Ganz anders Genesis 2, 4b - 2, 15, welche man wohl als einen geradezu mephistophelischen Geniestreich des jüdisch-christlichen Vatergottes bezeichnen darf:

"4b Zur Zeit, als Gott, der Herr, Erde und Himmel machte, 5 gab es auf der Erde noch keine Feldsträucher und wuchsen noch keine Feldpflanzen; denn Gott, der Herr, hatte es auf die Erde noch nicht regnen lassen, und es gab noch keinen Menschen, der den Ackerboden bestellte; 6 aber Feuchtigkeit stieg aus der Erde auf und tränkte die ganze Fläche des Ackerbodens.
7 Da formte Gott, der Herr, den Menschen aus Erde vom Ackerboden und blies in seine Nase den Lebensatem. So wurde der Mensch zu einem lebendigen Wesen.
8 Dann legte Gott, der Herr, in Eden, im Osten, einen Garten an und setzte dorthin den Menschen, den er geformt hatte. 9 Gott, der Herr, ließ aus dem Ackerboden allerlei Bäume wachsen, verlockend anzusehen und mit köstlichen Früchten, in der Mitte des Gartens aber den Baum des Lebens und den Baum der Erkenntnis von Gut und Böse.
10 Ein Strom entspring in Eden, der den Garten bewässert; dort teilt er sich und wird zu vier Hauptflüssen. 11 Der eine heißt Pischon; er ist es, der das ganze Land Hawila umfließt, wo es Gold gibt. 12 Das Gold jenes Landes ist gut; dort gibt es auch Bdelliumharz und Karneolsteine. 13 Der zweite Strom heißt Gihon; er ist es, der das ganze Land Kusch umfließt. 14 Der dritte Strom heißt Tigris; er ist es, der östlich an Assur vorbeifließt. Der vierte Strom ist der Eufrat.
15 Gott, der Herr, nahm also den Menschen und setzte ihn in den Garten von Eden, damit er ihn bebaue und hüte. 16 Dann gebot Gott, der Herr, dem Menschen: Von allen Bäumen des Gartens darfst du essen, 17 doch vom Baum der Erkenntnis von Gut und Böse darfst du nicht essen; denn sobald du davon ißt, wirst du sterben.
18 Dann sprach Gott, der Herr: Es ist nicht gut, daß der Mensch allein bleibt. Ich will ihm eine Hilfe machen, die ihm entspricht.
19 Gott, der Herr, formte aus dem Ackerboden alle Tiere des Feldes und alle Vögel des Himmels und führte sie dem Menschen zu, um zu sehen, wie er sie benennen würde. Und wie der Mensch jedes lebendige Wesen benannte, so sollte es heißen. 20 Der Mensch gab Namen allem Vieh, den Vögeln des Himmels und allen Tieren des Feldes. Aber eine Hilfe, die dem Menschen entsprach, fand er nicht.
21 Da ließ Gott, der Herr, einen tiefen Schlaf auf den Menschen fallen, so daß er einschlief, nahm eine seiner Rippen und verschloß ihre Stelle mit Fleisch. 22 Gott, der Herr, baute aus der Rippe, die er vom Menschen genommen hatte, eine Frau und führte sie dem Menschen zu.
23 Und der Mensch sprach:
Das endlich ist Bein von meinem Bein / und Fleisch von meinem Fleisch. / Frau soll sie heißen: / denn vom Mann ist sie genommen."

Zum einen wird hier quasi anaphorisch Gott mit dem Epitheton "der Herr" (Jahwe) konnotiert, unterschiedlich zum Pluralnomen "Elohim", das aus der "Priesterschrift" von Gen. 1, 24 - 1, 31 stammt, zum andern wird hier die an die matristische Zeit erinnernde Vorstellung von der sich selbst parthenogenetisch im Zyklus des Jahres befruchtenden Mutter Erde - der Ackerboden (2, 6) ist klar weiblich konnotiert - umgedichtet zu einer Mangelsituation, zu einer noch nicht erfolgten Intervention des Vatergottes (2, 5), zum dritten führt die bewußtseinsgeschichtlich später auftretende Vereinigung der Erde mit dem Himmel - der Regen stellt eine männliche Emanation dar (2, 5) - im Sinne des

Hieros Gamos, der Heiligen Hochzeit, die die Große Göttin mit ihrem Liebhaber/Sohn feierte - zu einer weiteren Hyperthrophierung dieses Gottes, der, viertens, auch die weibliche Potenz katexochen - das Gebären des Lebens - usurpiert und den Menschen wie ein spielendes Kind aus Erde erschafft, womit jeglicher genitale Aspekt des Schöpfungsaktes getilgt und in die Analität rücküberführt war. Die Erdmutter, die Große Göttin, hatte ihre vielen Kinder natürlich mit ihrer Vagina geboren, man stelle sich die Kläglichkeit dieses Versuchs mit einem göttlichen Penis vor! (cf. Duerr, 1978)

Ähnliche männliche Gebärphantasien finden wir etwa auch im homoerotischen Phallokratismus der nacharchaischen Griechen vor: etwa bei der Geburt der Athene aus dem Kopf und der des Dionysos aus der Hüfte des Zeus. Aufbauend auf dem Prometheus-Stoff hat auch der jugendliche Goethe in der bekannten Ode seine Revolte gegen die Vaterautoritäten mit den von ihm nach seinem Bilde geformten Menschen begründen wollen, und auch der Weimarer Olympier mied, wie seine griechischen Vorbilder, die Frau während seiner gesamten Jugendjahre (cf. Eissler, 1963).

Aber zurück zur Genesis des Jahwisten (2, 4b - 2, 25): Man beachte die Umkehrung der Schöpfungschronologie - zuerst lebt die männliche Monade mit ihrem Vatergott und dem vielen Gold allein, erst danach erschafft Jahwe die Tiere, zum Schluß dann, last and least, die Frau! Aufschlußreich sind auch die impliziten Hinweise auf Lilith, die falsche, weil nicht aus IHM hervorgegangene Frau: "Das endlich ist Bein von meinem Bein (2, 24)", und die intendierte Analstruktur dieses Menschen als sadomasochistischer, besitzgieriger Geschlechtscharakter, wie wir ihn in der patriarchalischen Gehorsamskultur tagtäglich antreffen. Mir genügt der Verweis auf die inhärente Logik der Semanteme "Mensch" vs. "Frau" und ich freue mich, daß das Essen vom Baum der Erkenntnis das Werk der Frau und nicht das des Menschen war. So gesehen erscheint mir der Versuch der Einbindung der Frau in die oben beschriebene Menschlichkeit völlig absurd und überflüssig.

Zurück aber zu Genesis 1, zurück zum darin enthaltenen Urbild der androgynen Gottheit und ihrer Widerspiegelung im zweigeschlechtigen Menschen. Virginia Mollenklott geht in ihrem Buch "The Divine Feminine" (1984), auf deutsch verfehlt mit "Gott eine Frau?" übersetzt, der weiblichen Gottesimaginistik in der Bibel nach. Die feministische Theologin, die für ein Verbleiben der Frau in den kirchlichen Institutionen plädiert und sie zum Aufspüren dieser versteckten und vergessenen Gottesbilder ermuntert, nennt eine Reihe von biblischen Bildern eines weiblichen Gottes. So findet sie etwa die Gottheit als "gebärende Frau", "stillende Mutter", "Geburtshelferin", "weiblichen Pelikan", "Bärenmutter", "Haushälterin", "Geliebte", "Bäckerin", "Adlermutter", "Henne" etc. Sie vermutet hierin ein Identifikationsangebot im Sinne einer fraulich/göttlichen Partnerschaft.

Ganz anders lautet die Ansicht der radikalfeministischen Fundamentalistin Mary Daly, auf die ich schon oben einging: Im deutschen Vorwort (1982) zu ihrem Buch "*Beyond God the Father*" (1973) nennt sie die "Vorstellung, daß Frauen in der katholischen Kirche ‚Gleichberechtigung' anstreben, ebenso lächerlich und mitleiderregend, wie der Gedanke, daß schwarze Personen im KuKluxKlan ‚Gleichberechtigung' suchen". (Daly, 1982, S. 5)

Aber auch sie verwendet den Begriff "Androgynie", um die Integrität des Seins, hier von Frauen, zu beschreiben, spricht von "androgynem Sein" als "spirituel- ler Ganzheit", als Wiederherstellung der Vollständigkeit, als psychosexueller Androgynität. Dies wiederum soll aber nicht mit *Freuds* bzw. *Fließ'* Konzept der kongenitalen Bisexualität des Menschen verwechselt werden: Daly ist eine radikale Lesbe, die keinen Kontakt zur Männerwelt sucht, wie sie in "*Gyn/Eco- logy*" (1979) und in "*Pure Lust*" (1984) darlegt.

4. Subversive Tradierung der weiblichen/androgynen Aspekte der Gottheit in der Gestalt Jesu und in Gestalt des sie spiegelnden androgynen Menschen

a) Gnostiker/innen

Im Jahre 1945 entdeckte ein Bauer in der Nähe von Nag Hammadi in Oberägypten 52 uralte Papyrusrollen, in Tonkrügen verborgen, die Offenbarungen und geheime Aufzeichnungen über Jesus und seine Jünger/innen enthielten. Dazu kamen Gedichte, Mythen, philosophische Abhandlungen und Anleitungen für magische und mystische Praktiken. Die Texte waren auf koptisch verfaßt und gingen augenscheinlich auf griechische Originale des 1. und 2. nachchristlichen Jhs. zurück.

Die Schriften, so sagt die Religionshistorikerin Elaine Pagels in ihrem Buch "*The Gnostic Gospels*" (1979) beweisen die Fraktionskämpfe, die das frühe Christentum von Anbeginn an begleiteten, und die mit Hilfe geplanter Aussonderung und Ausgrenzung von sogenannten Häretikern dann von der patriarchalisch orientierten Amtskriche gewonnen wurden (wenn auch nicht endgültig und nicht völlig).

Das Anathema der Blasphemie wurde gegen jene geschleudert, die sich selbst die "Wissenden" nannten - gnosis bedeutet soviel wie geheimes Wissen, geheime Kenntnis - und sich für die besseren Christen hielten als die Orthodoxen.

Was sie nun diesen so gefährlich machte, war zuerst einmal die hervorragende Rolle der Frau bei den Gnostikern, die als Lehrerin, Prophetin, Priesterin, ja auch als sakramentspendende Bischöfin v.a. in Ägypten fraglos akzeptiert war. In den zahlreichen Invektiven der Orthodoxie gegen die Gnostiker wird letzteres besonders übel vermerkt und als Gotteslästerung angeprangert. Zum zweiten war die Gotteskonzeption der Gnostiker/innen der Amtskirche ein Dorn im Auge: Die Dreifaltigkeit bildet sich nämlich ihrer Auffassung nach durch die Androgynie der Gottheit als Vater und Mutter, die mit ihrem gemeinsamen Sohn verschmolzen sind. Sophia, griechisch für "Weisheit", als ursprünglich weiblicher Aspekt Gottes, verkam bei der Orthodoxie zum geschlechtsneutralen Heiligen Geist, der mit der maskulinen Vater-Sohn-Dyade gekoppelt wurde: Kein Wunder, daß bis heute niemand so recht etwas mit ihm anzufangen weiß.

In einer anderen Version leiten die Gnostiker die Androgynie der Gottheit von der Großen Mutter her, die ihrem Sohn ihre Schöpferkraft verliehen und ihn somit zu sich erhoben hatte. In den kanonisierten Schriften duldete aber die Eifersucht Jehovas keine Rivalen, und er vertrieb seine Mutter (ein Mythos, wie wir ihn abermals bei den Griechen in korrespondierender Form kennenlernen: nämlich in der Genealogie Gäa - Kronos - Zeus). Die Gnostiker lehnten außerdem die kirchliche Hierarchie ab und setzten anstelle der von ihr propagierten Trennung in Klerus und Laien die Differenzierung zwischen Initiierte und Nichtinitiierte. Zu den geheimen Riten, die die Initiation vorbereiten und begleiten sollten, waren Frauen wie Männer gleichermaßen zugelassen. Der individuelle spirituelle Weg nach innen lehrte die Initianden die Anschauung der Gottheit als Vater und Mutter, lehrte sie, die wahre Natur der Dinge von ihrer symbolischen Verkleidung unterscheiden und befreite sie auf ihrem Erkenntnispfad von ihrer kreatürlichen Angst und Todesfurcht. Augenscheinlich spielte sexuelle Abstinenz keine Rolle, wenn sie aufgenommen wurde, dann auf ausschließlicher Freiwilligkeit beruhend.

Hätte diese Tendenz überhandgenommen, wäre das Ende der institutionalisierten Kirche gekommen, deren Macht ja auf Askese, Unwissenheit und Furcht vor Strafe errichtet worden war. Der daraus resultierende Fraktionskampf wurde letztendlich von der Amtskirche durch die Proklamation des massenhaften Märtyrertodes als der sozusagen korrekten Linie gewonnen: Diejenigen, die das Gemetzel in der Arena suchten, erwarben sich als Blutzeugen ein Anrecht auf den Platz im Himmel und ihre nekrophilen Anhänger dazu. Größer als die Angst vor den Löwen war wohl die Angst vor der Freiheit der Erkenntnis.

b) Mystiker/innen

V. Mollenklott (1982) nennt eine Serie von apokryphen Texten seit dem 2. Jh., die stets aufs neue die Konzeption der Androgynität Gottes beinhalten, aber auch von der Orthodoxie wurde Gott immer wieder mit einer weiblichen Imaginistik dargestellt, so etwa von *Thomas von Aquin* und *Bernhard von Clairvaux*. Besonders natürlich wurde die Weiblichkeit Gottes und seines Sohnes bei den Mystikerinnen akzentuiert: Bei *Hildegard von Bingen, Mechthild von Hackeborn* und *Juliana von Norwich*, welcher Christus als Gebärerin, Nährerin und gnadenreiche Mutter geoffenbart wurde. Aber nicht nur diese stereotypen Zuschreibungen an den weiblichen Geschlechtscharakter kommen vor: Die berühmte *Gertrud von Helfta* z.B. zeigt auch den furchterregenden Aspekt der Weiblichkeit etwa in ihrem Bild von Gott als grausamer Bärenmutter.

Bei *Gertrud* werden die klischeehaften "männlichen" Qualitäten wie Autorität und Disziplin in das weiblich gefärbte Gottesbild eingearbeitet, worin sich ohne Zweifel ihre Erfahrungen in der strengen Zucht einer auf Gelehrsamkeit hin orientierten weiblichen Sozialordnung - dem Kloster - niederschlagen. (cf W. Bynum, 1982)

Eine andere Variante der Rollenambiguität Gottes zeigt sich auch im Bild des göttlichen Bräutigams, dem die Nonnen sich antrauen lassen und in der Anziehung, die gerade Maria auf manche Mönchsorden ausübte. Die Unio Mystica der Seele mit Gott wurde häufig in sexuellen Bildern bzw. in Hochzeitsmetaphorik im Sinne des Hieros Gamos ausgedrückt; in der Mönchsliteratur wird daher entweder die Seele zur Braut Christi oder der Erlöser selbst zur bräutlichen Gestalt.

c) *Die Pietist/inn/en*

Ach, wie süß ist dein Geschmack,
wohl dem, der ihn kosten mag!
Ach, wie lauter, rein und helle
ist Dein Ausfluß, Deine Quelle,
ach, wie voller Trost und Lust
spritzet Deine milde Brust.

Mit diesem lieblich gesetzten Achtzeiler feiert *Angelus Silesius* die sexuelle Ambivalenz Jesu in einem auch den frühneuzeitlichen und barocken Mystikern noch immer teuren Topos (cf. C. Ritchfield, 1980), der ihnen durchaus nicht blasphemisch schien, obwohl die Augen des Heiligen Offiziums (der Inquisition) allgegenwärtig waren.

Jakob Böhme vertrat in seinen Schriften darüber hinaus auch die Auffassung von der androgynen Natur des ersten Menschen, der sich später in zwei Hälften gespalten und damit die Ursünde in die Welt gebracht habe, ein Gedanke, der z.B. auch in der Kabbala mit ihrem *Adam Kadmon*, dem androgynen gottähnlichen Urmenschen herrscht, dessen weiblicher Aspekt, *Shekinah*, von ihm/ihr abgespalten wurde und in einer weiteren Erscheinungsweise das vertriebene, exilierte Volk der Juden symbolisierte. Die ersehnte Heimkehr des jüdischen Volkes soll von daher die Wiederverschmelzung der beiden urmenschlichen Hälften und die Versöhnung Gottes mit seinem verlorengegangenen weiblichen Aspekt, der Shekinah, bewirken. (cf. Singer, Androgyny, 1976, S. 160)

Jakob Böhme beeinflußte in besonderer Weise frühpietistische Strömungen, in denen androgyne Gottes- und Menschenbilder gang und gäbe waren. Im Pietismus des 17. Jhs. stoßen wir wieder auf die göttliche Sophia, der wir schon bei den Gnostikern begegneten, finden die Vorstellung eines androgynen Jesus (als männlicher Jungfrau) und außerdem die anfänglich unbestrittene Dominanz der Frau als Prophetin und Organisatorin. In ihrer Autobiographie setzte z.B. die berühmte Pietistin *Eleonore Petersen* das Recht der Frau auf freie Gattenwahl auch unter ihrem sozialen Stand als gegeben voraus und veröffentlichte 1685 ihre Offenbarungen, in denen sie zur Gründung eines Tausendjährigen Reiches berufen wurde.

Zinzendorf, der Begründer der Herrnhuter Bewegung, auf den z.B. die pietistischen "*Bekenntnisse einer schönen Seele*" im "*Wilhelm Meister*" eingehen, hob später die bevorzugte Rolle des weiblichen Aspekts der ursprünglich androgynen Natur Jesu hervor und bedauerte, daß sich von der genuin androgynen Natur des Menschen im Manne nur mehr die Seele als weiblich erhalten habe.

Die pennsylvanischen Herrnhuter vertraten im 18. Jh. die Auffassung, daß sich der mannweibliche Gott am männlichen Aspekt Adams durch den Märtyrertod Christi für die Ursünde gerächt und Jesus nur durch seine ihm innewohnende Weiblichkeit die Stärke zum Opfertod gefunden habe.

Die Lehre von der göttlichen Sophia zeitigte allerdings zwei völlig kontroversielle Konsequenzen:

Während der quantitativen und qualitativen Dominanz der Frauen im Frühpietismus wurde z.B. *Eva von Buttlar* als Inkarnation der göttlichen Sophia gefeiert, weil sie in einer Art tantrischem Zeremoniell die sexuelle Vereinigung der Pietisten untereinander und der Männer mit ihr im besonderen als eine Wiederherstellung der Ganzheit im Sinne der Unio Mystica vollziehen ließ. Auch andere Pietistinnen der sogenannten philadelphischen Gemeinden in Deutschland und England hingen diesen Mysterienkulten an, selbstverständlich ständig bedroht von Folter und Feuertod. Als dann in der 2. Hälfte des 18. Jhs. die Männer in den pietistischen Gemeinden die Frauen völlig entmachtet und wieder zum paulinischen Schweigen verdammt hatten, wurde von den Brüdern eine andere, miserabilistische Konsequenz aus der Androgynenlehre gezogen: Im Jahre 1807 entschieden sich die Mitglieder der pietistischen Gemeinde "Economy" in den USA für die Aufhebung der Ehe, wobei gleichzeitig per Dekret die menschliche Sexualität für abgeschafft erklärt wurde. Durch sein androgynes Wesen nämlich habe Christus seinen wahren Anhängern ein Ende der erotischen Anziehung der Geschlechter ermöglicht und somit das Problem an der Wurzel gepackt. Zwischen tantristischer Allverschmelzung im sexuellen Ritus einerseits und verklemmt-verbissener Askese andererseits spannt sich somit der Bogen der Lebensmöglichkeiten eines androgynen Menschen- und Gottesbildes. (cf. Critchfield, 1980)

5. Begriffserklärung

a) Hermaphroditismus
b) Androgynie

Die Begriffe werden oft synonym gebraucht, es sei aber zur Abgrenzung festgehalten, daß Hermaphroditismus eine biologische Doppelgeschlechtigkeit bei subjektiv klar definierter monosexueller Identität darstellt, wogegen Androgynie eine intrapsychische Realität ist, der der Körper nur in Andeutung korrespondiert (z.B. Brustwarzen des Mannes).

ad a) Hermaphroditismus

Die angeborene Zweigeschlechtigkeit mancher Menschen führte zur Entstehung der Sage vom Hermaphroditen, wie sie in *Ovids* "Metamorphosen" erzählt wird. Hermaphroditos, der Sohn der Aphrodite und des Hermes, wird von der Nymphe Salmacis geliebt und verfolgt, er widersetzt sich ihr aber und verschmilzt dann beim erzwungenen Bad in ihrer Quelle mit ihr zu einem einzigen Wesen.

Im Handbuch der Emblematik des XVI. und XVII. Jhds. (cf. Hirschfeld, 1926) lesen wir hiezu:
Die Quelle der Salmacis Lust macht weibisch

"Im Dunkel eines schattigen Tals liegt eine düstere Schlucht und darin ein trüber Quell mit strudelndem Wasser. Wer in dieser Quelle badet, um die Hitze zu löschen, und wer in dies sumpfige Wasser eintaucht, geht, wenn er vorher ein rechter Mann war, von dort mit zweifachem Geschlecht fort, als ein halber Mann, ein Zwitter. Diese Quelle der Salmacis erfanden die Dichter, wo Hermaphroditus Mann und Frau zugleich war. Aber in Wirklichkeit ist diese Quelle nichts anderes als der weibliche Schoß - der süße Ort der Erfrischung für brennende Liebe. Wer in diesen schmutzigen Sumpf hinabtaucht, dem vergeht die feste männliche Tugend und die natürliche Wärme, und die feuchte Lust verweiblicht ihn. Seine Kräfte werden ausgezehrt, sie macht ihn zum Halbmann." (Ov. met. IV 285 ff.)

Die darin ausgedrückte Verachtung des Weiblichen und die Zuschreibung des Hermaphroditen zum Unvollkommen-Männlichen konnte aber der Vorliebe der griechischen Päderasten für weibische Jünglinge keinen Abbruch tun, denn sie erkoren sich gerade den Hermaphroditos zum Beschützer und Vorbild und verewigten ihn in zahlreichen Statuen. Im Hellenismus, in dem wie in jeder Verfallsepoche die Macht der Frauen, insbesondere der Hetären, zunahm, finden wir dann auch Aphrodite mit einem Penis dargestellt: Die Usurpation der gegengeschlechtlichen Attribute signalisierte also bei beiden Varianten einen Schritt in Richtung auf Vervollständigung und Fülle. (cf. Gauster, 1985)

Der wohl berühmteste Zwitter der Geschichte war der Chevalier d'Éon (1728 - 1810), Dragonerkapitän und Geheimagent im Dienste Ludwigs XV., später Sympathisant der Französischen Revolution, der bei seinen geheimen Missionen in Rußland und England stets Frauenkleidung trug und mit 25 Jahren als Hofdame mit deutlich akzentuierten Brüsten von Angelika Kauffmann gemalt wurde. Seine Frau, die Geliebte der Königin von England, erlebte ihn als Mann, anderen wiederum trat er/sie weiblich entgegen, gelegentlich ließ sie/er sich auch als Amazone und Pallas Athene porträtieren. (cf. Pinsseau, 1945)

Zur Gruppe der Apologeten eines hermaphroditisch ausgerichteten männlichen Schönheitsideals gehörten etwa der homosexuelle Begründer der wissenschaftlichen deutschen Klassikrezeption *Johann Jakob Winckelmann* (cf. Spickernagel, 1985) und der latent homophile Neuheide *Friedrich Nietzsche* mit seiner Selbstdarstellung als Dionysos in der "*Klage der Ariadne*" und im "*Ecce homo*". (cf. Schulte, 1982)

Der Malerin *Angelika Kauffmann* hingegen, die Jünglinge oft wie verkleidete Mädchen porträtierte, rieten Kulturkritiker wie z.B. *August Wilhelm Schlegel*, sich doch auf weibliche Modelle zu beschränken, weil ihr die Natur wohl das Talent zur Darstellung des "Ebenbilds der Gottheit" versagt habe. Was beim männlichen Künstler geniales Schöpfertum, ist bei der Künstlerin nur mißlungener Entwurf: Entscheidend ist nicht das Wie, sondern das Wer. (cf. Spickernagel, 1985 und Greer, 1979)

ad b) Androgynie

In dem Jungianischen Werk "*Androgyny. Toward a new theory of sexuality*" von *June Singer* (1976) findet sich eine Definition von Androgynie als kosmischem Schema, das sich uns in mannigfachen Dualitäten eröffnet, das seine Entsprechung in unserer Psyche findet und das wir versuchen sollen, aktiv und bewußt zu leben. Die Offenbarung dieses Schemas geschah im Tao, bei den Gnostikern, in der Kabbala, der Alchemie, der Astrologie, im Tantra, im Kundalini Yoga, bei Plato, Freud und Jung.

Androgynie ist demzufolge sowohl ein Archetypus mit kosmischen Dimensionen, geoffenbart in den oben genannten mystischen Geheimlehren und der Tiefenpsychologie, als auch, spekulativ erfaßt, die der neuen Wissenschaft kongruente Utopie des New Age, im Sinne etwa von *Marilyn Fergusons* Transformationsprozessen oder *Fritjof Capras* LSD-Visionen vom Tao der Physik. Die Suprematie des sogenannten männlichen Verstandes über die sogenannte weibliche Intuition ist in der Postmoderne gebrochen worden.

6. Androgynie in der Literatur

Angesichts der überwältigenden Fülle des Materials werde ich mich auf einige wenige Beispiele beschränken und verweise auf den einschlägigen Aufsatz von Richard Exner, *Die Heldin als Held und der Held als Heldin* (1979), der sich vor allem mit Androgynitätsvorstellungen zum Zwecke individueller Konfliktlösungsmodelle in der Literatur der Neuromantik (Th. Mann, Rainer Maria Rilke, Hugo von Hofmannsthal) beschäftigt. Bereits 1930 erschien das vielzitierte komparatistische Werk des italienischen Anglisten Mario Praz, *La carne, la morte ed il diavolo nella letteratura romantica,* dt. *Die schwarze Romantik*, das sich vor allem der literarischen Dekadenz Italiens, Englands und Frankreichs annimmt.

Die Androgynitätsimaginistik der Romantik und Neoromantik/bzw. der Dekadenz und des Fin-de-Siècle strebt zumeist eine Vervollständigung des Menschen durch Hereinnahme fehlender weiblicher Attribute an, wobei wir wiederum auf die apriorische Gleichung Mann = Mensch stoßen. Hierher gehören auch Inzest - und Zwillingsmotive, wie sie *Thomas Mann* schätzt, die Maske des Grand Guignol, die sich sein Bruder *Heinrich* im Frühwerk aufsetzt, die idealisierende Spiegelung des weiblichen Mannes im *Rilke*schen Engel oder die Präferenz *Hofmannsthals* für Sopranistinnen in Männerkleidern. Dementsprechend ist das poetische Geschlecht von Eros und Kunst ebenso androgyn wie das Artistenkostüm des Dandy von *Lord Byron* über *Oscar Wilde, Baudelaire* und *Peter Altenberg* zu *David Bowie* und *Mick Jagger.*

Josephin Péladan, heute aufgrund seiner Tarot-Deutungen wieder zu Ehren gekommen, verfaßte einen Romanzyklus zur brünstigen Feier der androgynen heterosexuellen und lesbischen Liebe, *Stefan George* dedizierte dem "jungfräulichen" König Ludwig II. von Bayern seinen hermaphroditischen Cäsaren *Algabal,* und *Hermann Hesses* "Steppenwolf" findet im magischen Theater seine janusgesichtige Hermine. Etwas überspitzt könnte man sagen, daß der androgyne Mann der Männerliteratur zur Klasse der Nicht-zu-Ende-Geborenen zählt, die *Hofmannsthal* in der Vorrede zu *Schnitzlers* "Anatol" "frühgereift und zart und traurig" nennt, die sein Freund *Leopold von Andrian* im "Garten der Erkenntnis" porträtiert, und die heutzutage als neuer Sozialisationstypus öde soziologische Untersuchungen ebenso bevölkern wie machistische Kultfilme und Wiener Ultra-Journale. Auch die dem Dandy korrespondierende weibliche Kunstfigur der dekadenten Literatur, die Femme fatale, der Vamp, die Belle Dame sans merci, die Venus im Pelz, weist inhärent androgyne Züge auf.

Abb. 1

Hans Mayer widmet der todbringenden Frau in Waffen in seinem Buch "Außenseiter" (1975) ein eigenes Kapitel und verfolgt die Entwicklungslinien der "Monstren" Judith und Dalilah von ihren biblischen Anfängen bis zu ihrer voyeuristischen Verwertung in den Salons der Bourgeoisie.

Wolfgang Lederer (1968) zählt zu den Erscheinungsweisen der phallisch-vernichtenden Frau etwa die Frau Werlte mit ihren Schlangen und Kröten, die Hexe und ihren Besenstiel, die Circe, die Männer in Schweine verwandeln kann, und die Sphinx, die sie frißt, wenn sie ihre Rätsel nicht lösen.

Omphale ließ Herakles bei ihren Frauen spinnen, während sie selbst seine Waffen trug und *Oscar Wildes* Salomé küßt das abgeschlagene Haupt des Jochanaan, dessen Liebessehnsucht sich nur in der finalen Kastration durch die geliebte Frau erfüllen kann.

Lederer nennt auch die Valkyren, die, den Amazonen gleich, als Kriegsfurien bewaffnet, auf Pferden oder Wölfen ritten, erwähnt die schlangenhaarigen Erynnien, die Orests Muttermord rächen, oder das von Schlangen starrende Haupt der Medusa.

Die schlangenbewehrte Gorgo, wohl der westliche Archetyp der phallischen Frau, taucht in vielerlei Varianten in der europäischen Literatur auf: Von *Shelleys* Apotheose der Medusa und ihrer Epiphanie in der "Walpurgisnacht" in Faust I zu der schlangenhaften Cécily in *Eugène Sues* "Les mystères de Paris" und *Gautiers* "Une nuit de Cléopatre" bis zu *Flauberts* Kurtisane Marie aus "*Novembre*" und *Merimées* "*Salâmmbo*".

Flaubert nennt seine Cleopatra die "Viper vom Nil, die erwürgt, wen sie umschlingt" (cf. Praz, S. 150), *Swinburne* vergöttert die peitschenschwingende "Lady of Pain", und eines der vielen *Hoffmann*schen Alter Egos, der Student Anselmus aus dem "Goldenen Topf", verliebt sich gar in eine grün-goldene Schlange, mit der er im Reich Atlantis auch noch den Bund der Ehe eingeht.

An historischen Vorbildern für die phallisch-zerstörende Frau herrscht auch kein Mangel: Etwa die bisexuelle Nymphomanin Katharina die Große, deren Blutdurst ebenso berüchtigt wie ihre intellektuelle Brillanz berühmt war, die Schwedenkönigin Christine, die in Männerkleidern reiste und sich Descartes zum Briefpartner wählte, so wie Katharina Voltaire. *George Sand* und *Louise Aston* waren nicht die einzigen Schriftstellerinnen in Männerkleidern und ihr lockeres Spiel mit der Zigarre war wohl eine bewußte Usurpation eines maskulinen Attributs.

Ob Cleopatra und Semiramis nun tatsächlich ihre Liebhaber nach der Liebesnacht töteten, ob Agrippina sich an ihrem Söhnchen Nero verging und Messalina sich am Stöhnen der gefolterten Sklaven berauschte: Wohl niemand wird hier zwischen Männerphantasien à la Leopold *Sacher-Masoch* und historischer Wirklichkeit eine klare Grenze ziehen können.

Die männliche Furcht vor der bewaffneten Frau, sei es als romantische Kunstfigur, biblische Heroine, römische Matrone, bombenwerfende Anarchistin oder als Spanienkämpferin hinter dem Maschinengewehr, schlägt sich nieder in üppiger Greuelpropaganda und wird anhand etwa der Freikorpsliteratur der Baltikumsraubzüge zu Beginn der Weimarer Republik von Klaus Theweleit (1977) überzeugend analysiert.

Abb. 2

Da die Spaltung der Frau in sogenannte passiv/reine Aspekte, verkörpert in der Kindfrau, in der Undine, im Mignontypus oder in der Femme fragile (Ariane Thomalla, 1972) und in ihre phallisch/aggressiven Erscheinungsweisen wie bei der panerotischen Femme fatale nun einmal zu den hartnäckigsten Torheiten der patriarchalischen Kultur gehört, schlage ich vor, daß sich die feministische Literaturkritik nicht weiter um die fraglose Misogynie des Femme-fatale-Bildes bekümmert, sondern die in diesem Konstrukt geborgenen Chancen phallischer Macht zu nützen und positiv umzuwerten sucht, so wie das in den siebziger Jahren mit der bis dato negativ besetzten Hexenimago geschehen war: Ich verweise nochmals auf den Besenstiel, auf dem die Hexe reitet, und auf die Macht der Verwandlung, die ihr der Zauber der Salbe verleiht.

Die Femme fatale ist im Kontext der Betroffenheitsästhetik m.E. ein potentiell vielversprechendes Bild der androgynen Ganzheit der Frau, das in der Männerliteratur gebrochen und verzerrt gespiegelt wird.

In ihrer Macht über Leben und Tod verkörpert sie so wie die Doppelstreitaxt der Amazonen und der kretischen Priesterköniginnen die Dualität ihres Wesens, das verschmilzt und sich auflöst in einer evident weiblichen Imaginistik.

Feministische Forscherinnen wie Inge Stephan, Sigrid Weigel und Susanne Amrain haben sich mit Androgynitätsvorstellungen in der Frauen- und Männerliteratur befaßt, Stephan widmet sich auch dem Motiv der Frau in Waffen in Gestalt der Johanna von Orléans, die noch Hans Mayer einen "permanenten Skandal" genannt hatte. (H.M. 1975)

Eine erste Lobpreisung auf Jeanne d'Arc finden wir in einem Gedicht der französischen Dichterin *Christine de Pisan*, 1423 noch zu Lebzeiten der 1431 als Hexe Verbrannten verfaßt, wo sie an die Seite der Gottesstreiterin Judith gestellt wird, und Christine besonders den Mut hervorhebt, den sie selbst, im Kloster eingesperrt, durch das leuchtende Beispiel der Jungfrau in Waffen gewonnen habe. Hier finden wir einen Verweis auf den Amazonenmythos, der auch in den Johanna-Figuren *Schillers* und *Brechts* eine Rolle spielte und sich in den Penthesileakonfigurationen bei *Heinrich von Kleist* und *Christa Wolf* niederschlägt.

Die Amazonen, die der Sage nach einen Frauenstaat mit dem Zentrum in Ephesos begründet und im Trojanischen Krieg gegen die Griechen gekämpft haben sollen, leiten ihren Namen von dem griechischen Wort für "Brustlose" her, wobei wohl ihre phallischen Attribute Pfeil, Schwert und Lanze durch ein Weniger an weiblicher Brust symbolisch ausgeglichen werden sollten.

Kleists Amazonenkönigin Penthesilea, die in wilder Raserei die unversöhnlichen transsexuellen Neigungen des Dichters auf dem literarischen Schlachtfeld mit Achill austragen und daran zugrundegehen muß wie später *Kleist* selbst, zeigt die typische Ikonographie der mänadischen, todbringenden, blutsaufenden Rächerin, während Achill, der weiche ephebenhafte Held, an seiner liebevollen Verblendung scheitert.

Das Schlachtfeld als nach außen projiziertes Zustandsbild aus des Dichters Brust, die besessene Kämpferin und ihr hingemordeter Heros: Welch ein dramatisches Beispiel der totalen Desintegration androgynen Seins, das sowohl dem preußischen Leutnant als auch seiner zumeist in Männerkleidern auftretenden

Schwester Ulrike, Penthesileas Urbild, von der spießigen Enge ihrer Umgebung verwehrt war! (Pusch, 1984)

Auch *Karoline von Günderode*, von der Mignon-Figur *Bettina von Arnim-Brentano* in ihrem Briefroman verewigt, von *Christa Wolf* zusammen mit *Heinrich von Kleist* als Seelenzwitter in ihrem Roman "Kein Ort. Nirgends." porträtiert, wählt die Metapher des Schlachtfeldes, um das barbarische Los zu verdammen, das die Frauen ihrer Zeit in zwei Hälften zu zerreißen drohte:

"Schon oft hatte ich den unweiblichen Wunsch, mich in ein wildes Schlachtengetümmel zu werfen, zu sterben - warum ward ich kein Mann! Ich habe keinen Sinn für weibliche Tugenden, für Weiberglückseligkeit. Nur das Wilde, Große, Glänzende gefällt mir. Es ist ein unseliges, aber unverbesserliches Mißverhältnis in meiner Seele; und es wird und muß so bleiben, denn ich bin ein Weib und habe Begierden wie ein Mann, ohne Männerkraft. Darum bin ich so wechselnd und so uneins mit mir." (29. 1. 1801, nach Wolf, 1979)

Fünf Jahre nach diesem Brief tötete sich die Dichterin mit einem Dolch, den sie stets bei sich geführt hatte.

Eine andere Romantikerin, die jüdische Außenseiterin *Rahel Varnhagen-Levi*, versuchte, *Friedrich Schlegels* poetisches Konzept der androgynen Liebe und des Geschlechtertausches, gestaltet in seinem Roman "*Lucinde*", mit einem ihrer Briefpartner tatsächlich zu leben. Sie gesteht ihm, ein Mann zu sein, er - es handelt sich um Friedrich von Gentz, einen nachmaligen Kabinettspolitiker in Metternichs Diensten - wirbt um sie mit scheuer Hingabe:

"Wissen Sie, Liebe, warum unser Verhältnis so groß und so vollkommen geworden ist? Indes will ich es Ihnen sagen, Sie sind ein unendlich produzierendes, ich bin ein unendlich empfangendes Wesen; Sie sind ein großer Mann; ich bin das erste aller Weiber, die je gelebt haben." (1803, zit. nach Gerhardt, S. 23)

Das transzendierende Moment dieser geschlechterdiffundierenden Liebe konnte bestehen bleiben: Räumliche und soziale Distanz sowie die brüsk von Rahel Levi eingehaltene sexuelle Abstinenz garantierten ihre Dauer.

Christa Wolf schließlich kehrt aufs Schlachtfeld zurück, um die Begegnung zwischen der Amazonenkönigin Penthesilea und dem Päderasten Achill zu schildern, auch er ein "unmännlicher Mann" also, der, so wie die Amazone, die Grenzen seines Geschlechts überschreitet. Kassandra aber, die Protagonistin der gleichnamigen Schlüsselerzählung, die, so wie ihr Geliebter Aeneas, die lebendige Seite androgyner Existenzform verkörpert, die Prophetin und Seherin Kassandra, heißt Achill ein "Vieh":

"Achill war außer sich vor Staunen, als er im Kampf auf Penthesilea traf. Er begann mit ihr zu spielen, sie stieß zu. Achill soll sich geschüttelt haben, er glaubte wohl, nicht bei Verstand zu sein. Ihm mit dem Schwert zu begegnen - eine Frau! Daß sie ihn zwang, sie ernst zu nehmen, war ihr letzter Triumph. Sie kämpften lange, alle Amazonen waren von Penthesilea abgedrängt. Er warf sie nieder, wollte sie gefangennehmen, da ritzte sie ihn mit dem Dolch und zwang ihn, sie zu töten. Dafür, wenn für irgend etwas, sei den Göttern Dank. Was dann kam, sehe ich vor mir, als wäre ich dabei gewesen. Achill, der Griechenheld, schändet die tote Frau. Der Mann, unfähig, die Lebendige zu lieben, wirft sich, weiter tötend, auf das Opfer. Und ich stöhne. Warum. Sie hat es nicht gefühlt. Wir fühlten es, wir Frauen alle. Was soll werden, wenn das um sich greift. Die Männer schwach, zu Siegern hochgeputscht, brauchen, um sich überhaupt noch zu empfinden, uns als Opfer. Was soll da werden... Und gingen weiter, um ihn zu bestrafen: Schleiften die Tote, um die er nun weinte, mit Pferden übers Feld und warfen sie in den Fluß. Die Frau schinden, um den Mann zu treffen." (Wolf, 1983, S. 136 f.)

Von dem grenzüberschreitenden Maskenspiel der amazonischen Mariane und Nathalie im "Wilhelm Meister", deren ihn spiegelnde Animafunktion nie ganz die höfische Frivolität des Autors verleugnen kann, bis hin zur Schändung der toten Amazone durch eine homosexuelle Kampfmaschine vor den Augen ihrer Geliebten und Kampfgefährtin: Mit dieser Vergewaltigung werden die Grenzen kenntlich, die einer androgynen Selbstbestimmung der Frau in einer von patriarchalischer Gewalt diktierten Gesellschaft gesetzt sind.

Ein autonomes, ganzheitliches Sein, das nur im Reich der Phantasie, der Erotik und der Kunst funktioniert oder das sich auf ephemere Augenblicke der Offenbarung und der Ekstase beschränkt, verdient diesen Namen nicht. Die von der Männersozietät kollektiv ausgeübte und bündisch euphemisierte Herrschaft - Alle Menschen werden Brüder - ist in der Realität allemal stärker als die vielversprechenden Ansätze mystischer, romantischer, Jungianischer oder surrealistischer Modelle.

André Bréton ließ seine androgyne Geliebte Nadja, sein amour fou, kläglich in der Isolation verkommen, die mönchischen Apologeten der Weiblichkeit Gottes, von der sie in mystischer Kontemplation und Selbstversenkung erfahren hatten, waren gleichzeitig die schlimmsten Frauenhasser, und der romantische Achim von Arnim schwängerte seinen "Mephisto in weiblicher Gestalt" - die Bettine - gleich siebenmal und raubte ihr dadurch auf viele Jahre die Lebenskraft. Ihr Mignonkostüm schützte sie nicht vor den ungewollten Schwangerschaften.

Als vor 15 - 20 Jahren die Frauen ihr Menschenrecht auf Entfaltung und freie Entwicklung ihrer natürlichen Anlagen einklagten, so wie es der Weimarer Bildungsroman schon im ausgehenden 18. Jh. für seine männliche Leserschicht unternommen hatte, da wurde ihnen vielfach das pejorative Etikett "Mannweib" angehängt, wie schon zuvor den Suffragetten, den russischen Revolutionärinnen, den französischen Kommunardinnen oder den Politikerinnen des Jahres 1848. Dieses Epitheton, das die pervertierte Rezeption androgyner Existenzformen durch das Spießertum aller Länder und Epochen versinnbildlicht, lehrt uns aber auch, daß nur dann autodestruktive oder eskapistische Momente des androgynen Menschenbildes vermieden werden können, wenn der individuellen *inneren* Wirklichkeit die *äußere*, d.h. politisch-gesellschaftliche Realität zu entsprechen vermag. Inneres Wachstum muß einem erweiterten Aktionsradius in der äußeren Wirklichkeit kongruent verlaufen. Im Klartext heißt das: Ohne autonome Frauenbewegung bleibt das attraktive Modell der androgynen Ganzheit nichts als eine neue, wenn auch feiner gepolsterte Falle.

Marianne Schuller und Sylvia Bovenschen sagten in diesem Zusammenhang zu Herbert Marcuse:

> "Jetzt, wo die Frauen sich wehren, aufbegehren, sich separieren, wird allenthalben die Überwindung der Geschlechterschranken gepriesen. Das ist verdächtig." (1977, zit. n. Amrain, 1985, S. 128)

Einen poetisch-utopischen Ausblick bietet vielleicht *Irmtraud Morgner*, die in ihrem Hexenroman "*Amanda*" mit der androgynen Eulenfraktion innerhalb der Unterwelts-Frauenbewegung sympathisiert. Diese Fraktion setzt es sich zum Ziel, subversive Tendenzen in die Männerwelt, im Roman "Raben" genannt, hineinzutragen, damit alle Wesen ihre auf Geheiß Gottes von den Teufeln abgehauene Hälfte im Reich des Phantastischen wiederfinden und sich mit ihr vereinigen können.

Laura Salman, promovierte Germanistin, nächtliche Triebwagenführerin und verwitwete Mutter eines kleinen Sohnes in Berlin-Ost, begegnet nach mancherlei Experimenten in der Küche ihrer Zweizimmerwohnung ihrer abgetrennten Hälfte, eben jener besagten Amanda, die - frei nach Wagner - in einem Puff im Hörselberg ihre hexischen Künste betreibt. Bei ihrer Arbeit spürt sie Bundesgenossen unter ihren Kunden auf, reißt ihnen drei kupferne Haare aus und läßt sie ihre abgespaltene Hälfte in Traum und Liebeslust wiederfinden. Wohin das führen kann, will uns Morgner im dritten Band ihrer Trilogie verraten, an dem sie gegenwärtig (1987) noch schreibt.

Faute de mieux halten wir uns an das Bekannte, ich schließe meine Ausführungen mit einem Aphorismus von *Novalis:*

"Adam und Eva. Was durch eine Revolution bewirkt wurde, muß durch eine Revolution aufgehoben werden."

Ausgewählte Bibliographie

Amrain, S., Das poetische Geschlecht und sein Aktus, in: Berger, R., et al. (Hg.), Frauen-Weiblichkeit - Schrift. Berlin 1985, S. 119-129.

Beauvoir de, S., Le deuxième sexe, Paris 1949; dt.: Das andere Geschlecht, 1968 ff.

Borer, E.M., Der Adam und Eva Report. Historische Wurzeln der biblischen Genesis, München 1986.

Bynum, C.W., Jesus as Mother. Studies in the Spirituality of the High Middle Ages, Berkeley 1982.

Capra, F., Das Tao der Physik, Bern-München 1984 (engl. The Tao of Physics, 1975).

Critchfield, R., Prophetin, Führerin, Organisatorin: Zur Rolle der Frau im Pietismus, in: Becker-Cantarino, B., Die Frau von der Reformation bis zur Romantik, Bonn 1980, S. 112-137.

Daly, M., Jenseits von Gottvater, Sohn & Co. (engl. Beyond God the Father), München 1982.

Daly, M., Gyn/Ecology: The Metaethics of Radical Feminism, Boston 1979.

Daly, M., Pure Lust, Elemental Feminist Philosophy, Boston 1984.

Duerr, H.P., Traumzeit, Frankfurt 1978.

Duerr, H.P., Sedna, Frankfurt/M. 1984.

Eissler, K., Goethe. A Psychoanalytical Study, Detroit 1963.

Exner, R., Die Heldin als Held und der Held als Heldin, in: Paulsen, W. (Hg.), Die Frau als Heldin und Autorin, Bern und München 1979, S. 17-54.

Ferguson, M., Die sanfte Verschwörung, Basel 1982 (engl. The Aquarian Conspiracy, 1980).

Gauster, H., Zur Hermaphroditen-Darstellung in der Antike, in: Berger, R. et al. (Hg.), Frauen - Weiblichkeit - Schrift, Berlin 1984, S. 79-98.

Gerhardt, M. (Hg.), Rahel Varnhagen. Jeder Wunsch wird Frivolität genannt, Darmstadt-Neuwied 1985, S. 23 f.

Göttner-Abendroth, H., Die Göttin und ihr Heros. Die matriarchalen Religionen in Mythos, Märchen und Dichtung, München 1980.

Greer, G., The Obstacle Race. Women Painters, Boston 1979.

Hirschfeld, M., Geschlechtskunde, Bd. 1: Die körperseelischen Grundlagen. Berlin 1926.

Lederer, W., The Fear of Women, New York 1968.

Mayer, H., Außenseiter, Frankfurt/M. 1975.

Mollenklott, V., The Divine Feminine, New York 1984.

Pagels, E., The Gnostic Gospels, New York 1979.

Patai, E., The Hebrew Goddess, New York 1967.

Pinsseau, P., L'étrange déstinée du Chevalier d'Éon, Paris 1945.

Praz, M., Die schwarze Romantik (ital.: La carne, la morte ed il diavolo nella letteratura romantica, 1930), München 1963.

Pusch, L., Schwestern berühmter Männer, Frankfurt/M. 1984.

Ranke-Graves, R.v., Die weiße Göttin. Sprache des Mythos, Reinbek 1985 (engl. Graves, R., The White Goddess, 1948).
Schirmer, E., Mystik und Minne. Frauen im Mittelalter, Berlin 1984.
Schulte, G., "Ich impfe euch mit dem Wahnsinn". Nietzsches Philosophie einer verdrängten Weiblichkeit des Mannes, Frankfurt/M. 1982.
Singer, J., Androgyny. Toward a new Theory of Sexuality, New York 1976.
Spickernagel, E., "Helden wie zarte Knaben oder verkleidete Mädchen." Zum Begriff der Androgynität bei Johann Jakob Winckelmann und Angelika Kauffmann, in: Berger, R. et al. (Hg.), Frauen - Weiblichkeit - Schrift, Berlin 1985, S. 99-118.
Stephan, I. u. Weigel, S., Die verborgene Frau. Sechs Beiträge zu einer feministischen Literaturwissenschaft, Berlin 1983.
Theweleit, K., Männerphantasien, 2 Bde., Frankfurt/M. 1977/78.
Thomalla, A., Die femme fragile. Ein literarischer Frauentypus der Jahrhundertwende, Düsseldorf 1972.
Treut, M., Die grausame Frau. Zum Frauenbild bei de Sade und Sacher-Masoch, Basel-Frankfurt/M. 1984.
Wallinger, S., "Und es war kalt in dem silbernen Kerzensaal, wie in dem der Schneekönigin, wo die Herzen der Kinder erstarren." Gesundete Männlichkeit - gezähmte Weiblichkeit in Thomas Manns "Königliche Hoheit" und "Wälsungenblut", in: Wallinger, S. u. Jonas, M. (Hg.), Der Widerspenstigen Zähmung. Studien zur bezwungenen Weiblichkeit in der Literatur vom Mittelalter bis zur Gegenwart, Innsbruck 1986, S. 235-257.
Wallinger, S., Leopold von Sacher-Masoch: Der Gefesselte Ödipus, in: texte - Zeitschrift für Kulturkritik und Psychoanalyse 1/88, Juni 1988.
Wolf, Ch. (Hg.), Karoline von Günderode. Der Schatten eines Traumes, Darmstadt-Neuwied 1979.
Wolf, Ch., Kassandra, Darmstadt-Neuwied 1984.

Abbildungen

1) Frauenkopf. Schule des Michelangelo, Zeichnung (aus: Mario Paz, Liebe, Tod und Teufel. Die schwarze Romantik, München 1963)
2) Aubrey Beardsley. Illustration zu Oscar Wildes "Salomé" (aus: ebd.)
3) Wolfgang Bauer, u.a., Lexikon der Symbole, Wiesbaden 1984[5], S. 50.

Abb. 3

Hans Döller

Verwerfen und Entwerfen - Ein katholisches Bilderverwirrbuch

"*Nah ist*
Und schwer zu fassen der Gott.
Wo aber Gefahr ist, wächst
Das Rettende auch."[1]

"*Jesus starb für die Menschen, er konnte sich nicht geizig für sich selbst behalten und gehörte allem, was leidet. Die Kirchenväter machten daraus eine Religion, das heißt, sie machten eine Lehre, die auch dem Bösen noch ein Trost war. Seither war das in der Welt so erfolgreich, daß der Gedanke an Jesus überhaupt nichts mit dem Handeln und schon gar nichts mehr mit den Leidenden zu tun hat. Wer das Evangelium liest und nicht sieht, daß Jesus gegen seine heutigen Vertreter gestorben ist, kann nicht lesen. Diese Theologie ist der grimmigste Hohn, der je einem Gedanken widerfuhr.*"[2]

"*Der Mensch ist kein Thema, das gegen seine Behandlung gleichgültig bliebe.*"[3]

Anthropologie im Sinne eines Versuches, eine Begriffswelt über den Menschen aufzubauen, gibt es zwar noch im Studienplan des ersten Studienabschnitts an den theologischen Fakultäten österreichischer Universitäten - ich hörte in Innsbruck z.B. "Struktur und Genese der Person" von Prof. V. Satura[4] -, ist aber methodisch längst zum Scheitern verurteilt. Nachdem festgestellt wurde, daß es "den" Menschen nicht gibt, daß man ihn also mit der Welt, in der er lebt, verstehen und mitverstehen muß, zerfiel die Anthropologie in Bereichsanthropologien, zu denen auch die theologische Anthropologie gehört. Bei dieser ist der Mensch nach vorerst sorgsam erfolgter Rezeption naturwissenschaftlicher, psychologischer, soziologischer etc. Erkenntnisse schließlich doch wieder ein Wesen, das auf Gott gerichtet ist. Theologische Anthropologie so zu betreiben, heißt nichts anderes, als mit den sogenannten "Profanwissenschaften" in einen scheinbaren Diskurs einzutreten, um so auf verschlungenen Umwegen seine eigene apologetische Absicht einbringen zu können. "Hilfswissenschaften" dürfen höchstens unterstützen, aufputzen, aber nicht in Frage stellen. Daher ist folgender Befund für die meisten Theologen ein Horror:

"'Wir sind in der ungefähr zehntausendjährigen Geschichte das erste Zeitalter, in dem sich der Mensch völlig und restlos ‚problematisch' geworden ist; in dem er nicht mehr weiß, was er ist, zugleich aber auch weiß, daß er es nicht weiß. Und nur indem man einmal mit allen

Traditionen über diese Frage völlig tabula rasa zu machen gewillt ist und in äußerster methodischer Entfremdung und Verwunderung auf das Mensch genannte Wesen blicken lernt, wird man wieder zu haltbaren Einsichten gelangen können. Aber man weiß, wie schwer solch tabula rasa ist. Denn kaum irgendwo beherrschen uns die traditionellen Kategorien unbewußter und daher heftiger als in dieser Frage.'"[5]

Wie also weiter? Bevor ich mich auf diese Frage einlasse, möchte ich noch eine Randbemerkung zur Diktion anbringen. Sie betrifft den viel strapazierten grammatikalischen Platzhalter "man". Hinter ein solches "man" möchte ich mich im folgenden nicht mehr verschanzen, mich also nicht hinter einer "allgemeinen Meinung" verstecken bzw. meine Meinung als allgemein ausgeben. Ich sage einfach "ich". Ich will nicht bestreiten, daß wir dieses "man" brauchen, um eine vollständige Syntax zu gewährleisten - anthropologisch jedoch ist dieses "man" fehl am Platze. Was "man" tut, tun viele, zumindest die Mehrheit. Speziell in der Erziehung tut "man" vieles nicht, weil es angeblich nicht erlaubt ist. Es wird jedenfalls ein Begriff "des" Menschen unterstellt, den angeblich eine große Mehrheit akzeptiert. Wenn ich über Menschen und ihre Bilder, von denen ich glaube, daß sie sie haben, schreiben soll, dann ist das etwas höchst Subjektives, es geht ja dabei auch um Erfahrungen, die ich mit diesen Menschen gesammelt habe.

Dieses "ich" ist ein apodiktischer Akt, eine Art Trotzreaktion angesichts folgender gesellschaftstheoretischer Aussage über den "Niedergang des Individuums" von Max Horkheimer:

"Wenn ... jedermann ein König sein kann, warum kann nicht jedes Mädchen ein Filmkönigin sein? Das Individuum hat keine persönliche Geschichte mehr. Obgleich sich alles verändert, bewegt sich nichts."[6]

Alle sind gleichgeschaltet, haben keine Erfahrungen von Singularität, ihre Handlungen werden vom Gesetz der Wiederholung bestimmt. Ein solches Klima der Konformität läßt Selbstreflexion nicht mehr zu. Trotz dieses gesellschaftstheoretischen Befundes Horkheimers, über den es sicher noch einiges zu sagen gäbe, traue ich mir ein gewisses Maß an Selbstreflexion zu - ein Individuum erhebt sich quasi nach dem ersten Niedergang und besteht auf seiner persönlichen Geschichte.

Aber ich habe noch immer kein Kriterium meiner Beschreibung, der Einordnung meiner Erfahrungen, der Systematisierung meiner Gedanken, mir fehlt noch so etwas wie ein "Raster".

Hier kann ich Gott sei Dank - wie sollte es anders sein - auf einen Aufsatz von Dorothee Sölle zurückgreifen, der in seiner Thematik auch hierher gehört, geht es doch um die "Dialektik der Liebe".[7]

Die These: Ein Mensch macht sich von einem anderen Menschen ein Bild. Dieses hat das Merkmal der Endgültigkeit und Nichtkorrigierbarkeit. Als Beispiel nennt Sölle Max Frischs "Andorra".

Hauptfigur dieses Stücks ist der junge Andri. Sein Vater, ein Lehrer, erzählt seinen Bekannten, Andri sei ein Kind jüdischer Eltern und er habe ihn in der Verfolgung vor seinem sicheren Tod gerettet und bei sich aufgenommen. In Wirklichkeit besitzt er nicht den Mut zu bekennen, daß Andri eine Mutter von "drüben", aus Spanien, hat. Andris Handlungen werden nur am Geld gemessen. Obwohl er z.B. gerne Tischler werden will, steckt ihn der Meister in den

Verkauf. Als man Andri schließlich eröffnen will, daß er gar kein Jude ist (die Mutter ist zu Besuch), glaubt er es selbst nicht mehr, zu sehr hat er das Bild, das die anderen von ihm haben, internalisiert. Er wird Opfer eines Pogroms.

Die Antithese: Der Entwurf.

"Im Wort klingt etwas Zögerndes, Korrigierbares, Nochveränderliches auf. Jedenfalls steht der Entwurf anders zur Wirklichkeit als das Bild - er hat sie vor sich, er definiert sich nicht als Summe bisher erfahrener Wirklichkeit, er liest sie nicht am Vergangenen ab. Sie ist ihm nicht beschrieben, wo nur ihr gegenwärtiges Jetzt genannt wird ... Wirklichkeit, jedenfalls die, um die es hier geht, die des Menschen, ist nicht denkbar ohne Zukunft. Eben sie will der Entwurf."[9]

Das sind meine beiden Kriterien, anhand derer ich nun zu beschreiben versuche, welche Menschenbilder sich mir im katholischen Milieu - mehr oder weniger stark ausgeprägt - vermittelt haben.

An einen Haushalt

Im Dezember 1986 fand ich, ohne Adresse, einfach "an einen Haushalt" gerichtet, eine Karte mit folgendem Text in meinem Postfach:

"*WEIHNACHTEN*
steht vor der Tür - und damit Er, der sagt: Ich stehe vor der Tür und klopfe an. In seinem Namen möchte auch ich mit diesem kleinen Gruß zu Ihnen kommen, um Ihnen ein Zeichen der Verbundenheit zu geben. Für mich ist es ja das erste Fest der Geburt Christi, das ich als neuer Bischof von Wien feiern darf.

Ihnen allen, die Sie heute dieses Kärtchen annehmen, entbiete ich herzliche Segenswünsche: Öffnen Sie dem Christuskind Ihre Tür - Es wird Ihnen Seinen Frieden bringen, neue Freude und neue Kraft. Der Herr wird Sie segnen und auf dem Weg begleiten, den wir nach den Festtagen ins kommende Jahr gehen dürfen.

Mit der Versicherung, Ihrer täglich im Gebet zu gedenken, grüße ich Sie alle in der Vorfreude auf das schöne Fest.

Wien, am 1. Dezember 1986 *Hans Hermann Groer*"

Ich erinnere mich heute noch, daß ich ziemlich wütend war, als ich diese Zeilen las. Die Gestik, die sich in ihnen offenbart, ist bekannt. Der Empfänger wird zum Segensobjekt degradiert, eine (mögliche?) Antwort ist unerwünscht, ich brauche nur in den Schoß der - besser: dieser - Kirche zurückkehren und schon wird "Sein" Frieden ausbrechen. Kaum hat man das Kärtchen in der Hand, schnappt die Gebetsfalle zu.

Es geht hier um eine Strömung, der die Tradition mehr wert ist als die Vermittlung, bzw. das Problem der Vermittlung wird erst gar nicht erkannt. Ausgehend von der Gewißheit, daß man im Vollbesitz der Wahrheit ist, braucht der andere sie nur mehr annehmen, dem Christuskind nur mehr die Tür aufmachen. Welcher Mensch wird hier wohl vorausgesetzt? Es ist der Mensch des Katechismus, in ein Koordinatensystem eingezwängt, ausgemessen und in einer Fülle von Verhaltensregeln abgeleitet. In der religiösen Praxis gibt es Sonntag für Sonntag Wiederholungen und Bestätigungen des immer gleichen Bildes. Der betende Mensch steht wesentlich höher als der denkende Mensch.

Nun könnte es aber sein, daß ich mir folgenden Einwand gefallen lassen muß: Wenn das so ist, dann hätte der Bischof diese Karten in viel tausendfacher Auflage gar nicht abschicken müssen! Wenn er ohnehin nur die Sonntagskirchengeher im Auge hat, dann wäre dieses Unternehmen sowieso sinnlos gewesen - noch dazu in Wien! Aber das ist es ja gerade! Diese traditionelle Führungselite spürt zwar, daß die religiösen Erwartungshaltungen in der Bevölkerung anders sind, daher will sie an jeden Haushalt herankommen, WIE diese Erwartungshaltungen jedoch aussehen - daran ist sie höchstens vordergründig interessiert.

Mit anderen Worten: Ein fruchtbringender Dialog unter gleichen Voraussetzungen, bei dem alle Wenn und Aber, alle Infragestellungen erlaubt sind, ist für die Führungselite kein ernsthaftes Ziel. Sie hat ihr Bild vom Menschen, in das sich andere einzufügen haben, welches Bild aber beispielsweise die anderen von ihr oder von der katholischen Kirche überhaupt haben, ist nicht von Interesse. Entwürfe anderer sind nicht gefragt. Und ebenso wie in Max Frischs "Andorra" ein vermeintlicher Jude Opfer jenes Bildes wird, daß sich andere von ihm gemacht haben, kann es auch hier vorkommen, daß jemand, eine Putzfrau im Dienste der Diözese zum Beispiel, die sich aus welchen Gründen auch immer scheiden läßt, ihren Job verliert, weil ihr Schritt den katholischen Rahmen bereits sprengt.

Weitere Beispiele zur Illustration:

"Vom 1. August (1986 - Anm. von mir) an muß der katholische Prieser wieder ‚in der Öffentlichkeit durch seine Kleidung eindeutig als Geistlicher erkennbar sein' ... ‚Als kirchliche Kleidung gelten Oratorianerkragen oder römisches Kollar, in begründeten Ausnahmefällen dunkler Anzug mit Kreuz.' Der Kölner Generalvikar Norbert Feldhoff hat im Pressedienst seines Bistums die Priester ermahnt, sich an die neue (alte) Vorschrift zu halten. Feldhoff beklagt in diesem Zusammenhang, daß manche Priester das Gespür für eine angemessene Kleidung verloren hätten. In der Vergangenheit sei durch das verbreitete Tragen von Zivilkleidung im Klerus die sichtbare Präsenz der Priester in der Öffentlichkeit mehr und mehr zurückgegangen."[10]

Einen Appendix, der an Fellinis "Roma" erinnert, gibt es dazu aus Frankreich zu melden:

"Geradezu Revolutionäres zum Priestergewand wird aus Frankreich berichtet. Hier hatte das ‚Nationalkomitee für sakrale Kunst' zwei - katholische - Modeschöpfer, André Courrèges und Jean-Charles de Castelbajac zu ‚Recherchen über eine Modernisierung und Aktualisierung' der Meßgewänder aufgefordert. Die ersten sechs - etwas spektakulären - Entwürfe liegen inzwischen vor:

Sie orientieren sich am ‚Leuchtgewand' des Toreros und am ‚Leuchtturm'. Die Rolle des Priesters als ‚geistigem Führer' und als ‚Mittelpunkt einer Versammlung' soll nach dem Willen der beiden Modeschöpfer auch optisch hervorgehoben werden. Castelbajac erklärte sich ‚begeistert' von der Aufgabe. ‚Der Priester muß deutlich sichtbare Gewänder tragen', meint der Meister, ‚sonst wäre er ja wie ein Militär ohne Uniform'."[11]

In hinlänglich bekannter triumphalistischer Manier soll der Kämpfer über dem gläubigen Volk stehen, um in der Arena der Ideologien den atheistischen (kommunistischen?) Stier zu besiegen... Doch es ist nicht nur das weiße Band, das den Hals des Priesters umschnürt, es ist auch das Korsett des kirchlichen Eherechtes, das, angewandt in der Rota, dem Ehegericht des Vatikans, die Partner endgültig zusammenschnürt und ihnen keine Chance auf den Neubeginn läßt. Sie haben eben die "unvermeidlichen Einschränkungen und die Lasten des ehelichen Zusammenlebens nicht akzeptiert":

"Das Scheitern einer Ehe ist für Johannes Paul II. noch kein Beweis dafür, daß die Ehepartner psychisch nicht zur Ehe fähig gewesen sind. Die Partner könnten ja auch die ihnen zur Verfügung stehenden "natürlichen und übernatürlichen Mittel" zur Rettung ihrer Ehe vernachlässigt oder schlecht genutzt haben. Die Gründe dafür, daß sie die unvermeidlichen Einschränkungen und die Lasten des ehelichen Zusammenlebens nicht akzeptierten, können auch in unbewußten Sperren, in leichten seelischen Krankheiten, die jedoch die menschliche Freiheit nicht wesentlich einschränken, oder in moralischen Fehlhaltungen liegen, sagte der Papst.

Der kirchliche Eherichter soll bei Fällen psychischer Eheunfähigkeit wohl das Gutachten von Sachverständigen aus Psychologie und Psychiatrie heranziehen, betonte Johannes Paul II. Gleichzeitig warnte er jedoch davor, solche Gutachten unkritisch zu übernehmen, also gleichsam dem Experten das Urteil zu überlassen, das allein dem Richter zustehe. Denn eine Reihe von Strömungen in diesen Wissenschaften gingen von einem Menschenbild aus, das mit dem christlichen Bild vom Menschen nicht vereinbar sei. Werte und Aussagen würden nicht anerkannt, die über das rein irdisch Feststellbare hinausgehen. Die Vertreter solcher Schulen berücksichtigten nicht, daß es für die Ehepartner eine Pflicht ist, sich bewußt, auch unter Opfer und Verzicht, um die Überwindung von Hindernissen zu bemühen, die sich der Verwirklichung ihrer ehelichen Gemeinschaft entgegenstellen."[12]

Das hier angesprochene Menschenbild, das von sich behauptet, christlich zu sein, geht über rein irdische Feststellungen hinaus. Es entscheiden letztendlich nicht Kriterien und ihre Gültigkeit, sondern die Autorität dessen, der dieses Bild definiert, also hier der Papst. Sehr "irdisch" jedoch sind die im obigen Zitat gebrauchten Begriffe wie "Pflicht", "Opfer" und "Verzicht". Wenn der Taufe eine handfeste katholische Sozialisation folgt, bleiben Spuren zurück, die zu verwischen es viel Energie und Trauer bedarf.[13] Allerdings unter der Voraussetzung, daß Mann/Frau jemanden näher kennenlernt, dem ein solches katholisches Bild überhaupt fremd ist oder der/die ein solches schon mit Erfolg hinter sich gelassen hat und unbekümmert und ohne Konfliktscheu beginnt, den festen Rahmen sprengen zu helfen. Zorn und Zerstörung können auch produktiv sein, wenn dem Chaos neue Entwürfe folgen.

In jedem Haushalt ein heiliger Schild?

Habe ich bei der Hierarchie "oben" begonnen, muß ich beim Volk "unten" fortsetzen. Was ist dieses sogenannte "Volk der Gläubigen"? Dazu gehören meine streng religiösen und hierarchietreuen Schwiegereltern (in einer Kleinstadt) genauso wie meine ebenso streng religiöse Mutter (in einem Dorf), die von meinem Vater mit weitaus weniger religiöser Motivation mit dem Auto Sonntag für Sonntag in die Kirche chauffiert wird. Sind bei meinen Schwiegereltern und meiner Mutter Kirche, Religion und Christentum unreflektiert eins, so wäre meinem Vater ein Christentum ohne diese Kirche viel sympathischer.

Hätte meine Mutter einen Führerschein, würde mein Vater vom Pfarrer schon längst als "Taufscheiner" gescholten werden.

Dieses Volk artikuliert sich nicht öffentlich, daher sind die Informationen spärlich. Selbst Paul M. Zulehner hat seine Schwierigkeiten, diese Religion ohne oder mit Kirche soziologisch auf den Begriff zu bekommen. Er nennt sie "Leutereligion" - ein Wort, das inhaltlich einiges offenläßt und auf verborgene Inhalte schließen läßt, die wir nicht kennen, d.h., wir wissen noch nicht viel von den Bildern der "Leute". Eine der Thesen Zulehners aufgrund von Umfrageergebnissen lautet:

"Religion, wie sie bei den Menschen anzutreffen ist, hat zu tun mit Trost, Ermutigung, schwere Situationen bestehen. Sie dient gleichsam als ‚heiliger Lebensschild': Was Leben bedroht, soll ferngehalten, was an Leben entstanden ist, soll geschützt werden. So ist verständlich, daß Religion mit einem ausgeprägten Verlangen nach Unveränderlichkeit einhergeht."[14]

Für die Kirchlichkeit hat das folgende Konsequenzen:

"Kirchen sollen sich ... in erster Linie ‚Gedanken über Gott machen': also ‚religiöses Wissen' in der Gesellschaft in Erinnerung halten. Soziale Dienste sind vergleichsweise dazu zweitrangig, wenn auch nicht unbedeutend.

...

Übergangsrituale (an den Lebenswenden, dem Wechsel der Jahreszeiten, in Lebenskrisen) gehören zu den Haupterwartungen der Leute an die Kirche (und ihre Diener): Leben in seiner Zwiespältigkeit soll in rituellen Handlungen mit der heilenden Wirklichkeit der Religion erfahrbar in Berührung gebracht werden. Die Rituale sind somit eine Art ‚Fahrzeuge' in Gottes Welt hinein."[15]

Dennoch:

"In den letzten Jahren hat sich Kirchlichkeit der Österreicher innerlich umstrukturiert:
- die religiöse Praxis blieb stabil;
- die Kirchenorientierung nahm ab;
- die Kirchenbindung wurde (trotz zugewachsener Kirchenmitgliedschaftsmotive vor allem sozialer Art) lockerer: Hinweise darauf, daß die Kirchlichkeit jene Sozialform erhält, die in der freiheitlichen Gesellschaft begünstigt wird, nämlich die Kirchlichkeit von Auswahlchristen."[16]

Diese "*kirchlich behauste Leutereligion*"[17] begünstigt die "*Wertschätzung der kleinen Lebenswelten* (damit die Beheimatung)", ihr Einfluß auf das Alltags- und Berufsleben wird weniger stark eingeschätzt und hat "nur wenig Auswirkung auf das ‚*Wohlstandsstreben*'"[18], d.h., es herrscht unter den Leuten kein spürbarer Widerspruch zwischen Religion und Konsumismus. Abschließend resümiert Zulehner, daß die Leutereligion erkennbar einseitige Auswirkungen hat, nämlich:

"- Sie ist mehr jenseits- als diesseitsorientiert
- sie ist mehr stabilisierend als verändernd
- mehr beheimatend als befreiend
- wenn sie die alltägliche Lebenspraxis mitprägt, dann vornehmlich im Bereich der (privaten) kleinen Lebenswelt (Ehe, Familie, Abtreibung, Kinder)
- die Auswirkungen auf Sexualität sind größere denn auf Macht (Autoritarismus, nicht Diktatur wird begünstigt) und Besitz (das Belohnungsstreben ist Religiosität und Kirchlichkeit gegenüber ambivalent)."[19]

Folgende Gegensätze sind hier wert, festgehalten zu werden: kleine Lebenswelt hier, große im Beruf und Alltag dort; Favorisierung dieser kleinen Lebenswelt hier, Wohlstandsstreben und Konsumismus dort; Trost, Trauer, Freude, Ermutigung hier, Bedrohung, ja Kampf ums Überleben dort; rituelle Handlungen als verursachte Vermittlung des Unverfügbaren hier, berechnendes, zwiespältiges, unkontrollierbares, sich ständig wiederholendes Alltagsleben dort.

Ich mache mit Michael N. Ebertz und Franz Schultheis einen zweiten Anlauf. Nachdem sie die "Säkularisierungsthese" verabschiedet haben, entwickeln sie ihr Konzept einer "popularen Religiosität":

"Darunter sind spezifische Konfigurationen religiöser Vorstellungen und Praktiken zu verstehen, die sich infolge einer Monopolisierung und Offizialisierung der Definition von und Verfügung über ‚Heilsgüter' bzw. über das ‚religiöse Kapital' bei den von der Definition von und Verfügung über diese Heilsgüter Ausgeschlossenen herausbilden."[20]

Typen solcher Religiosität sind:

a) "*Heimat und Lokalreligiosität*"
(Erntedank, Prozessionen, Jahres- und Jubiläumsfeste etc.):

"Mittels religiöser Brauchhandlungen bringen sie ihre lokale Identität in Erinnerung und zum Ausdruck, suchen sie zu bestätigen oder sogar - z.B. gegenüber Zugewanderten oder Touristen - demonstrativ hervorzukehren, weshalb man hier auch von Bestandteilen einer ‚Heimatreligiosität' sprechen kann."[21]
"Unter der wirklichen oder vermeintlichen Bedrohung durch fremde und sekundäre ‚Systeme' soll diese Sakralisierung der ‚Überfremdung' entgegenwirken und die kollektive Identität der lokalen Gemeinschaften - sowie die persönliche Identität ihrer Teilnehmer - sicherstellen."[22]

b) "*Gewohnheitsreligiosität*"

Zu ihr gehören traditionelle, fast zu traditionelle Glaubens- und Kultformen.

"Man könnte hier auch von einer ‚biografischen Religiosität' sprechen; denn sie stützt sich vor allem auf lebensgeschichtliche Verbundenheit und kaum mehr reversible religiöse Sozialisationseffekte."
"Ihr Denken, Verhalten und Handeln entspricht ... nicht mehr der gewandelten Situation und wird damit innerhalb des kirchlichen Kommunikations- und Handlungszusammenhangs marginalisiert und abweichend."[23]

Während die genannten Autoren De la Lastra und dessen Erzählung über einen Vorfall im südspanischen Wallfahrtsort *Christo del Platto* zitieren, brauche ich als Beispiel dazu nur die Geschichte über das "Anderl von Rinn" erwähnen: Eine Tiroler Kleingemeinde widersetzt sich sogar dem Bischof, um ihr "seliges Anderle" weiter anbeten zu dürfen.[24]

c) "*Massenreligiosität*"

Wichtigstes Stichwort: Die Wallfahrt. Orte, wo besondere Heilige gewirkt haben sollen oder wo von Wundern berichtet wird, sind Stätten, wo Situationen persönlicher Ausweglosigkeit vorgetragen werden. Sie gewinnen ihre Bedeutung aber auch

"durch die Erlebnisqualität des gemeinschaftlich zurückgelegten Weges und durch das gemeinschaftlich erlebte und erinnerte, soziale Bindungen verdichtende, öffentliche wie außertägliche Inszenario des in spezifischer Weise sozialgestaltenden Raums."[25]

d) "*Festreligiosität*"

"In der Festreligion, die sich ... als anpassungsfähiger und erneuerungsfähiger erweist ..., ist die Sozialform Familie nicht nur Mitträger, sondern primär Träger popularer Religiosität. Das gilt für die lebenszyklischen Passageriten der Taufe, der Hochzeit und des Begräbnisses, wird vielleicht aber am deutlichsten bei der Feier des Weihnachtsfestes am Jahresübergang."[26]

e) "*,Magie' und ,Aberglaube'*"

Für Ebertz/Schultheis ist dieser fünfte Typ der wichtigste popularer Religiosität. Wir haben es hier mit Praktiken und Glaubensformen zu tun, die als "marginal" bezeichnet werden können.

"Der konstitutiv ,pragmatische' Charakter des popularen Umgangs mit religiösen Vorstellungen und Praktiken eröffnet ein breites Feld für eine synkretistische Kombinatorik, die sich neben der mehr oder weniger ausgeprägten Partizipation an der kirchlich organisierten Praxis situativ auch parawissenschaftlicher Elemente etwa der Astrologie, Parapsychologie, des Ufo-Glaubens, traditioneller ,magischer' Praktiken der Heilkunst oder des Pendelns und außerchristlicher Fragmente aus Hinduismus, Buddhismus, Zen oder Voudou bedient."[27]

Solche Beziehungen sind jedoch nur vorübergehend und punktuell, je nach Lebenslage greifen sie auf entsprechende Angebote zurück. Es kann durchaus der Fall sein, daß eine Frau, die zum traditionellen "Kernsegment" der Kirche zu zählen ist, weil sie regelmäßig in die Kirche geht und häufig den Rosenkranz betet, gleichzeitig auch eine "Wenderin" aufsucht, um die Heilung von einer Krankheit zu bewirken (umso eher, wenn Stunden des stillen Gebetes oder Doktors Ratschläge nicht mehr fruchten).

"Die bezüglich der Bewältigung unsicherheitsstiftender Risken des Alltagslebens oft zu unspezifischen und abstrakten Heilsangebote der Amtskirche eröffnen über die hier unversorgte Nachfrage Freiräume und Nischen, in denen sich seit jeher Experten wie Hellseher, Kartenleser und ,Magier' anderer Schattierungen ansiedeln und mit ihrer breiten Palette an Dienstleistungen direkt auf die konkreten Bedürfnisse und individuellen Anliegen ihrer Klienten eingehen."[28]

Daß es zwischen diesen einzelnen Religiositätstypen Querverbindungen gibt, ist naheliegend. Zulehners "Leutereligion" müßte hier eher dem Typ d) zugeordnet werden, mit fallweisen Berührungen mit Typ c). Allen hier geschilderten Versuchen, Begriffe zu entwickeln, ist eines gemeinsam: Es geht immer um Abwehr von Bedrohung, die als außerhalb der persönlichen Sphäre begriffen wird. Das Ziel ist nicht die *Beseitigung* dieser Bedrohung, sondern der Aufbau einer Insel, auf die jederzeit ein Rückzug möglich ist, wenn die Bedrohung wieder einmal unerträglich geworden ist; ferner der Aufbau eines Schutzwalls, eines Dammes, der den starken Wellen der gesellschaftlichen Kämpfe, der konkurrierenden Menschen und Weltbilder standhält.

Leute mit dem eben umrissenen Religionsverständnis tragen zwei Menschenbilder mit sich: ein privates und ein öffentliches, ein familiäres und ein (mehrere?) gesellschaftliches, ein religiöses und ein berufliches, ,profanes': eben das herrschende, konsumistische, wohlstandorientierte, leitungs- und fremdbestimmte, das als unkontrollierbar erfahrene, der Waren- und Tauschkultur unterworfene.

Die Frage bleibt, ob diese Gegenüberstellung bewußt oder unbewußt, ausgesprochen oder unausgesprochen bleibt.

"Obwohl ihnen pausenlos eingehämmert wird, daß es uns in der Wohlstandsgesellschaft noch nie so gut ging wie jetzt, daß eigentlich jedem alle Türen offenstehen, wenn er nur genug leistet etc. - es bleibt eine Ungewißheit zurück, das Gefühl, etwas steht noch aus, die fast schon banale Frage ‚Bin ich eigentlich glücklich?', die Frage nach dem Woher und Wohin, oder ... das Biermann'sche ‚Das kann doch nicht alles gewesen sein'".[29]

Innerlichkeit

Die folgende Variante ist noch schwieriger zu fassen, weil sie einerseits von dem bisher Beschriebenen nicht ganz abgekoppelt werden kann und andererseits eine Abkehr von Routineformen religiössakralen Lebens darstellt. Ich meine hier die zwischenzeitlich gar nicht mehr so neuen Formen religiöser Innerlichkeit.

Der Soziologe hat es auch mit dieser Gruppe nicht leicht. Religiosität ist nicht meßbar, aber einige Prozentsätze zum Anhalten - das wäre schon was. Dennoch: Statistiken über Gottesdienstbesuche greifen hier nicht. Werner Reiss probiert es daher so:

"Die seit zehn Jahren ständig wachsende Gruppe ... möchte ich ‚expressiven Fundamentalismus' nennen. Expressiv deshalb, weil es hier um die Ermutigung religiöser Selbstdarstellung geht; Fundamentalismus deshalb, weil die dogmatischen Auseinandersetzungen der Nachkriegszeit zugunsten einer biblizistisch geprägten Sprache vermieden werden. Diese Gruppe rekrutiert sich aus allen Schichten und allen Altersgruppen; obwohl auch sie ‚Engagement' fordert ... wird hier Engagement ohne Parteinahme für Strukturveränderungen definiert, diese gehört also nicht zum theologischen Selbstverständnis. Zentralkategorien sind ‚Spiritualität', ‚Innerlichkeit' usw. In den öffentlichen Medien kaum wirksam, konzentriert sich diese Gruppe eher auf das Anwerben neuer Mitglieder, etwa ‚lau' gewordener Katholiken."[30]

Da fallen mir frühere Auseinandersetzungen während des Studiums ein: Mit Kollegen dieser Strömung unter den Studenten (und auch Professoren) war nicht gut Kirschen essen. Unbefriedigend waren diese Streitgespräche deshalb, weil diffuse Wortwahl und beim Gesprächspartner als selbstverständlich vorausgesetzte innere Haltungen, die bei diesem wiederum nicht vorhanden waren, für ständige Verwirrung sorgten. Wir konnten uns auf kein Sprachspiel einigen. Was ist "Spiritualität"? Was bewirkten hier der ins Deutsche übersetzte "Geist" bzw. die "Geistlichkeit"? Oft hatte ich den Eindruck, daß dieser Geist die Vernunft in die Defensive drängt. Meditation, religiöse Übung, innere Einkehr, Besinnung stehen vor der Praxis, wenngleich diese nicht von vornherein abgeschrieben wird, aber die Praxis ist, wie gesagt, keine Parteinahme für positive Veränderungen. Ausgewogenheit zwischen Kontemplation und Aktion ist oberstes Prinzip.

Welches Menschenbild vermittelt diese Einstellung? Der (dogmatische) Rahmen wird nicht angetastet, insoferne besteht ein Konnex zur ersten Gruppe. Eine neue Bekleidungsvorsschrift bezüglich Kollar und Kreuz stört sie nicht, auch nicht ein Priesterverbot für Fauen. Indem die Gefühlsebene, das religiöse Erleben, mehr betont wird, suchen die Verfechter dieser Innerlichkeit nicht so sehr kollektive Religiosität bei Hochämtern und Prozessionen, sondern Zurückgezogenheit in religiösen Zirkeln, wo die Beziehung zu Gott nicht nur über den

Altar, sondern direkt gesucht wird. Dabei bedienen sie sich auch moderner Psychotechniken, um ihr Inneres empfänglich, ruhig und ausgeglichen zu machen.

Neu angesiedelte Mittelständler in Satellitenstädten treffen sich im Gemeindemehrzwecksaal und sind froh, ihresgleichen getroffen zu haben. Die so aufgebauten Refugien werden beharrlich gegen ohnehin kaum vorhandene Eindringlinge verteidigt, die solche Rückzugsgefechte in Frage stellen. Aus dem religiösen Niemandsland haben sie ein neues Pfarrzentrum gemacht, das sich äußerlich nur gering von den umliegenden Wohntürmen unterscheidet. Einmal wöchentlich beim traditionellen Gemeindeabend steht die Wiederaufrichtung der Seele gegen die brutale Welt auf dem Programm.[31]

Das Bild wurde also durch ein anderes ersetzt. Die Pinselstriche sind nicht so scharf, die Farben fließen ineinander, es sind oft echte Amateure am Werk, weil ein Priester aus Personalmangel fehlt, aber dafür sind sie umso eifriger bei der Sache. Sie haben sich einen eigenen Entwurf gemacht, der ihnen gefällt und vertraut geworden ist. Aber das Maß der Korrigierbarkeit ist beschränkt - insoferne sind die Entwürfe auf dem besten Wege, neue Bilder zu werden, was den Ausschluß anderer zur Folge hat.

Bedrohung durch Resignation

Die letzte Gruppe ist die kleinste. Sie setzt sich zwar aus Vertretern aller Altersgruppen zusammen, die Jugendlichen sind aber in der Überzahl. Sie stellt beides in Frage: die Theorie (Dogmatik) wie auch die Praxis (Pastoral). Friedens-, Entwicklungs- und Sozialpolitik stehen im Mittelpunkt ihres Interesses. Religiöse Praxis aufgrund dieses ‚profanen' Hintergrundes wird so ständig auf die Probe gestellt. Religionskritik der Sozialwissenschaften nimmt sie ernst, was wiederum Auswirkungen auf ihr Verständnis des Christentums hat. Daher besteht auch keine Scheu vor einem Dialog mit Marxisten, schon gar nicht in praktischen Fragen, deren gemeinsame Beantwortung keine Verunsicherung der eigenen Person bedeutet.

Innerkirchlich knüpfen sie an das II. Vatikanische Konzil an, das in ihren Augen von der jetzigen kirchlichen Führungsschicht bereits verraten wurde, sowie an Ketzerbewegungen im Sinne der Belebung einer alten Gegentradition. Ökumene ist für sie theologisch überhaupt kein Problem mehr, weil sie längst praktiziert wird. Ohne dogmatische Skrupel sitzen friedensbewegte und umweltbewußte Protestanten *und* Katholiken um einen Tisch.

Die Atomenergie angesichts Tschernobyl und Wackersdorf als Teil der Schöpfung zu bezeichnen, wie es Bischof Groer getan hat, ist für sie schärfster Zynismus; die katholische Sexualmoral ist lustfeindlich und trägt zur Unterdrückung der Frau bei. Sensibel reagieren sie auf die katholische "Wende":

> "Angesichts des Rüstungswahnsinns ist es blanker Hohn, die Bestellung von Militärbischöfen zu planen und gleichzeitig glaubwürdigste Vertreter der Friedensbewegung wie Bishop Hunthausen praktisch zu entamten."[32]

Sie verlassen die gängigen Bilder katholischen Verhaltens und lehnen sie ab. Hand in Hand damit gehen nun auch Versuche einer Aufarbeitung der erlittenen

Sozialisation in Kirche, Familie und Religionsunterricht. In den Medien sind sie überrepräsentiert, weil ihr Engagement den Bereich introvertierter Nächstenliebe verläßt. Presseerklärungen, Demonstrationen, Unterschriftensammlungen etc. sind nicht nur für sie vertraute Aktionsformen, sondern auch Produkte ihres gesellschaftspolitischen Verständnisses von Christentum.

Solches Engagement orientiert sich an einem "anderen" Christentum und einer "anderen" Gesellschaft. Aber wie "anders"? Das bleibt unausgesprochen, wenngleich Entwürfe zweifellos vorhanden sind. Ein Beispiel dafür ist die inzwischen wieder abgeflaute Diskussion über das Grundeinkommen ohne Arbeit, das gerade in diesen Kreisen stark befürwortet wird.

Im Gegensatz zu den siebziger Jahren ist diese Gruppe, die in der Tagespresse oft mit dem Schlagwort "Linkskatholizismus" in Verbindung gebracht wird, derzeit in der Defensive - ein Befund, der mit der gesellschaftspolitischen Situation überhaupt im Einklang steht. Umso größer ist daher die Gefahr der Resignation. Die einen ziehen sich enttäuscht zurück oder wählen die innere Emigration, die anderen steigen um in den Zug der Selbstverwirklichung, in dem Gesprächstherapeuten, Gruppendynamiker, Ernährungswissenschafter etc. die Plätze verteilen. Daß ihre Entwürfe gescheitert sind, hängt einerseits damit zusammen, daß sie zu starr an ihnen festhielten, also keine Korrekturen zuließen und so alte Bilder durch neue ersetzten, und andererseits damit, daß ihr Aktionismus auf zu schwachen Füßen stand, weil er die eigene Person vernachlässigte, was jetzt zwar nachgeholt wird, aber dazu führt, daß Einladungen zu politischen Versammlungen keine Beachtung mehr finden.

Während sie also ihre alten Entwürfe verwerfen und durch neue ersetzen oder gar zu den alten Bildern zurückkehren - allerdings wäre hier die Frage berechtigt, inwieweit der Grund ihres Scheiterns nicht gerade die Verabsolutierung des Entwurfes zum Bild war -, lassen sie eine kleine Gruppe zurück, die beharrlich an ihrem Gegenentwurf weiterfeilt. Sie gibt die Hoffnung nicht auf.

Somit ist jenes Wort gefallen, daß eine Brücke zur angekündigten Synthese schlägt. Für die Dogmatiker bloß eine Tugend, ist Hoffnung hier immer noch ein Wort, das Impulse an die - bisweilen versiegende - Praxis weitergibt.

"Ein Entwurf ist kein Bild, kein Plan, keine Vorausberechnung, wohl aber eine Hoffnung. Wer Freiheit nur retten will, indem er Angst vor Unfreiheit, vor Veränderung und Entwurf bekundet, der verfällt eben damit der Diktatur des Bestehenden. Rings um ihn herum sind immer schon Pläne und Bilder angesiedelt."[33]

Eine Aufforderung, dem Nächsten gegenüber tolerant zu sein, die nur mahnt und gesellschaftlich nicht vermittelt ist, trägt nur zur Wiederholung bei und bewirkt keine Änderung.

"Wäre lieben nur, sich ihrer Konkurrenz zu entziehen, Ausweichen ins leere Einanderlassen, so rechtfertigte Liebe nur das Bestehende ... die Forderung (allein, Anm. von mir), keine Bilder voneinander zu machen, entspricht genau jener spätbürgerlichen Ideologie, die da sagt: seid nett zueinander, weniger Vorurteile, laßt euch in Ruhe, stellt keine Ansprüche! ... In einem leeren Raum stehen sich Ich und Du gegenüber in einer erwartungsfreien Zeit."[34]

Ich habe Sölles Überlegungen zu einer "Dialektik der Liebe" hier herangezogen, weil sie "Liebe" nicht als isolierte Zweierbeziehung zwischen einem Ich und einem Du versteht, sondern auch im Kontext der Veränderungen des (der) anderen, von dem sie (er) sich einen Entwurf macht. Für mich lag daher nahe, auch im Zusammenhang der gestellten anthropologischen Frage über katholische Menschenbilder, Sölles "Dialektik der Liebe" auf eine "Dialektik des christlichen Engagements" zu erweitern.[35] In diesem Sinne möchte ich Sölle weiterdenken:

"Resignation ist kein harmloserer Gegner der Freiheit als der Terror. Auf Bilder, auf Entwürfe zu verzichten, kann sich nur leisten, wer der Liebe eigentlich nichts zutraut, wer sie nicht als weltverändernd ansieht. Läßt sich lieben, ohne zu hoffen?"[36]

Läßt sich kämpfen, ohne zu hoffen?

In meinem Bekanntenkreis beobachtete ich mehrmals die Auswirkungen von Liebe, wenn sie allzu privat verstanden wird. Lernten sich zwei kennen und lieben, zogen sie sich zurück und waren selten gesehen. Gingen sie auseinander, kamen er/sie oder beide wieder in die Gruppe zurück. Vielleicht klappte diese Beziehung deshalb nicht, weil sie der Gruppe und ihrem Engagement, ihrer gemeinsamen Arbeit, den Rücken kehrten und eine entsprechende "soziale Rückkoppelung" nicht vorhanden war. Mit dieser "Dialektik des christlichen Engagements" meine ich eben, daß das Gerede über "Beziehungskisten" und ähnlichem gerade deshalb immer wieder entsteht, weil vielfach übersehen wird, daß das oben beschriebene bloße "Einanderlassen" im privaten Bereich einhergeht mit Hinnahme des Gegebenen im öffentlichen Bereich. Isolation privat und Resignation öffentlich gehen somit Hand in Hand. So verstehe ich das "Dialektische": Zwei Menschen, die einen Anspruch eines christlich motivierten gesellschaftspolitischen Engagements einlösen und gleichzeitig eine geglückte private Beziehung - auch mit Kindern - leben wollen, scheitern dann, wenn sie den Rückzug ins Private antreten - weil sie z.B. jetzt ganz für die Kinder da sein müssen - oder wenn sie Engagement mit Aktionismus verwechseln und dadurch Schaden an der eigenen Person erleiden, weil das nötige Potential an innerlicher Sammlung und Selbstreflexion und somit Weiterentwicklung, auch was das Private betrifft, verlorengegangen ist. Entwürfe zu korrigieren oder gar zu verwerfen, ist nur möglich, wenn beide in die Zukunft schauen. Wer sich zur Ruhe setzt, ist mit einem Bild zufrieden.

"Zukunft" ist in diesem Zusammenhang eine nicht zu vernachlässigende Dimension des gesellschaftlichen und privaten Einsatzes. Es bleibt jedoch die Frage offen, ob der Entwurf die "Zukunft erreicht oder ob er sie im Vorausberechnen gerade verfehlt ... Ist die Zukunft da erkennbar oder fremd, ungewiß, verfügbar oder unverfügbar?"[37] Es fehlt also noch eine "Sicherung", die vor Resignation schützt, wenn Entwürfe fehlschlagen, wenn Kritik oder gar Scheitern zur Kenntnis genommen werden müssen und so die eigenen Grenzen einsichtig geworden sind. Hier bringt Sölle den "Glauben" ins Spiel, besonders das "... wie dich selbst" des "Liebesgebots". Ein Manko heutiger christlich-engagierter Praxis besteht meines Erachtens gerade darin, daß oft voll Enthusiasmus und - eine speziell katholische Eigenschaft - Aufopferung der Nächste gesucht wird, ohne zu bedenken, daß wir der ständigen Gefahr ausgesetzt sind, vom Strudel der Ereignisse angesogen zu werden.

"Denn die Dialektik von Machen und Lassen bewährt sich gerade an der Frage, wie einer mit sich selber auskommt... Das in „...wie dich selbst' vorausgesetzte Sich-lieben enthält die Möglichkeit der Selbstannahme, also des Sich-Lassens, den Verzicht darauf, etwas aus sich zu machen. Aber dieser Verzicht und diese Annahme des doch nicht sehr annehmbaren Selbst will geleistet sein! Wo er zu Schleuderpreisen zu haben ist und sich von selbst versteht, also an keiner Forderung sich mehr mißt, wo also der Entwurf fehlt, da verkommt auch die Selbstannahme und wird zur Ideologie dessen verdorben, der Gott dankt, daß er nicht ist wie dieser Pharisäer. Das negierte Bild und der korrigierbare Entwurf müssen aufeinander bezogen bleiben, ohne daß die Beziehung summativ gedacht werden könnte. Ein Kompromiß verrät beide Möglichkeiten, verwässert die Güte, die im Lassen liegt, in Gutmütigkeit hinein, und korrumpiert den Elan, der dem Entwerfen eignet, ins unkonzentrierte ‚alles mögliche' entwerfen."[38]

So stelle ich mir eine allumfassende christliche Praxis vor. Auf der interpersonalen Ebene vermeidet sie das Festhalten an Bildern, die letztlich den anderen in seiner Freiheit beschränken, auf der gesellschaftlichen einen objektivistischen Vorgriff auf das, was einmal sein soll, ein solcher würde ebenfalls von vornherein nur eine Möglichkeit zulassen und alles andere ausschließen.

Zu wenig konkret? Gegenfrage: War Jesus "nett"? Offensichtlich nicht, sonst bestünde zu Horkheimers Einleitungszitat kein Anlaß.[39] Jesus hatte weder resignative Angst vor Bildern noch vor Entwürfen über das Reich Gottes. Er setzte sich mit Zöllnern und Dirnen an einen Tisch, schloß aber auch reiche Jünglinge von seiner Botschaft nicht aus. Das wäre

"Religion im guten Sinne: Der gegen die Wirklichkeit durchgehaltene, immer noch nicht erstickte Impuls, daß es anders werden soll, daß der Bann gebrochen wird und es sich zum Rechten wendet. Wo das Leben bis hinab zu jeder Geste in diesem Zeichen steht, ist Religion."[40]

Die tragende Stütze dieser religiösen Einstellung ist die Hoffnung:

"Wo Hoffnung ist, ist auch Religion; nicht gilt freilich, in Ansehung der von Himmel und Obrigkeit verhängten Religion, die Umkehrung: Wo Religion ist, ist auch Hoffnung. Vielmehr geht von der menschlichen Hoffnung, der mit besserem Novum verbündeten, die stärkste Kritik gegen re-ligio als repressive, regressive Rück-Bindung aus; gegen von hoch droben fertig Vorgesetztes, zum Unterschied von unzufriedener, selbstschöpferischer Antizipation, vom Transzendieren ohne Transzendenz."[41]

Anmerkungen

1 Hölderlin - Werke und Briefe. Hg. von Friedrich Beissner und Johann Schmidt, Frankfurt 1969, S. 176.
2 Horkheimer, Max, Notizen 1950 bis 1969 und Dämmerung. Hg. von Werner Brede, Einleitung von Alfred Schmidt, Frankfurt 1974, S. 96.
3 Kamper, Dietmar, Geschichte und menschliche Natur. Die Tragweite gegenwärtiger Anthropologiekritik, München 1973, S. 27.
4 Satura, Vladimir, Struktur und Genese der Person. Das psychologische Menschenbild (= Veröffentl. der Universität Innsbruck 35). Innsbruck 1970.
5 Scheler, Max, Philosophische Weltanschauung, S. 62; zit. nach Kamper, Geschichte und menschliche Natur, S. 27.
6 Horkheimer, Max, Aufstieg und Niedergang des Individuums, in: ders., Zur Kritik der instrumentellen Vernunft, S. 124-152, hier S. 150.
7 Sölle, Dorothee, Zur Dialektik der Liebe, in: dies., Atheistisch an Gott glauben, Olten 1968, S. 26-36.
8 Frisch, Max, Andorra, Frankfurt 1975.
9 Sölle, ebd., S. 31. Die Autorin illustriert diese Antithese anhand einer Geschichte Herrn Keuners von Berthold Brecht: "Wenn Herr K. einen Menschen liebte." "Was tun Sie", wurde Herr K. gefragt, "wenn Sie einen Menschen lieben?" "Ich mache einen Entwurf von ihm", sagte Herr K., "und sorge, daß er ihm ähnlich wird."
"Wer? Der Entwurf?"
"Nein", sagte Herr K., "der Mensch". - ebd. S. 31.
Daß der Entwerfende nicht in "fatale Selbstgewißheit" (ebd.) verfällt, läßt sich laut Sölle

so interpretieren, daß Brecht als Marxist die Marxsche Anthropologie bereits mitgedacht hat: Es nützt nichts, auf Bilder einfach zu verzichten und die Zukunftsperspektive einfach freizugeben, der Entwurf birgt Hoffnung in sich, er muß nicht nur enthalten, was ist, sondern was sich der eine wünscht, daß der andere wird.

10 Imprimatur 19. Jg., (1986) Nr. 6, S. 269.

11 Ebd.

12 Linzer Kirchenzeitung 34. Jg., Nr. 8, 19. 2. 1987, S. 9.

13 Vgl. Miller, Alice, Am Anfang war Erziehung, Frankfurt 1980. Dies., Du sollst nicht merken, Frankfurt 1981.

14 Zulehner, Paul Michael, Religion im Leben der Österreicher. Dokumentation einer Umfrage, Wien-Freiburg-Basel 1981, S. 116.

15 Ebd., S. 117.

16 Ebd.

17 Ebd., S. 118.

18 Ebd.

19 Ebd.

20 Ebertz, Michael N./Schultheis, Franz, Populare Religiosität in der modernen Gesellschaft. Kontinuität, Pluralität und Visibilität, in: Österr. Zeitschrift f. Soz. 11. Jg. (1986), Heft 3, S. 62-79, hier S. 64.

21 Ebd., S. 65.

22 Ebd., S. 66.

23 Ebd., S. 67 (hier ist auch das vorangehende Zitat zu finden).

24 Vgl. Hauer, Nadine, Judenstein-Legende ohne Ende? In: Sog-Edition Nr. 5 (mit versöhnlichen Vorworten von Adolf Holl und Anton Pelinka), erschienen 1985 im Selbstverlag der "Solidaritätsgruppe engagierter Christen" (SOG). Diese Reportage weist eindeutig nach, daß die in Rinn und Judenstein anzutreffenden "Gewohnheitsreligiosität" auch mit handfestem Antisemitismus zu tun hat, der nicht nur religiös motiviert ist.

25 Ebertz/Schultheis, a.a.O., S. 67.

26 Ebd., S. 70.

27 Ebd., S. 71.

28 Ebd., S. 72.

29 Döller, Hans, Im Trüben fischen. Überlegungen eines Katholiken. (Heute bin ich eher geneigt zu sagen "eines Christen".) In: Wr. Tagebuch, Nr. 6, Juni 1981, S. 22.

30 Reiss, Werner, Das Ende der Belehrung, in: Kommentar 8. Jg., Nov. 1986, S. 8.

31 Eines will ich hier klarstellen: Auch wenn beim Leser der Eindruck entstehen mag, daß ich in Polemik "abgleite", liegt es mir fern, mich über religiöse Gefühle anderer lustig zu machen.

32 Aus einer öffentlichen Erklärung von sechs Wiener Theologiestudenten anläßlich einer Feier für Pastoraltheologen in der Wiener Dreifaltigkeitskirche, an der auch Groer teilnahm. Zwei von den sechs kündigten darin den Abbruch ihres Studiums an, einer seinen Austritt aus der Kirche. - Zitiert nach Volksstimme v. 18. 10. 1986.

33 Sölle, Dorothee, Dialektik der Liebe, S. 32.

34 Ebd.

35 Konsequenz dieser Weiterführung ist, daß dieser Entwurf nicht die Etikette "katholisch", sondern "christlich" trägt. Der Gesandte des Vatikans in Wien, Nuntius Cecchini, bei seiner Predigt in Maria Roggendorf anläßlich des Fatima-Wallfahrtstages am 13. 4. 1987 (sinngemäß): "Katholisch ist, wer an den Primat des Papstes glaubt, wer an ihn nicht glaubt, ist nicht katholisch." - Anlaß dieser Äußerung war die Unruhe im Wiener Kirchenvolk wegen der absolutistischen Manier des Papstes bei der Ernennung des Regensburgers Dogmatikprofessors Krenn zum Wiener Weihbischof. In diesem Sinne bin ich sicher nicht katholisch.

36 Ebd., S. 33 f.

37 Ebd., S. 34.

38 Ebd., S. 35.

39 Mit dem Hölderlin-Zitat verfolgte ich keine strategische Absicht, es hat mir einfach gefallen und paßt zur "Hoffnung".

40 Horkheimer, Notizen und Dämmerung, S. 92.

41 Bloch, Ernst, Atheismus im Christentum - Zur Religion des Exodus und des Reichs, Frankfurt 1968, S. 13.

Eva Bauer/Helmut Staubmann

Erkennen und Handeln - Anthropologische Grundlagen einer marxistischen Handlungstheorie

"Tout ce que je sais, c'est que je ne suis pas marxiste"
Karl Marx[1]

Noch vor der Veröffentlichung eines der Hauptwerke von Marx, aus dem die wesentlichen Interpretationen des Marxschen Menschenbildes hervorgegangen sind - die "Ökonomisch-philosophischen Manuskripte", der vollständige Text der "Deutschen Ideologie", geschrieben 1844 und 1845/46, in deutscher Sprache erstmals veröffentlicht 1932 -, hat Antonio Gramsci in den 30er Jahren die Frage "Was ist der Mensch?" gestellt und sie als erste und prinzipielle Frage der Philosophie bezeichnet.[2] Er führt dann näher dazu aus, daß sie die "menschliche Natur", den "Menschen im allgemeinen" betrifft und somit die "Suche nach einer Wissenschaft vom Menschen, einer Philosophie, die von einem anfänglich ‚einheitlichen Begriff' ausgeht, von einer Abstraktion, in der alles ‚Menschliche' enthalten sein kann", bedeutet.[3] An die Formulierung dieser Frage schließt sich bei Gramsci nicht nur die Suche nach ihrer Beantwortung, sondern gleichzeitig die kritische Reflexion ihres eigenen Gehalts an. Er kommt zu dem Schluß - unter Verwerfung einer Reduktion der Philosophie auf eine "naturalistische Anthropologie" mit biologischen Erklärungsmustern -, daß die menschliche Natur am besten durch das "Ensemble der gesellschaftlichen Verhältnisse" (hiermit greift er einen Marxschen Begriff auf) erklärt werden könne, da diese Antwort "den Begriff des Werdens einschließt: der Mensch wird, verändert sich laufend mit der Veränderung der gesellschaftlichen Verhältnisse" und negiert damit den "allgemeinen Menschen".[4] Von der ursprünglichen Frage nach dem allgemein Menschlichen gelangt Gramsci über die Auffindung der Antwort zur Negation der Frage und endet mit einer Bestimmung des Menschen aus dessen gesellschaftlichem Sein und seiner historischen Veränderung.

Ähnlich, dabei auch auf Gramsci aufbauend, in seiner Auseinandersetzung aber gründlicher, stellt sich György Márkus - ein Angehöriger der aus Lukács-Schülern bestehenden "Budapester Schule", der ebenso wie ihr vielleicht prominentestes Mitglied Agnes Heller heute nicht mehr in Ungarn, sondern in westlichen Ländern lebt - denselben Fragen.

Wesentlich sind ihm vorerst die Begriffe "Arbeit", "Gesellschaft" und "Entwicklung", die in der Definition des Menschen als "Gattungswesen" münden, das eine doppelte Bestimmung enthält: "nämlich die Kollektivität und die gesellschaftlich-geschichtliche Bestimmtheit", die "in der Tat zwei Seiten ein und desselben Zusammenhangs sind" ... und "nur zusammen und in Beziehung zueinander existieren".[5] Ähnlich wie Gramsci kommt Márkus zu dem Schluß, daß es bei Marx keine Anthropologie gibt, sofern man darunter die Beschreibung außer- oder überhistorischer Züge des Menschen versteht. "Versteht man aber unter Anthropologie die Beantwortung der Frage nach dem ‚menschlichen Wesen', so ist Marxens Anthropologie nicht eine *Abstraktion von der Geschichte*, sondern das *Abstraktum der Geschichte* ... Für Marx liegt das ‚menschliche Wesen' eben im ‚Wesen' des gesamtgesellschaftlichen Entwicklungsprozesses der Menschheit, in seiner inneren Einheit."[6]

Den hier zuletzt zitierten Text hat Márkus in den Jahren 1964/65 verfaßt, seinen eigenen Worten nach, in einer Zeit, in der sein Denken von der Idee eines "Zurück zu Marx" bestimmt war, was einen "Protest gegen eine vollständig verknöcherte und verzerrte Version des Marxismus"[7] bedeutete.

Er beschließt seine Ausführungen mit Gedanken über Marxens Entfremdungstheorie als Bestandteil seiner Anthropologie, nach der die Aufhebung der Entfremdung, die Befreiung des Menschen, erst dadurch ermöglicht wird, daß das Individuum "die von der gesamtgesellschaftlichen Entwicklung geschaffenen *Möglichkeiten gemäß seiner bewußten Entscheidung* in seinem Leben realisieren kann".[8]

In einem späteren Werk greift Márkus das Bewußtsein als Bestimmungsmoment des menschlichen Wesens wieder auf. Der Nachdruck, mit dem Márkus dieses Element aufgreift und analysiert, richtet sich gegen Formen des Materialismus, die dem Bewußtsein eine untergeordnete Rolle zuweisen. Dagegen faßt Márkus dessen Bedeutung als "konstitutives und konstituierendes Element jedes gesellschaftlichen Handelns und Prozesses. Die Denkformen, durch die man die Wirklichkeit auffaßt und deutet, und die daher die Handlungen motivieren, sind selber ‚materielle Kräfte', bestimmende Faktoren der Reproduktion und Umgestaltung der gesellschaftlichen Verhältnisse".[9]

Dieses Aufgreifen der Bedeutung der Subjektivität in der Diskussion um das der Marxschen Theorie zugrunde liegende Menschenbild war nicht zufällig gerade in jenen Ländern verstärkt erfolgt, die unter den praktischen Konsequenzen bzw. dem Korrelat eines einseitig objektivistischen Marx - Verständnisses zu leiden hatten. Es geht uns hier jedoch nicht um die Rekonstruktion eines authentischen Marx, dessen Autorität es zur Durchsetzung praktisch-politischer Ziele zu gewinnen gilt. Wir meinen aber, daß Marx eine bedeutende Rolle in der Ausarbeitung einer neuen Sichtweise des Verhältnisses von Sein und Bewußtsein, von Erkennen und Handeln sowie von biologischen, ökonomischen und moralischen Faktoren in sozialen Prozessen, zukommt. Im folgenden Abschnitt wird von Helmut Staubmann die Entwicklung der Marxschen Positionen und seine zum Teil widersprüchlichen Lösungsansätze im Kontext der Idealismus-Materialismus Debatte dargestellt. Daran anschließend behandelt Eva Bauer diese Fragestellung anhand zweier konträrer austromarxistischer Positionen.

Interpretation und Veränderung: Die Entwicklung von Fragestellungen und Lösungsansätzen bei Marx

Spätestens seit der Diskussion um die Protokollsätze im Wiener Kreis wissen wir, daß jeder Erkenntnis, so konkret und unmittelbar sie zu sein scheint, allgemeine Annahmen zugrunde liegen müssen, daß die Zusammenfassung einzelner Sinnesdaten zu Gestalten, an denen sich der Mensch in seinen Handlungen orientieren kann, Abstraktionen *voraussetzt*. In diesem Sinne erscheint uns die Geschichte der Wissenschaft bzw. einzelner Wissenschaften als Abfolge von Konstrukten (Theorien), die periodisch durch Fortschritte von Einzelerkenntnissen aufgebrochen und neu zusammengesetzt werden müssen. Th. S. Kuhn hat diesen Prozeß als Paradigmenwechsel bezeichnet.[11] In die Sprache von Marx übersetzt, könnte das so ausgedrückt werden, daß jedes allgemeine Paradigma auf einer bestimmten Entwicklungsstufe der Erkenntnis zu einer Fessel des weiteren Erkenntnisfortschrittes werden kann. Bei kaum einer anderen Theorie liegt dieser "Doppelcharakter" von Befreiung und Hemmung so dicht beieinander wie in dem, was sich im Gefolge der Marxschen Arbeiten als historischer Materialismus in den Sozialwissenschaften etablierte. Schon sehr früh distanzieren sich Marx und Engels von allzu schematisch verfahrenden historischen Materialisten und Marxisten. So klagt etwa Friedrich Engels: "Überhaupt dient das Wort ‚materialistisch' in Deutschland vielen jüngeren Schriftstellern als einfache Phrase, womit man alles und jedes ohne weiteres Studium etikettiert, d.h. diese Etikette aufklebt und dann die Sache abgetan zu haben glaubt."[12] In diesem Sinne ist auch das unserem Aufsatz vorangestellte Zitat von Marx zu verstehen. Historisch gesehen waren diese Distanzierungen leider wohl nicht sehr erfolgreich. Versucht man aber von derartigen Entwicklungen abzusehen - was gewiß nicht immer leicht fällt -, so finden sich im Werk von Marx Grundkonzepte und Positionen, die in gewisser Weise eine Vorwegnahme der für die moderne Wissenschaftsauffassung in den Sozialwissenschaften maßgebenden methodologischen Diskussionen um die Jahrhundertwende darstellen (Älterer Methodenstreit, Streit um das Problem der Wertfreiheit im Verein für Sozialpolitik etc.). Andererseits sind aber auch noch Überreste alter Denkweisen vor allem in bezug auf Hegel zu finden, die als theoretischer Anknüpfungspunkt problematischer Entwicklungen im historischen Materialismus angesehen werden können.

"Von der Utopie zur Wissenschaft"

Mit dieser knappen Formel, von Marx und Engels für eine Kurzdarstellung der Grundanschauungen ihres Geschichtsmaterialismus verwendet[13], lassen sich deren grundsätzliche Intentionen charakterisieren. Der geschichtliche Hintergrund dafür bestand in der zunehmenden Ausdifferenzierung eines eigenständigen Wissenschaftsbereiches für "das Soziale". Am weitesten fortgeschritten war der Prozeß der Wissenschaftsentwicklung wohl in der Ökonomie, aber es gab auch schon wesentliche Ansätze etwa in der Pädagogik.

Diese Entwicklungen brachten sowohl praktische als auch theoretische Probleme mit sich. Wissenschafts*theoretisch* mußte das Verhältnis von Sein und Sollen, bislang in der Theologie oder der Philosophie weitestgehend vereint, neu thematisiert werden, *praktisch* mußte die Handlungsrelevanz von theoretischen Konstrukten neu bestimmt werden. Im Marxschen Frühwerk werden zu beiden Problemen - im Kontext der Auseinandersetzung mit dem Hegelschen Idealismus sowie den von verschiedenen Hegel-Schülern entwickelten Positionen - Konzepte grundgelegt, deren Realisierung das spätere ökonomische und politische Werk darstellt. Wir glauben, daß die gelegentlich vertretene Auffassung einer grundsätzlichen Spaltung in eine frühe philosophisch-anthropologische Phase im Marxschen Werk, in deren Zentrum der Begriff der Entfremdung gesehen wird, und einer davon abgehobenen, rein ökonomisch-politischen Phase nicht zutrifft, sondern daß das politische und ökonomische Werk als eine folgerichtige Ausführung eines in der Frühphase ausgearbeiteten methodologischen Konzeptes zu verstehen ist.

Die Ausdifferenzierung von Sein und Sollen und deren Konsequenzen

Der Hintergrund, vor dem sich die theoretische Beschäftigung mit der Ausdifferenzierung von Sein und Sollen entwickelte, war die deutsche idealistische Philosophie mit ihrem damals überragenden Vertreter Hegel. In der Auseinandersetzung mit dem Hegelschen Idealismus und schließlich in dessen Negation sowie in Anknüpfung an frühe Formen des philosophischen Materialismus wurden die grundlegenden dialektisch-materialistischen Positionen entwickelt. Für das Menschenbild im Marxismus brachte das zwei Grundannahmen. In der Spezifizierung dessen, was das Sein ausmacht, wurden die Arbeit als Austauschprozeß mit der Natur und, vermittels der gesellschaftlichen Organisation der Arbeit, die Klassenlage als das wesentliche Bestimmungsmoment, als das primum agens festgelegt.

Dementsprechend mußte die Bedeutung normativer oder kognitiver Elemente als bloßer Überbau relativiert werden. Es galt nun nicht mehr, lediglich Zielvorstellungen aus dem Kopfe zu *erfinden,* sondern die objektiv ablaufenden Gesetzmäßigkeiten zu *entdecken*, um auf Grundlage dieser Entdeckungen das Handeln ausrichten zu können. Wie im naturwissenschaftlichen Bereich die bis in die Antike zurückzuverfolgende bloße Utopie des Fliegens erst auf Basis der Erkenntnis der Aerodynamik etc. verwirklicht werden konnte, so mußten die Vorstellungen des utopischen Sozialismus auf Grundlage der Einsicht in die erst zu entdeckenden sozialen Prozesse korrigiert werden. Diese Vorstellung der Freiheit als Einsicht in die Notwendigkeit, der adaptiven Voraussetzungen menschlichen Handelns, um einen zeitgemäßeren Ausdruck zu verwenden, ist durchaus im (oft kritisierten) szientistischen Sinne zu interpretieren.

"Die materialistische Anschauung der Geschichte geht von dem Satz aus, daß die Produktion und nächst der Produktion der Austausch ihrer Produkte, die Grundlage aller Gesellschaftsordnung ist; daß in jeder geschichtlich auftretenden Gesellschaft die Verteilung der Produkte, und mit ihr die soziale Gliederung in Klassen oder Stände, sich danach richtet, was und wie produziert und wie das Produzierte ausgetauscht wird. Hiernach sind die letzten Ursachen aller gesellschaftlichen Veränderungen und politischen Umwälzungen zu suchen nicht in den Köpfen der Menschen, in ihrer zunehmenden Einsicht in die ewige Wahrheit und Gerechtigkeit, sondern in Veränderungen der Produktions- und Austauschweise; sie sind zu suchen nicht in der *Philosophie*, sondern in der *Ökonomie* der betreffenden Epoche."[14] Die Mittel zur Veränderung von Mißständen sind "... nicht etwa aus dem Kopf zu erfinden, sondern vermittels des Kopfes in den vorliegenden materiellen Tatsachen der Produktion zu entdekken."[15] Damit war auch das weitere Programm der Marxschen Arbeit vorgegeben, die Beschäftigung mit ökonomischen Prozessen, deren Resultate in den drei Bänden des Kapitals niedergelegt sind.

Die Ausdifferenzierung von Sein und Sollen wurde also von Marx und Engels auf zwei Ebenen eingebracht: einmal auf der Ebene des Erkennens. Dabei wurden wesentliche Vorarbeiten für eine moderne Wissenschaftsauffassung geleistet. Vorarbeiten zu dem, was später als moralinfreies (Nietzsche) oder wertfreies (Weber) Denken die Gemüter in wissenschaftstheoretischen Auseinandersetzungen erhitzen sollte. Zweitens auf der Ebene des Gegenstandsbereiches: Moral, Religion, Philosophie etc. sind für den Gang der Geschichte, die Organisation sozialer Beziehungen und deren Veränderungen sekundär gegenüber dem Bereich der Produktion. Die im Gefolge dieser Festlegung im Marxismus entstandene Tabuisierung der Beschäftigung mit Werten, Normen, Ideologien etc. als Organisationsfaktoren im Sozialen ist bis in die jüngste Zeit festzustellen.[16] Nicht unwesentlich wirkte sich auch die Vernachlässigung mikrosozialer Organisationsformen (Familie) als kausaler Determinanten sozialer Entwicklungen gegenüber aus dem Produktionsprozeß ableitbaren makrosozialen Beziehungen (Klassen) aus.

Der Marxsche Versuch der Reintegration

Die Übertragung wissenschaftlich-materialistischer Konzepte auf das Soziale, die Entwicklung der Vorstellung, daß die Gesetze der Kausalität auch im sozialen Bereich ihre Gültigkeit haben, warf die Frage nach dem Sinn des Handelns neu auf. Wollte der Materialismus nicht zu einer säkularisierten Form der Prädestinationslehre werden, so mußte das Konzept der Handlungsrelevanz, des Verhältnisses von Interpretation und Veränderung, neu entworfen werden. In den Thesen über Feuerbach hat Marx im Rekurs auf den Begriff der *Praxis*, verstanden als subjektive, menschlich-sinnliche Tätigkeit, eine Lösung dieses Problems skizziert. Diese geschichtlich vom Idealismus entwickelte tätige Seite mußte in den Materialismus integriert werden. Dies geschah, indem die Praxis zum entscheidenden Kriterium der Wahrheit erhoben wurde. So heißt es in der zweiten These über Feuerbach: "Die Frage, ob dem menschlichen Denken gegenständliche Wahrheit zukomme, ist keine Frage der Theorie, sondern eine *praktische* Frage. In der Praxis muß der Mensch die Wahrheit, das heißt die Wirklichkeit und Macht, die Diesseitigkeit seines Denkens beweisen. Der Streit über die Wirklichkeit oder Nichtwirklichkeit eines Denkens, das sich von der Praxis isoliert, ist eine rein *scholastische* Frage."[17] Die Praxis, politisch begreifbar als Revolution, wissenschaftlich als Experiment, wurde damit der Theorie vorgeordnet.

Die Wiederherstellung der Einheit von Erkenntnis und Handeln durch den Begriff der Praxis konnte aber den grundsätzlichen Dualismus von Sein und Sollen nicht aufheben. Die Einsicht in die Notwendigkeit als Einsicht in die Notwendigkeit konditionaler Voraussetzungen des Handelns entspricht nicht der Einsicht in die Notwendigkeit im Sinne normativer Zielvorstellungen. Das eine ist aus dem anderen nicht ableitbar. War der Kapitalismus einmal begriffen als dysfunktional zur weiteren Entfaltung der Produktivkräfte und damit einer humaneren Gesellschaftsform, so konnte aus dem Begreifen dieses Umstandes noch kein revolutionäres Engagement gefolgert oder gar gefordert werden. Damit müßte also doch ein autonomer Bereich der Moral als Motor für den Gang der Geschichte angenommen werden.

Im Versuch, die so entstandenen Widersprüche in einer monistischen Wissenschaftsauffassung[18] aufzuheben, blieb Marx am tiefsten im Hegelschen Denken verhaftet. Damit konnte dieser Theorieteil am besten zum Ausgangspunkt dogmatischer Marxismen dienen. Es erscheint deshalb wert, etwas näher auf diesen Punkt einzugehen.

Von Hegel stammte der Satz: "Alles was wirklich ist, ist vernünftig, und alles was vernünftig ist, ist wirklich." Engels beschäftigte sich in seiner Auseinandersetzung mit dem Ausgang der klassischen deutschen Philosophie eingehend mit diesem Satz.[19] In einer naiven, unmittelbaren Auffassung dieses Satzes könne er doch "... handgreiflich als die Heiligsprechung alles Bestehenden, die philosophische Einsegnung des Despotismus, des Polizeistaates, der Kabinettsjustiz, der Zensur ..."[20] verstanden werden. Engels argumentierte weiter, Hegel habe dies so wohl nicht gemeint, nicht alles, was bestehe sei im Hegelschen Sinne wirklich, sondern "... die Wirklichkeit erweist sich in ihrer Entfaltung als die Notwendigkeit".[21] Die neue, revolutionäre Interpretation lautete damit: "Nun ist aber die Wirklichkeit nach Hegel keineswegs ein Attribut, das einer gegebenen gesellschaftlichen oder politischen Sachlage unter allen Umständen und zu allen Zeiten zukommt. Im Gegenteil. ... Die französische Monarchie war 1789 so unwirklich geworden, d.h. so aller Notwendigkeit beraubt, so unvernünftig, daß sie vernichtet werden mußte durch die große Revolution, von der Hegel stets mit größter Begeisterung spricht. Hier war also die Monarchie das Unwirkliche, die Revolution das Wirkliche. Und so wird im Lauf der Entwicklung alles früher Wirkliche unwirklich, verliert seine Notwendigkeit, sein Existenzrecht, seine Vernünftigkeit; an die Stelle des absterbenden Wirklichen tritt eine neue, lebensfähige Wirklichkeit - friedlich, wenn das Alte verständig genug ist, ohne Sträuben mit Tode abzugehen, gewaltsam, wenn es sich gegen diese Notwendigkeit sperrt..."[22]

Nun konnte man also doch aus der Einsicht in die Notwendigkeit praktisch-politische Schlußfolgerungen ziehen. War die bürgerliche Gesellschaft als historisch überholt erkannt, so hatte sie - auch wenn sie dafür selbst wenig Verständnis aufbringen konnte und sich gelegentlich auch heftig sträubte - ihr Existenz*recht* verloren. Der Revolutionär war damit nicht primär Verwirklicher einer Moral, sondern seiner Einsicht.

Wie sehr diese Vorstellungen ein Relikt aus der Frühzeit der Marxschen Theorie darstellen, zeigt drastisch ein kurioser Aufsatz von Marx, der 1842 in der Rheinischen Zeitung zu einem Entwurf einer Neufassung eines Ehescheidungsgesetzes veröffentlicht wurde. Der Entwurf sah eine Liberalisierung der Ehescheidungsgesetze vor, gegen die sich Marx in diesem Aufsatz wandte. Dabei findet sich folgende Argumentation: "Der Gesetzgeber aber hat sich wie ein Naturforscher zu betrachten. Er *macht* die Gesetze nicht, er erfindet sie nicht, er formuliert sie nur, er spricht die inneren Gesetze geistiger Verhältnisse in bewußten positiven Gesetzen aus. Wie man es nun als die maßloseste Willkür dem Gesetzgeber vorwerfen müßte, sobald er an die Stelle des Wesens der Sache seine Einfälle treten ließe, so hat doch wohl der Gesetzgeber nicht minder das Recht, es als die maßloseste Willkür zu betrachten, wenn Privatpersonen ihre Kapricien gegen das Wesen der Sache durchsetzen wollen. Niemand wird gezwungen, eine Ehe zu schließen; aber jeder muß gezwungen werden, sobald er eine Ehe schließt, sich zum Gehorsam gegen die Gesetze der Ehe zu entschließen. Wer eine Ehe schließt, der *macht*, der *erfindet* die Ehe nicht, so wenig als ein Schwimmer die Natur und die Gesetze des Wassers und der Schwere erfindet. Die Ehe kann sich daher nicht seiner Willkür, sondern seine Willkür muß sich der Ehe fügen. Wer willkürlich die Ehe bricht, der behauptet: die Willkür, *das Gesetzlose ist das Gesetz der Ehe*, denn kein Vernünftiger wird die Anmaßung besitzen, seine Handlungen für privilegierte Handlungen, für Handlungen zu halten, die *ihm allein* zustehen, wird sie vielmehr für gesetzmäßige, *allen zustehende* Handlungen ausgeben."[23]

Von Interesse ist in unserem Kontext nicht der Inhalt, sondern die logische Struktur der Marxschen Argumentation. Inhaltlich hat er relativ kurze Zeit später, etwa 1848 im Kommunistischen Manifest, einen ganz anderen Standpunkt zur Ehe eingenommen. Die in dem Zitat enthaltene Vorstellung über die notwendige Verwissenschaftlichung der Beschäftigung mit Moral (Gesetzen) einerseits und der prinzipiell möglichen Ableitbarkeit moralischer Imperative aus dieser wissenschaftlichen Beschäftigung heraus andererseits, konstitutierte aber Widersprüche, die sich durch das gesamte Marxsche Werk ziehen.

Diese Widersprüchlichkeit führte dazu, daß sowohl szientistisch-reduktionistische Strömungen als auch "wertorientierte" (dogmatische *und* humanistische) Strömungen in ihrem Selbstverständnis bei Marx Anknüpfungspunkte finden konnten. Beispielhaft dafür werden im folgenden zwei Positionen des Austromarxismus gegenübergestellt.

Zwei Strömungen des Austromarxismus: Der "Neue Mensch" im Denken Max Adlers und Otto Neuraths

Bevor im folgenden das Verhältnis zwischen den unterschiedlichen Ebenen des Seins und den damit konstitutierten Menschenbildern in der Betrachtungsweise zweier österreichischer, sich dem Marxismus verbunden fühlender Denker beleuchtet wird, sei eine kurze Vorbemerkung über die geistige Strömung des Austromarxismus angebracht: Bei den Austromarxisten, deren politisches Wirken sich von den letzten Jahrzehnten des vorigen Jahrhunderts bis etwa kurz nach Ende des Zweiten Weltkrieges erstreckt, läßt sich keine Einheitlichkeit in den Grundmustern des Denkens ausmachen, wie es die Subsumierung unterschiedlichster Theoretiker unter diesen Begriff zunächst nahelegt - es handelt sich bei diesem Begriff um ein "geistesgeschichtliches Konstrukt" (Glaser), bei dessen Untersuchung eher die Vielfalt des Denkens als seine Gleichförmigkeit hervorsticht. Wir werden hier zwei Vertreter unterschiedlicher Denkströmungen herausgreifen und ihre Positionen im Hinblick auf die ihren Theorien inhärenten "Menschenbilder" prüfen: Der eine ist Max Adler, ein dem führenden Kern der österreichischen Marxisten zurechenbarer Philosoph, der andere, Otto Neurath, ein dem "Umfeld" (Glaser) des Austromarxismus angehöriger Sozialwissenschafter.

Die Auswahl ist - trotz, oder gerade wegen der sehr unterschiedlichen Ausgangspunkte der beiden Denkansätze - keine willkürliche. Gerade in bezug auf die Entwürfe von "Menschenbildern" haben beide Vertreter wesentliche Beiträge geliefert und können als Repräsentanten zweier Strömungen angesehen werden. Bevor wir ihre Aufrisse des "Neuen Menschen" darstellen, möchten wir kurz deren Grundpositionen und ihre Entstehung skizzieren.

Max Adler gilt als Exponent des linken Flügels der österreichischen Sozialdemokratie, was seiner Opposition gegen die Parteilinie und dem Beharren auf kämpferischen Positionen in einigen wesentlichen Fragen (Erster Weltkrieg, Rätebewegung 1919/1920, Juli 1927, "Linzer Programm" 1926) zuzuschreiben ist. Er gehörte zu den Begründern des engeren Kreises des Austromarxismus.

Im Zentrum seiner Theorie steht die Herstellung einer Verbindung zwischen Kantianismus und Marxismus. Dabei knüpft er an der Kantschen Erkenntniskritik an. Soziales betrachtet er als ursprünglich Geistiges, die Vergesellschaftung des Menschen besteht primär in den notwendigen sozialen Erfahrungsbedingungen im Bewußtsein der einzelnen, da das "Ich die Bezogenheit auf fremde Iche zu seinen eigenen personalen Erfahrungsbedingungen hat".[24] Es ist die Bewußtseinsform des Menschen, die Gesellschaftliches konstituiert. Damit geht er den Schritt "mit Kant über Kant hinaus"[25], der darin besteht, das Kantsche Apriori der Erkenntnis (die Kategorien, die der Erfahrung vorausgesetzt sind und diese erst ermöglichen) zum "Sozialapriori" zu entwickeln, da Bewußtseinsinhalte nicht dem individuellen Bewußtsein entspringen, sondern "den Charakter des *Übersubjektiven* haben".[26] "Der Charakter der Realität oder objektiven Gegenständlichkeit (wird) nur das Seitenstück (Korrelat) zu der Eingebundenheit des Einzelbewußtseins in ein geistiges System einer Vielverbundenheit von Subjekten."[27]

Die Beziehung zum Marxismus findet Adler in der "epochemachenden Leistung von Marx und Engels, die durch die Herausarbeitung ihres historischen Begriffes des vergesellschafteten Menschen der Soziologie als Seinswissenschaft ihre neue und dauernde Grundlage gegeben hat".[28] Für Adler lieferte Marx also gleichsam den Beweis für die materielle Existenz des im Geistigen konstituierten Gesellschaftlichen.

Während Adler über Kant den Zugang zum Marxismus gefunden hat und darauf die theoretischen Voraussetzungen seiner politischen Arbeit aufbaute, war der Weg *Otto Neuraths* ein gänzlich anderer. Die Ursprünge seines Denkens finden sich in den Traditionen der ethischen Soziallehre. Sein frühes Werk ist geprägt durch die Auseinandersetzung mit den Mechanismen der Kriegswirtschaft, deren Erfolg Neurath in der Ausschaltung der Marktmechanismen zugunsten einer am Bedarf orientierten Produktion und Verteilung begründet sah. Seine wissenschaftliche Arbeit war ausgerichtet an der Entwicklung von Konzepten zur Übertragung der kriegswissenschaftlichen Wirtschaftslenkungsmechanismen auf die Erfordernisse der Friedensproduktion. Politisch waren diese Modelle ihrem Anspruch nach "neutral", sollten reine "Techniken" zugunsten der Hebung des allgemeinen Lebensniveaus, zur Verhinderung ökonomischer Krisen sein. Durch persönliche Kontakte kam Neurath mit der deutschen Sozialdemokratie in Berührung und wurde schließlich als Planungsexperte in die Bayerische Räterepublik einbezogen, nach deren Niederschlagung er verhaftet, aber nach einer Intervention Otto Bauers gegen Kaution freigelassen wurde. Ab diesem Zeitpunkt war Neurath als Sozialisierungsfachmann mit der Österreichischen Sozialdemokratie in Verbindung.

Ab dem Beginn der 20er Jahre setzte die Beschäftigung Neuraths mit dem Marxismus ein, er nahm auch aktiv an den Sozialisierungsdebatten dieser Zeit teil. Im Gegensatz zu den Kontrahenten (Helene Bauer, Karl Kautsky, Otto Leichter) vertrat er das bereits in Zusammenhang mit der Kriegswirtschaftslehre entwickelte Konzept der Naturalwirtschaft, einer nicht durch Wertgrößen, sondern durch Naturalgrößen bestimmten Ökonomie. Weiters war er in der von der Sozialdemokratie getragenen Volksbildung tätig. Seine theoretischen Interessen konnten im Kreise der führenden Denker um Max Adler aber nicht befriedigt werden, er sah sich in tiefem Widerspruch zu Kant. So schloß er sich dem vorerst noch als Diskussionszirkel existierenden "Wiener Kreis des logischen Empirismus" um den Mach-Nachfolger an der Wiener Universität, Moritz Schlick, an. In dessen antimetaphysisch ausgerichteter "Wissenschaftlichen Weltauffassung" sah Neurath die Übertragung des Rationalitätsgedankens in die Wissenschaft, deren Ansatz er als einziger Vertreter dieses Kreises in die Sozialwissenschaften zu integrieren versuchte. Gegenüber der Kantschen Philosophie beharrte er auf einem strengen Empirismus, an den sich auch die Soziologie zu halten habe. Im Marxismus erblickte Neurath die "lebendige Gegenwartsform der materialistischen Soziologie"[29], Marx und Engels waren über ihren Wegbereiter Feuerbach die "Schöpfer der empirischen Weltauffassung, deren Kind die wissenschaftliche Soziologie ist".[30] Der Szientismus Neuraths kann kaum besser charakterisiert werden als durch folgende Aussage: "Die Lehre von der menschlichen Gesellschaft wird (im Marxismus, die Verf.) etwa so behandelt wie die Lehre von den Ameisenhaufen. Es handelt sich ... darum, menschliches Gruppenverhalten wirksam vorauszusagen, in Raum und Zeit, womöglich unter Angaben von Mengen."[31]

Mit diesen kurzen Ausführungen zu Grundmustern im Denken Adlers und Neuraths soll zum Ausdruck gebracht werden, wie sie an unterschiedlichen Elementen der Marxschen Theorie anknüpften. Einiges in bezug auf das damit verbundene Menschenbild ist dabei schon angedeutet worden: Bei Adler sind es die Erkenntnisvoraussetzungen des Menschen, die nach einer Vergesellschaftung im materiellen Leben drängen; auch Neurath vertritt vehement eine Vergesellschaftung im Ökonomischen, allerdings nicht wegen einer notwendigen Vereinheitlichung zwischen dem Bewußtsein und der konkreten Lebensform der Menschen, sondern zur Rationalisierung von Produktion und Verteilung mit dem Zweck einer Erhöhung des allgemeinen Wohlstandes.

Deutlicher wird diese Betrachtung des Menschen jedoch in den jeweiligen Ausführungen zum "Neuen Menschen". Dieses Schlagwort der sozialdemokratischen Politik der 20er Jahre drückt ein wesentliches Element der austromarxistischen Programmatik in Erziehung und Schule aus. Wenn der Stellenwert einer sozialistischen Erziehung durch die einzelnen Theoretiker auch verschieden eingeschätzt wurde, so maßen ihr alle doch eine gewisse Bedeutung - im Hinblick auf die Formung eines neuen, sozialistischen Menschen - bei.

Die Problematik, von der die Adlerschen Gedanken ihren Ausgang nehmen, ist die des Verhältnisses zwischen ökonomischer und ideologisch-moralischer Umgestaltung der Gesellschaft - eine der "großen Fragen" sozialistischer Theorie und Politik. Adler sieht hier den "tätigen Menschen im Mittelpunkt"[32], der als solcher nicht der Voraussetzung veränderter ökonomischer Verhältnisse bedarf, um eine höhere Form der Vergesellschaftung zu schaffen. Denn es ist die "tätige, Ziele setzende, Werte prägende, Partei nehmende *Aktion des Bewußtseins*, was das eigentlich Menschliche ausmacht".[33] Sozialistische Erziehung ist somit Kampfmittel, ist die Voraussetzung zur Förderung neuer gesellschaftlicher Entwicklungen. Das eigentlich Menschliche, die Aktion des Bewußtseins, ist die Grundlage jeglicher Vergesellschaftung, denn das menschliche Bewußtsein existiert nur in seinem Sozialbezug. In der Verbindung des Denkens einzelner Subjekte, dem "geistigen Zusammenhang", durch den "die geistige Wirksamkeit einen alle Zentren (Subjekte) ... unmittelbar verbindenden, vergesellschafteten Charakter (erhält), (wird) sie eine besondere Art des Geschehens, *Sozialgeschehen*". Die durch Erziehung *"bewußte Schaffung der Ideologie"* ist als Primäres der ökonomischen Umgestaltung vorausgesetzt, der "Marxismus ist derart in Wirklichkeit *sozialer Idealismus*".[34]

Anders betrachtet Neurath den "Neuen Menschen". Sein dazu verfaßter Artikel "Lebensgestaltung und Klassenkampf" ist als Kritik an Adler in wesentlichen Fragen zu verstehen (und erhielt als solche bedauerlicherweise keine Replik von Adler). Der Artikel selbst greift deutlich auf ein drei Jahre davor publiziertes Werk "Wirtschaftsplan und Naturalrechnung. Von der sozialistischen Lebensordnung und vom kommenden Menschen" (1925) zurück, womit inhaltliche Schwerpunkte bereits angedeutet werden. Bei Neurath ist die "neue Gemeinschaft an den Wirtschaftsplan gebunden"[35], indirekt erhebt er gegen Adler den Vorwurf, daß die Berufung auf die "Idee des Guten", die "Entpersönlichung Gottes durch die Rückführung auf einen kategorischen Imperativ" durchaus vereinbar sei mit dem Privateigentum an Produktionsmitteln.[36] Die Ansicht Neuraths, daß die "Geistesgemeinschaft als Konsequenz, nicht als Voraussetzung der Solidarität die Grundlage des Sozialismus (ist)"[37], zeigt die deutliche Abgrenzung zum Adlerschen Denken.

Dennoch tritt Neurath für eine sozialistische Erziehung ein - die Möglichkeit einer "Vorwegnahme der kommenden Lebensstimmung"[38] ist in den proletarischen Organisationen gegeben, auch eine Schulreform ist möglich und anzustreben - allerdings verlangt der zu erziehende "kommende Mensch" eine "lebendige Verknüpfung mit der gesellschaftlichen Umgestaltung".[39] Ohne Vollsozialisierung und Wirtschaftsplan ist der Sozialismus also undenkbar, seine "geistig-moralische" Vorwegnahme im Sinne Max Adlers ist unmöglich.

Die Gegenüberstellung der Positionen Neuraths und Adlers zeigt, wie sich aus unterschiedlichen Akzentuierungen im Menschenbild widersprechende Lösungsansätze für angestrebte Veränderungen - auch bei grundsätzlich gleicher Zielsetzung - ergeben mußten. Wir glauben, daß zu den grundlegenden Problemen, die durch die gewaltige Entwicklung des Denkens aufgeworfen wurden, die Bestimmung des Verhältnisses von Erkennen und Handeln, von Sein und Sollen, von ideellen (ideologischen, moralischen, politischen, kulturellen) Faktoren und konditionalen (ökonomischen, biologischen, etc.) Faktoren gehört. Die praktischen Probleme - man denke an die ökologische Diskussion - zeigen die Aktualität, die diese Herausforderung darstellt.

Anmerkungen

1 Zit. nach einem Brief von F. Engels an C. Schmidt von 1890, in: Marx, Engels 1972, S. 708.
2 Gramsci 1967, hier zit. nach: Márkus 1981, S. 96.
3 Ebd.
4 a.a.O., S. 97.
5 Márkus 1975, S. 95.
6 Márkus 1981, S. 95.
7 a.a.O., S. 7.
8 a.a.O., S. 135.
9 Márkus 1975, S. 87.
10 Vgl. Márkus 1981, S. 11.
11 Vgl. Kuhn 1967.
12 Engels 1972, S. 709 (a).
13 Ders. 1972, S. 395-452 (b).
14 a.a.O., S. 435 (b).
15 Ebd.
16 Vgl. Steege 1986.
17 Marx 1972, S. 26.
18 Vgl. Plechanow 1975.
19 Engels 1972, S. 610-649 (c).
20 a.a.O., S. 613.
21 Ebd.
22 Ebd.
23 Marx 1974, S. 149.
24 Adler 1936, S. 8.
25 a.a.O., S. 32.
26 a.a.O., S. 8.
27 a.a.O., S. 92.
28 a.a.O., S. 186.
29 Neurath 1931, S. 66.
30 a.a.O., S. 39.
31 Neurath 1930, S. 75.
32 Adler 1926, S. 26.
33 a.a.O., S. 36.
34 Ebd.
35 Neurath 1928, S. 10.
36 Neurath 1925, S. 109.
37 a.a.O., S. 110.
38 Neurath 1928, S. 19.
39 a.a.O., S. 28.

Verzeichnis der verwendeten und zitierten Literatur

Adler, M., Neue Menschen. Gedanken über sozialistische Erziehung, Berlin 1926 (2. Auflage), 1. Auflage 1924.
ders., Soziologie des Marxismus Bd. I - III, Wien 1964 (Neuauflage von: Lehrbuch der materialistischen Geschichtsauffassung, Berlin 1936).
ders., Das Rätsel der Gesellschaft. Zur erkenntnistheoretischen Grundlegung der Sozialwissenschaft, Wien 1936.
Bauer, E./Neurath, O., Bunte Bilder, Positivismus und Marxismus, in: Aufrisse 1/1983.
Engels, F., Brief an C. Schmidt in Berlin, in: K. Marx/F. Engels, Ausgewählte Werke (= AW), Moskau 1972, S. 708-709 (a).
ders., Die Entwicklung des Sozialismus von der Utopie zur Wissenschaft, in: AW S. 395-452 (b).
ders., Ludwig Feuerbach und der Ausgang der klassischen deutschen Philosophie, in: AW, S. 610-649 (c).
Glaser, E., Im Umfeld des Austromarxismus. Ein Beitrag zur Geistesgeschichte des österreichischen Sozialismus, Wien 1981.
Gramsci, A., Philosophie der Praxis, Frankfurt 1967.
Kuhn, Th., S., Die Struktur wissenschaftlicher Revolutionen, Frankfurt/Main 1973.
Lukács et al., Individuum und Praxis. Positionen der "Budapester Schule", Frankfurt 1975.
Márkus, G., Der Mensch als gesellschaftliches und bewußtes Naturwesen, in: G. Lukács, a.a.O., S. 78-94.
ders., "Anthropologie" und Marxismus, Hamburg 1981.
Marx, K., Der Ehescheidungsgesetzentwurf, in: K. Marx, F. Engels Werke Bd. 1, Berlin 1974, S. 148-151.
ders., Thesen über Feuerbach, in: AW, S. 26-28.
Neurath, O., Wirtschaftsplan und Naturalrechnung. Von der sozialistischen Lebensordnung und vom kommenden Menschen, Wien 1925.
ders., Lebensgestaltung und Klassenkampf, Berlin 1928.
ders., Einheitswissenschaft und Marxismus, in: Erkenntnis I, Leipzig 1930.
ders., Empirische Soziologie. Der wissenschaftliche Gehalt der Geschichte der Nationalökonomie, Wien 1931.
Plechanow, G., Zur Frage der Entwicklung der monistischen Geschichtsauffassung, Berlin 1975.
Steege, G., Gesellschaftliche Werte und Ziele, Frankfurt/Main-Bern-New York 1986.

Christian Wabl

Die Meinung eines im grünen Teil der Republik angesiedelten Menschen Ein grünes Bekenntnis und Manifest

Grün

Eine der letzten Farben, die noch nicht verbraucht ist. *Grün*. Nach Schwarz, Rot, Blau hat sich Grün in die politische Arena geworfen. Grün wie Hoffnung. Grün, das war und ist ein Leuchten, ein Wiederauferstehen humaner Politik.

Den Grünen ergeht es wie allen Menschen, die an etwas glauben, was man nicht sieht. Erst muß der Finger in die Wunde des verletzten Waldes gelegt werden, erst, wenn alles sich erfüllt hat und handgreiflich geworden ist, wird auch der letzte Ungläubige einsehen. Doch um diesem Zustand zuvorzukommen, muß einfach *begriffen* werden. Aber da gibt es diesen Wirrwarr der Begriffe und der Irreführungen. Die Schriften der Grünen selbst sind nicht so sonnenklar, daß jeder, der sie liest, sie sofort verstehen kann. Die Grundsätze vom ökologischen Gleichgewicht wurden rasch von den Mächtigen in ihre Programme und ihre Propaganda aufgenommen, und die Mächtigen haben damit den Schwung der Veränderer abgefangen. Im politischen Handeln ungeschickt, von den Etablierten zum Feind und verächtlich gemacht, suchen die Grünen nach ihrer umfangreich vorgelegten politischen Programmatik weiter nach einem umfassenderen Weltbild. Die in aller Öffentlichkeit ausgetragenen Auseinandersetzungen und Streitereien haben den letzten Schimmer von Romantik beseitigt. Es genügt für die Grünen nicht mehr, die richtigen Erkenntnisse über die verunreinigte Luft zu besitzen; das vernetzte System umspannt auch die im politischen Kraftfeld handelnden Personen. Die Fähigkeit der Grünen zum gemeinsamen Handeln wird wie die richtige Einsicht selbst zum Grundstein des Überlebens. Das Unbehagen im Bauch, von vielen anfangs immer wieder benannt, hat uns Grüne auch uns selbst gegenüber erfaßt. Dieses Unbehagen will geklärt werden.

Wir Grüne müssen untersuchen, formulieren, *begeistern*, um nach dem langen Nachkriegswinter einem frühlinghaften *Grün* zum Durchbruch zu verhelfen. Begeistern. Bei der Rede von Politik, Idee, Ideal, Ziel und Begeisterung - da fängt das Unglück schon an. Die Worte sind schwer belastet, und das belastet auch die neue politische Bewegung. Jedes Wort, das politische Begeisterung erzeugen könnte, das jemals mitgerissen hat, ist in den Kellern verbotener Worte verschwunden und darf nur mit größter Vorsicht herausgeholt werden.

Ängstlich rangen die bemühten Grünen in ihren Sitzungen um die richtigen Worte, während im Gegensatz dazu die Repräsentanten anderer Parteien monoton und geschliffen ihre Statements abgaben. Das "andere, alternative, grüne Land" sollte wieder möglichst rasch und für immer in das Reich der Utopie vertrieben werden. Dieses Reich mußte in einer unendlich weit entfernten Zukunft angesiedelt werden. Hämisch wurde die grüne Idee, die "Vision" der Lächerlichkeit preisgegeben: ein Opfer der sogenannten realen politischen Verhältnisse. Erschreckt von den Schlägen, nicht vorbereitet auf die Ignoranz der anderen und auf ihr Unvermögen zu Gesprächen und selber in der Annahme befangen, Weltbild und Gedanken der Grünen seien vollkommen "neu" und "vage", unklar und schwer zu definieren, ist das grüne Selbstbewußtsein geschwächt. Es zu stärken, es an seinen geschichtlichen Hintergrund zu erinnern, schreibe ich mir die Finger wund.

Wahrheit

Die grüne Hoffnung braucht das Feuer der Wahrheit. Schon dieses Wort "Wahrheit" weist noch einmal auf die zerstörte politische Geschichte der Begriffe hin, die macht, daß sein Gebrauch Bedenklichkeit hervorruft. Unverschämte haben die Wahrheit, die Erforschung der Wirklichkeit und ihre verpflichtende Gesetzgebung "Ökofaschismus" genannt und haben geglaubt, die unerbittliche Wahrheit dadurch entkräften zu können. In der Krise des menschlichen Denkens hat man sich generell mit der Unsicherheit in der Beschreibung der Wirklichkeit abgefunden.

Das ganzheitliche Denken, das vernetzte System, wie man in grünen Kreisen zu sagen pflegt, ist politisch geworden. Aber natürlich ist es zu wenig festzustellen, daß die Welt zusammenhängt. Es muß genau beschrieben werden, wie sie zusammenhängt, welche Grundsätze die Welt zusammenhalten und welche sie zerstören.

Das Politische. Wie kann man über das Politische reden, wenn das Wort "Politik" selbst schon Widerwillen und Ekel bei der gezeichneten Bevölkerung hervorruft, wenn in weiten Kreisen das Wort "Politik" selbst fast nur als Schimpfwort oder als Zeichen der Eigenermächtigungen und Bereicherungen verwendet wird?

Die Sätze über die Politik erscheinen den meisten schon als zu groß, als daß die Gedanken über sie in langen Mußestunden ruhig kreisen könnten. Oft erlebt und hört man im allgemeinen Gespräch über die Politik ganz laut den Kopf brummen, und bevor die Frage nach der Farbe gestellt wird, wird dem Gegenüber schon grau bis schwarz vor den Augen. Was an der Welt grün sein könnte, kommt gar nicht mehr zur Sprache. Die Klärung der Begriffe erscheint wie eine weit entfernte Welt, aber erst dann könnte das *Gespräch* beginnen.

Glauben

Der Glaube an das grüne Weltbild tritt in die wahlentscheidende Schlacht. Wer glaubt denn wirklich, daß die Welt eine Einheit darstellt, daß die Menschen nur ein Teil dieser Welt sind? Wer glaubt denn wirklich, daß sich die Prognosen vom Sterben der geliebten Wälder tatsächlich bewahrheiten und wir bald durch Karstland rasen werden? Wer glaubt denn wirklich und fest an den Zusammenhang von Chemikalien und der Müdigkeit des Nachbarn? In der Unsicherheit über das verwirrende Leben mit der Überzahl nicht einzuordnender Eindrücke, gehen die beweisbaren Angriffe auf Gesundheit und Leben ungeprüft und ungeglaubt unter. Die große Zerstörung wird vom täglichen Kleinkrieg nicht mehr unterschieden. Das Ausmaß überfordert den Kopf. Das Unbehagen hat sich in andere Organe eingenistet. Nur wenn man einsieht, daß ein Fluß wie der Rhein *alles* überschwemmt, weil man es mit eigenen Augen gesehen hat, verläßt man den Bereich des Glaubens und beginnt zu begreifen.

Aber wer schenkt den vielen Berichten vor dem Einsehen *Glauben*? Die Zeitungen sind voll. Der Kopf ist voll.

Die Wiederfindung des Glaubens wird wahrscheinlich erst dann möglich sein, wenn der Zusammenhang zwischen Erfahrung, Annahme, Glauben, Überlegung und politischer Schlußfolgerung *erwiesenermaßen* wiederhergestellt ist. Dieser Glaube ist uralt wie das menschliche Denken selbst und ist Grundlage von Wissenschaft und vielleicht ursprünglich auch einer vernünftigen Religion.

Vernunft gegen New Age

Da ist das Gerede von der neuen Zeit. *New Age*. Es verwirrt mehr als es erhellt. Immer wieder müssen neue Ideen, neue Visionen in den unerreichbaren Gefilden von Utopia gesucht werden. Unermüdlich wird das "Neue Denken" bemüht, gepredigt und verkündet. Ein Denken, das sich nach ganz unbekannten Gesichtspunkten und Gesetzen ordnen soll, das alles umwirft und erneuert. Es sind aber immer dieselben Augen, die die Welt wahrnehmen und ermessen, und dasselbe Hirn, das diese Wahrnehmungen ordnet. Es sind die tagtäglich von Bauern, Wissenschaftern und Schülern erworbenen Erkenntnisse und die daraus gezogenen Schlußfolgerungen, die die *Grundwerte* unseres Lebens und unserer Entscheidungen zur Überprüfung und Veränderung zwingen. Wir müssen nicht ganz von vorne anfangen. Die Vernunft hat eine lange Geschichte, und wir müssen aus den Niederlagen lernen. Die "Neue Kraft" kommt nicht von unbestimmten Sternen, sondern liegt in unseren Gehirnen verborgen.

Wir müssen nur genau prüfen und unterscheiden, welche Stoffe und welche Lebensformen machen uns krank und bringen uns um und welche lassen uns aufatmen und leben? Welche Einsichten lassen uns hoffen und auf welche müssen wir setzen? Die Erkenntnisse sind alt. Sie haben nur eine neue Farbe angenommen, sind nur politisch neu in Grün auferstanden. Die politischen Lehren aus dem Christentum. Die Lehren des Sozialismus. Der Schrei nach Gerechtigkeit. Er ist alt und für jedes empfindliche Ohr schon lange unüberhörbar. Die ganze Welt.

Die Zeit ist vorbei, in der man glaubte, sich von der gemeinsamen Natur abheben zu können. Die Erkenntnis, daß wir Teil der Natur sind, floß in das politische Denken und Entscheiden ein. Dies war *der* grundlegende Gedanke, der von der Überheblichkeit und Ausschließlichkeit weggeführt hat.

Was hat man sich nicht alles an Haß gegen die Vernunft auf den vielen Treffen und Sitzungen der neuen grünen Sammlungen und Versammlungen anhören müssen. In einem Atemzug wurde das vernünftige Denken mit Auschwitz und Hiroshima genannt. Schon beim bloßen Aussprechen dieses Wortes wurde "aus dem Bauch", mit dem "Gefühl" gegen die Vernunft zu Felde gezogen. Schon bald befand man sich dann nicht mehr auf dem Boden der zu besprechenden Wirklichkeit, sondern bis zur Verzweiflung in einer Diskussion über die Begriffe.

Zweifelnd schreibe ich mir die Finger wund. Die Kraft des geschriebenen und gedruckten Wortes hat in den letzten Jahren nachgelassen, stellte der Herausgeber des größten deutschen Nachrichtenmagazins anläßlich einer einschlägigen Preisverleihung wehmütig fest. Die Finger führen mich zu Sätzen, zu einer persönlich "grün" gefärbten Zwischenbemerkung: Ohne den Glauben an den ausschlaggebenden Durchbruch von Einsicht und Vernunft könnte ich hier keine weitere Zeile schreiben. Der Einzug des wissenschaftlichen Arguments in den politischen Alltag ist *lebensnotwendig*. Überlebensnotwendig. Wir können uns die alte Interessenpolitik einfach nicht mehr leisten. Politik *muß* wieder im wahrsten und ursprünglichsten Sinn betrieben werden.

Konservatismus und Progression

Back to the roots. Englisch darf man das schreiben, das weckt nicht gleich Erinnerungen an den Mißbrauch des Germanentums. Wären die Wurzeln der "Vision" nicht so alt, die Sehnsucht nach ihnen wäre wahrscheinlich nicht so stark. Warum ist man so felsenfest überzeugt, daß Utopia in der Zukunft liegt und nicht auch in der Vergangenheit? Wer glaubt noch, daß die Geschichte nur eine Bewegung in eine Richtung macht, vom Dunklen in das Licht der Aufklärung? Wir wissen um die Rückfälle in die grausamste Barbarei. Sie verstellen uns so oft den Blick in die Vergangenheit und erschweren die genaue Untersuchung der vergangenen Werte auf ihre Bedeutung. Wird diese Untersuchung aber vorgenommen, ergibt sich die Versöhnung von Konservatismus und Erneuerung und wird nicht mehr generell und pauschal mit allem abgerechnet. Dann wird das Erhaltenswerte erhalten und das Veränderungswürdige verändert und nicht im Namen des einen voller Verachtung vom anderen gesprochen werden. Im politischen Kleinkrieg ist die Ausgrenzung von Vergangenheit und Ideologie die große, tief bereute Geschichtslüge.

Prinzip und Fleisch

War Mahatma Gandhi ein Grüner? War das Weltbild der "Großen Seele" grün? Die Gewaltfreiheit: ein Eckpfeiler des grünen Tempels. Wieviele Prinzipien. Das Prinzip Hoffnung. Das Prinzip Gewaltfreiheit. Das Prinzip Solidarität. Sind diese Fleisch geworden? Wann wird ein Prinzip Fleisch? Das Prinzip des ökologischen

Gleichgewichts. Wie wird das Fleisch? Und kann die Verwirklichung dieser Prinzipien durch einzelne zustande gebracht werden, in kleinen Gruppen, oder bedarf es der ganzen Gesellschaft? Diese meine grüne Niederschrift soll zur Fleischwerdung der Prinzipien beitragen. Die eigene Überzeugung steht festgeschrieben, schwarz auf weiß, und verkörpert den dahinter liegenden junggrünen Geist.

Kunst

Der Einzug der Kunst in die parlamentarischen Häuser steht an. *Ernsthaft.* Die Ahnungen und Befürchtungen der künstlerisch Schaffenden, notorisch unter- oder überschätzt, erhellen seit jeher die Wirklichkeit. Das Ganze braucht, die grüne Politik braucht das tägliche künstlerische Bort. Der Anspruch grüner Politik bezieht sich auf die ganze Welt. *Die* alte Domäne der Kunst. Es waren die Künstler, die ihre düsteren Ahnungen von Krieg und Schmerz angestrengt darstellten, schrieben und malten - Jahre später waren die Ahnungen grausame Wirklichkeit geworden. Es waren die Künstler, die die Entfernung der menschlichen Seele und des Geistes von der schmerzhaft vermißten Natur und Kreatur schon lange zum Ausdruck gebracht haben. Waren sie Grüne? Oder sind wir Grüne nicht vielmehr die politisch organisierten Nachfahren dieser Kunst? Es waren die Künstler, die vom inneren Leiden der politischen Seele berichteten und eine Wirklichkeit wiedergegeben haben, von der die offizielle Politik nicht einmal wußte, daß es sie gibt. Man kennt das Verhältnis von Künstlern und Politikern. Die Künstler kennen es. Es bleibt oft unfruchtbar.

Der Entwurf zur Gestaltung der Welt in der Kunst. Wie oft ist nicht ähnliches in roten oder schwarzen Programmen und Modellen niedergeschrieben worden? Wie oft wurde nicht anläßlich entsprechender Staatspreise das Hohe Lied der Kunst gesungen? Ja, über- oder unterschätzt, aber immer *bedeutungslos*. Die Werte der Gesellschaft widersprechen denen der Kunst. Und dieser Widerspruch muß *ernst* genommen werden. Die Kunst der Worte. Das verzweifelte Hämmern auf der abgenutzten Schreibmaschine wird die Kraft der Worte vielleicht wieder zurückbringen. Die Gefilde der politischen Poesie am Ende des Zweifels.

Geistesbildung

Das Leben in der Schule. Das Geistesleben in der Schule. Dort hat sich ein Weltbild, ein Bild des Geistes manifestiert. Die grundlegende Säulenhalle der alten Akademie der Griechen ist unendlich weit weggerückt und der antike Geist in grauen Mauern eingesperrt. Die Lage wird ständig diskutiert, die Reformpädagogen bringen neue Novellen ein. Doch die Erkenntnis der umfassenden Zusammenhänge ist verdorrt. Keine Zeit. Platsch. Durchgefallen. Oft beschrieben und bejammert weht die Sehnsucht von einem menschlichen Aufwachsen des Geistes, doch die Mauern bleiben zu und ausgespuckt wurden und werden Schüler und Lehrer - so wie ich. Damals schrieb ich mir die Finger wund... Da ist das Große und Ganze, der Bausch und Bogen, da ist auch der nächste einfache Schritt. (Ein späterer täglicher Schulbeginn wäre ein Schritt für einen fröhlicheren Schulbeginn. Konkreter Vorschlag aus der Wunschliste grüner Politik, für eine Stunde süßen Schlaf.)

Bedachtsamkeit und Politik

Im Strudel des Kampfes um Mitspracherecht und Gehör geht die Bedachtsamkeit, eine Vorbedingung der allgemeinen Untersuchung, regelmäßig unter. Auf den Jahrmärkten der Herrschaften herrscht nicht diese Stille und Andacht, deren die Weisheit bedarf. Da wird nicht sorgfältig Argument gegen Argument gewogen und darüber befunden. Da werden die Worte der Gegner zerfetzt. Jeder Fehler wird zur schon gewohnheitsmäßigen Hinrichtung des Gegners ausgeschlachtet. Die Sprache der Akteure wird immer geschliffener und zum reinen Kampfinstrument. Im grünen Weltbild hat der Weg zur Wahrheitsfindung den Regeln zu folgen, die für jedes vernünftige, wissenschaftliche und gerechte Verfahren längst vorhanden sind. Auch da gilt die Wiedereinführung des Allgemeinen für das Betreiben des allgemeinen Interesses, das die neue Politik auszeichnen muß. In der Hitze des Gefechts nimmt der Blick für das Allgemeine ab. Die Verhärteten, von Schlägen gezeichnet, verlieren den Blick für das Wesentliche, die feinen Töne gehen im Lärm der Paukenschläger unter. Wegen der scheinbaren Unmöglichkeit, sich durchzusetzen, geht die stille Bedachtsamkeit den Weg in den Himmel unerreichbarer Wunschvorstellungen. Wer wagt noch, an das Ganze, an das ganze Volk zu denken, ohne den Mißbrauch dieser Begriffe mitzudenken? Wer kann von der Einheit des Volkes noch sprechen, ohne in die Abgehobenheit der politischen Sonntagsrede zu verfallen und entkräftet die Augen zu verdrehen? Ich schreibe mir die Finger wund, der Wundheit der politischen Seele entsprechend, die gebrannt von den vergangenen Verführungen die Begriffe nicht mehr frei und offen aussprechen kann. Sorgfältig und bedächtig will ich hämmern, klopfen und erinnern.

Gott, die Welt und der Heilige Geist

Noch ein paar Begriffe, ohne die sich die grüne Welt nicht tiefgreifend bewegen wird. Was für alle vorangegangenen Begriffe gilt, gilt auch für diese drei. Wer denkt da nicht gleich an die verwirrenden Religionsstunden und die unglaublichen Glaubenssätze. Wer denkt beim Gedanken an den Heiligen Geist nicht gleich an die Taube oder den ewig entfernten Himmel des Geistes und der Erkenntnis. Und doch bin ich der Überzeugung, daß sich ohne lebendige Funktion und geistige Bestimmung dieser Worte im politischen Alltag die grüne Welt nicht im gesamtheitlichen Sinn ändern kann. Ohne die Klärung dieser

Zentralbegriffe des menschlichen Denkens gibt es keine Sicherheit. Ohne sie bleibt die politische Auseinandersetzung nur Interessenkampf. Doch diese Begriffe sind entstellt und verdeckt. Der moderne Mensch will sie nicht mehr hören. Der Konservative hat sie aufgelöst und betet sie vage an. Viele machen sich gemalte und holzgeschnittene Bilder. Das Volk, sofern noch religiös, trennt seine Welt von der Kirche. Ist der liebe Gott nicht lieb, fällt das Volk gleich von ihm ab. Doch Gott ist lieb und rachsüchtig. Fehler und Sünden müssen bezahlt werden. Gesetze, vom Menschen erkannt und niedergeschrieben, zeigen Fehler und Sünden auf, warnen vor der Zerstörung der Gesetze, verheißen Schmerz nach ihrer Mißachtung. Der Unglaube an die Bestimmtheit, mit der Fehler sich rächen, macht uns blind. Man hat sich von der Welt kein begriffliches Bild gemacht. Man hat sich vom Geist keinen Begriff gemacht, deshalb kann der Geist auch nicht heilen oder gar heilig sein. Und so ist die Welt des Geistes von der Welt der Erfahrung getrennt, tief und schmerzhaft. Der Geist wirkt nicht in Übereinstimmung mit der erfahrenen Welt. Die Menschen sind getriebene Objekte der Geschichte. Nur in der begrifflichen Bestimmung ist der Weg zum Menschen als politischem Subjekt in der Geschichte möglich. Die Glaubenssätze müssen vernünftig und überprüfbar sein, ob sie in alten oder neuen Zeiten erkannt wurden. Die Religion, als Wissenschaft der universellen Zusammenhänge vernünftig erfaßbar, ist die Grundlage des neuerdings grün genannten politischen Bewußtseins.

Dies ist die Meinung eines im grünen Teil der Republik angesiedelten Menschen.

Der Fingerzeig

Und so schrieb ich mir die Finger wund, auf daß der in den Himmel des Unverstandenen aufgefahrene Geist wieder herabsteige und sich in den Köpfen der politisch Verantwortlichen niederlassen möge und durch Erkenntnisse das Gehirn ausleuchte und erleuchte. Stundenlang könnte ich die Zeugen der Menschlichkeit zitieren, ob sie Moses, Jesus, Gandhi oder Einstein heißen. Der alte Traum hat ja nur eine neue Farbe bekommen.

Er will verwirklicht werden!
Es lebe die Vernunft und der vernünftige Gott,
damit *vox populi* bald *vox dei* werde.

Wolfgang Burgstaller

Der Mensch in naturwissenschaftlicher Forschung und Theorie

Aussagen zur Frage "Wer und Was ist der Mensch?" sollten nicht zuletzt unter dem Gesichtspunkt: "Wer und Was ist der Wissenschafter, der diese Aussage macht?" betrachtet werden. Es ist auffallend, daß sich eine große Zahl von Naturwissenschaftern - auch viele Biologen sind darunter - gedrängt fühlen, sich neben der rein fachbezogenen Arbeit Gedanken über uns Menschen und unsere Stellung im Kosmos zu machen. Und da gerade dieser Gemeinde in unserer Gesellschaft besonderes Gewicht zukommt, scheint es notwendig, den Weg, der zu solchen Aussagen führt, einer schärferen Betrachtung zu unterziehen.

Wer über sich selbst nachdenkt, weiß: Jede Verallgemeinerung, der wir Ausdruck geben, ist in vielfältiger Weise von unserer persönlichen und kulturellen Vergangenheit beeinflußt. Naturwissenschaftliche Theorien sind da keine Ausnahme. Die Art, in der meine Eltern mich dazu brachten, "auf den Topf zu gehen", kann durchaus meine spezifische Art und Weise der Theoriebildung als Naturwissenschafter beeinflussen.

Eine Umschau auf diesem Gebiet sollte daher in zwei Richtungen vorangetrieben werden: Auf der einen Seite steht die Frage: Was für ein Typ Mensch wird Naturwissenschafter und wie verändern und prägen die Eigenheiten dieses Berufs den, der ihn ergreift? Auf der anderen Seite stehen die Ergebnisse, die diese heterogene Gemeinde von Aristoteles bis Watson und Crick hervorgebracht hat, und die mannigfaltigen Auswirkungen, die diese Ergebnisse innerhalb und außerhalb ihres Faches gezeitigt haben.

Wie wird man ein Mitglied der Gemeinde der Naturwissenschafter? Wenn ich das Studium der Biologie betrachte, so besteht es in erster Linie darin, vor dem Studenten die bis heute erarbeiteten und im Augenblick für gültig gehaltenen Forschungsergebnisse auszubreiten. Parallel dazu müssen die Methoden erlernt werden, die zu diesen Ergebnissen geführt haben. Die Zahl und Art der erlernten Methoden haben großen Einfluß auf den "Marktwert" des zukünftigen Wissenschafters. Man braucht nur die Stellenausschreibungen überregionaler Zeitungen studieren, um feststellen zu können, daß selten ein einfacher "Biologe" gesucht wird, sondern meist die Beherrschung genau umschriebener Methoden gewünscht wird. Dabei ist zu bedenken, daß der Marktwert von Methoden und Apparaten einer Art "Mode" unterliegt. Welche Arbeitsweisen an einem bestimmten Ort zu einer bestimmten Zeit vorherrschen, wird durch Bedingungen festgelegt wie: finanzielle Möglichkeiten, persönliche Affinitäten eines Forschers zu Methoden und Apparaten (mit denen er vielleicht seine größten Erfolge erzielte), die Traditionen des Forschungsinstitutes ("Haben wir immer so gemacht") und die weltweite Hitliste der Methoden, die wieder - um nur zwei Aspekte zu nennen - wirtschaftlichen Überlegungen der Herstellerfirmen und der Erfolgsbilanz, die eine Methode vorzuweisen hat, unterliegt.

Schon aus Zeitgründen kommt bei dieser Art der Ausbildung einiges zu kurz: ein Verständnis für die Geschichte der Biologie, auch für die eigene Stellung innerhalb dieser Geschichte; Aspekte wie Erkenntnis- und Wissenschaftstheorie; Nachdenken über das Wesen dieses Berufes und über die Gründe für den besonderen Erfolg des Unternehmens Naturwissenschaft. Solche Themen könnten ein Gegengewicht bilden zur - zum Teil schon eingetretenen - Einengung des Berufs "Naturwissenschafter" auf die Tätigkeit eines Experimentators, der nichts anderes mehr ist als ein zusätzliches Laborgerät. Es kommt zu einer Verwechslung, indem ein Mensch, der fähig ist, mit Hilfe bestimmter Methoden und Apparate Daten zu erzeugen, für einen Wissenschafter gehalten wird. Wenn dies tatsächlich die Essenz dieses Berufes sein sollte, wäre es unverständlich, warum es Leute gibt, die von dieser Arbeit fasziniert sind.

Woher kommt diese Betonung der experimentellen Seite der Biologie? Mit dazu beigetragen hat sicherlich der ungeheure Erfolg der Molekularbiologie. Da dieser vor allem mit reduktionistisch - analytischen Methoden erzielt wurde, brach sich ein Denken Bahn, das dieselbe Vorgangsweise als Allheilmittel zu preisen verstand. Ein anderer, nüchternerer Grund war die Entstehung einer wirtschaftlichen "Begleitflora", wie sie die großen Chemie- und Pharmakonzerne darstellen. Diese Unternehmen bauen auf dem Erfolg der "experimentellen" Naturwissenschaften auf und brauchen zur Sicherung und Ausweitung ihrer Produktion eben erfolgreiche Experimentatoren.

Es gibt noch weitere Einflüsse, denen ein angehender Naturwissenschafter ausgesetzt ist: Meist ist der Forscher an eine Institution gebunden, die auf Erfolge (vielleicht auch noch: schnelle Erfolge) hofft und damit die Kreativität oft einengt.

Keine Forschung ist ohne Geld, meist ist es viel Geld, über dessen Verwendung entschieden werden muß, möglich. Damit erhöht sich die Verantwortung des Naturwissenschafters, der ein Projekt einreicht, sinkt aber auch die Risikofreudigkeit und steigt die Neigung, sich an Altbewährtes zu halten.

Wenn man vom Forscher im 19. Jahrhundert sagen kann, sein wichtigstes Merkmal sei es gewesen, daß er Rätsel der Natur zu entschlüsseln versuchte, so ist heute - zum Teil aufgrund der oben erwähnten Tatsachen - ein weit besser meßbares Merkmal in den Vordergrund getreten: Wissenschafter ist, wer Publikationen (möglichst viele!) in "wissenschaftlichen" Zeitschriften (möglichst in den anerkanntesten) vorzuweisen hat. Das Wechselspiel zwischen dem einzelnen Wissenschafter und seinen Publikationsorganen ist vielfältig. Die ungeheure Flut von Artikeln führt zum Beispiel dazu, daß die "Reproduzierbarkeit" nur noch auf dem Papier als Strukturmerkmal wissenschaftlicher Tätigkeit existiert. In Wahrheit wird die Mehrzahl der Veröffentlichungen diesem Test nicht unterworfen, wurde es vielleicht nie. Nur die Arbeiten, die sich an der Front der Forschung befinden, entkommen dieser Prüfung nicht. Die "Etappe" wird damit zu einer Grauzone, in der von qualitativ hochwertigen Arbeiten, über unbewußt oder aus Nachlässigkeit "geschönte" Daten, bis zu ausgewachsenen Betrügern alles vorkommen kann, ohne daß das grelle Licht der Reproduzierbarkeit darauf fällt. Hier kann auch der Grundstein zu einer Karriere gelegt werden, indem ein Wissenschafter - sich ohne böse Absicht dem System eingliedernd - versucht, aus seinen Arbeiten möglichst viele Publikationen herauszuschlagen oder als Co-Autor die Zahl seiner Veröffentlichungen zu erhöhen.

Das Aussehen wissenschaftlicher Veröffentlichungen kann auch zu einem falschen Bild dieser Tätigkeit führen. Dazu ein Beispiel: Ein Autor, der bei der Beschreibung von Merkmalen des öfteren das Zeichen ± (mehr oder weniger) davorsetzte, wurde von der Zeitschrift, in der der Artikel gedruckt werden sollte, darauf hingewiesen, daß eine ein- bis zweimalige Verwendung dieses Zeichens noch angehe, bei oftmaligem Auftauchen aber im Leser der Eindruck einer Unsicherheit (des Autors) entstehen würde. Hier zeigt sich, daß das, was eigentlich "wissenschaftlich" - nämlich ehrlich - wäre, durch eine unehrliche Ideologie verdrängt wird.

Wenn wir ehrlich sind, müssen wir zugeben, daß im rationalen Gebäude der Wissenschaft viele Kämmerchen existieren, in denen sich solche Dinge wie Machtstreben, Ehrgeiz, Faulheit, Nachlässigkeit und Neid verbergen, deren Einfluß auf unsere Ergebnisse durch die neutrale Form der Veröffentlichungen in Vergessenheit gerät. Der Weg von einer Idee über das Experiment zu einem Stück gut abgesicherten Wissens ist durchaus nicht so geradlinig und logisch, wie er in rückblickenden Darstellungen oft erscheint. Auf welche Irrwege man dabei geraten kann, zeigt nichts besser als *Flecks* Beschreibung einer Gruppe von Laien, die im KZ Buchenwald den Erreger des Fleckfiebers isolieren sollten. Fleck schreibt:

"Ich hatte die seltene Gelegenheit, während fast zweier Jahre die wissenschaftliche Arbeit eines Kollektivs zu beobachten, das ausschließlich aus Laien bestand. Die Ergebnisse dieser Beobachtungen klären einige wissenschaftstheoretische Probleme viel besser auf als spekulative Diskussionen ... Zu der Gemeinschaft gehörten: 1) ein junger polnischer Arzt, ohne spezielle Ausbildung, der die Rolle des Leiters der Gemeinschaft spielte, 2) ein Doktor der Jura und der Philosophie, ... 3) ein Fabrikarbeiter aus der Gummiindustrie, ... 4) ein junger tschechischer Arzt, mit Anfängen bakteriologischer Ausbildung, 5) ein praktischer tschechischer Veterinär, ohne bakteriologische Ausbildung, 6) ein holländischer Student der Biologie mit seinem Helfer, einem Studenten im 3. oder 4. Jahr der Medizin, 7) ein Wiener Zuckerbäcker... Das Kollektiv hatte unter anderem folgende Aufgabe: zu untersuchen, ob sich in den Lungen mit einer bestimmten Methode durch die Nase infizierter Mäuse und Kaninchen Fleckfieber-Erreger... finden. Doch die Mitarbeiter hatten Rikkettsien noch nie gesehen und kannten keine gewöhnliche bakteriologische Flora der Lungen und Bronchien. Sie kannten auch die Zellelemente dieser Organe nicht. Sie mußten also auf der Grundlage von Beschreibungen und Illustrationen lernen, diese elementaren Dinge zu sehen, d.h. irgendwie den umgekehrten Weg zu dem zu gehen, auf dem sich die normale Erkenntnis bewegt.

Es gab zwei Beschreibungen der Rickettsien. In beiden wird der ganze komplizierte Entwicklungszyklus dieser Mikroben beschrieben und illustriert, keineswegs unumstritten. Und die Mitglieder der Gemeinschaft fanden in ihren mikroskopischen Präparaten, hergestellt mit genauer Pedanterie, exakt entsprechend den Büchervorschriften, alle Stadien des Entwicklungszyklus der Rickettsien und ihre geforderte Reihenfolge - obwohl sie diesen Erreger in ihrem Material damals überhaupt nicht besaßen: aus Farbpartikeln, Fettkügelchen, verschiedenen Bakterien, aus Zellularresten bauten sie den ganzen Entwicklungszyklus auf. Dies geschah nicht mit einmal. Die Konstruktion wuchs langsam, aus gegenseitigen Erregungen und Bestärkungen in den Ansichten. Die Kollektivstimmung, die der Motor dieser phantastischen Synthese war, baute sich auf der gespannten Erwartung des Effekts auf, auf dem Wunsch, erster zu sein, der etwas feststellt, und sich nicht mit der Bestätigung zu verspäten, daß bereits etwas festgestellt wurde, den Leiter zu befriedigen, der drängte. Die Elemente der Stimmung waren also im Prinzip mit den normalerweise angetroffenen identisch. Ich beobachtete eine solche Situation - die Geburt der Entdeckung:

Leiter (macht dem Biologen Vorwürfe, daß er noch nicht gelernt hat, die Rickettsien zu färben): Wenn man gut gefärbt hätte, könnte man sie in den Präparaten aus den Lungen infizierter Tiere beobachten, weil sie sich nach der Literatur dort bestimmt anfinden.

Biologe (zu seinem Helfer, um die Aufmerksamkeit des Leiters abzulenken): Heute sehen die Präparate irgendwie anders als gewöhnlich aus...

Helfer: Ich habe sie irgendwie länger im Xylol gehalten.

Biologe: Was sind das für glänzende, gleichförmige rosa Körper? Bisher haben wir sie nicht zu sehen bekommen. Ob das...

Helfer: Ich habe sie auch bemerkt, ihre Anwesenheit hat mich von Anfang an gewundert. Vielleicht sind das jene *corps homogènes rouges* nach Giroud?

Biologe: Genau das dachte ich.

Leiter (schaut ins Mikroskop): Ja, das können sie sein.

Helfer: Mit Sicherheit, oder sind sie etwas anderes?

Biologe: Also haben wir sie endlich.

Leiter: Höchste Zeit. Endlich etwas Positives.

Dies waren Eosinkörnchen (Eosin = roter Farbstoff - Übs.) aus den Leukozyten der Kaninchen, wie ich hinterher feststellte. Aber im dürstenden Kollektiv verbreitete sich die Kunde: Man hatte endlich die Rickettsien in den Präparaten der Kaninchenlungen gefunden. Da diese frohe Stimmung das Kollektiv beherrschte, unterlag die Sicherheit des Ergebnisses bereits keinem Zweifel mehr: Das Kollektiv vertraute seinem Leiter, der Leiter stützte sich auf die Meinung seiner ‚Fachleute', die er bestätigte, um seine Autorität zu bestätigen, und diese ‚Fachleute' haben anfangs vielleicht gefühlt, daß sie eigentlich irgendwie gegen den Willen herausgeplatzt sind, aber die Zustimmung der Allgemeinheit verstreute schnell alle Zweifel. Der Zuckerbäcker und der Gummiarbeiter, die den ‚gesunden Menschenverstand' vertraten, popularisierten die Entdeckung ernsthaft, mit Beifall. Kurz: Die sozialen Kräfte, die in der Gemeinschaft wirkten, waren mit den normalerweise angetroffenen identisch.

Danach, Schritt auf Schritt, wuchs der ganze Zyklus. Was nicht übereinstimmte, ging auf die Kerbe der zulässigen Diskrepanz der Meinungen in diesem Gebiet. Und schließlich weiß man, daß die Biologie keine Mathematik ist. Die unvermeidliche ‚biologische Unexaktheit' wurde der Leitspruch, ausgegeben von dem in der Mitgliedsliste der Gemeinschaft erwähnten Doktor der Jura und der Philosophie, der die höchste kritische Instanz der Gemeinschaft war.

Die Entwicklung dieses ‚Wissens' ging keineswegs allzu unüberlegt vor sich - im Gegenteil, man ersparte sich nicht lange Diskussionen und Wiederholungen der Proben. Manchmal widerrief man bestimmte Feststellungen, man scheute sich also nicht, sich zu Fehlern zu bekennen.

Eineinhalb Jahre funktionierte diese kollektive Täuschung, gefaßt in ein System, das nicht mehr logische Lücken als ein durchschnittlicher wissenschaftlicher Ertrag besaß. Nach der Epoche der ‚Entdeckungen' kam die Epoche der ‚Routine' mit festgelegten Methoden, mit spezifischer Errungenschaft an Erfahrung und Fertigkeit. Und alles paßte für die Mitglieder der Gemeinschaft zusammen, nicht weniger und nicht mehr als im richtigen Wissen. Versuchsprotokolle, Referate über Ergebnisse, vorgeschlagene Modifikationen der Methode gingen nach außerhalb des Lagers an wirkliche deutsche Fachleute, Leute mit in der wissenschaftlichen Welt bekannten Namen, und sie sandten sie mit Worten der Anerkenntnis zurück. Der deutsche Leiter erhielt eine hohe Auszeichnung. So groß ist die Überzeugungskraft eines harmonischen Systems - so begrenzt ist der verifizierende Wert der Untersuchung innerhalb der Harmonie des Systems.

Eine interessante Erschütterung trat ein, als aus einem richtigen wissenschaftlichen Institut Kaninchenlungen mit Typhuserregern eintrafen. Die Präparate aus diesen Lungen zeigten das, was weder eine Beschreibung noch eine Zeichnung völlig ersetzen kann: das wirkliche Material. Doch der irrte sich, der meinte, daß ein unmittelbarer Kontakt mit der wissenschaftlichen Wirklichkeit das ganze Gebäude umstürzte. Es entfielen nur einige der krassesten Abweichungen von dem, was man im eingetroffenen Material sah. Die Gemeinschaft erkannte nicht einmal im Vertrauen an, daß die Ganzheit ihrer Konstruktionen falsch war, im Gegenteil, sie schuf eine Synthese ihrer Theorie mit den neuen Tatsachen. Sie wurde nur vorsichtiger und weniger naiv. Man kann annehmen, daß eine Reihe ähnlicher Erschütterungen, von einem Kollektiv richtiger Wissenschaft kommend, schließlich auf den Weg des offiziellen Wissens geführt hätte.

Das, was überzeugend wirkte, war nicht die ‚Richtigkeit' des zugesandten Materials, sondern vor allem die Autorität ‚des richtigen Instituts'. Ich bin überzeugt, daß das Material, wenn es anonym zugeliefert worden wäre, keinen Eindruck gemacht hätte. Vielleicht hätte man es als ganz verfehlt befunden, vielleicht wäre es sogar nicht beachtet worden. Ich habe Erscheinungen gesehen, die mich zu einem solchen Schluß berechtigen.

Die Situation war also so: Eine geschlossene, völlig auf sich gestellte Gemeinschaft intelligenter Menschen, die mit Hilfe der normalen wissenschaftlichen Apparatur arbeitete, fand zwischen der wissenschaftlichen Betrachtung eines bestimmten Gebiets und beobachteten Phänomenen, die unzweifelhaft nicht zu diesem Gebiet gehörten, eine Beziehung, die (nach Meinung der Mitglieder der Gemeinschaft) zur Aussage berechtigte, daß jene Betrachtung Abbildung genau dieser Phänomene ist." (*Fleck*, 1983)

Daß dies durchaus der Normalfall ist, kann ich aus eigener Erfahrung nur bestätigen. Man kann in der Suche nach Fehlerquellen und im Zweifel an Ergebnissen nicht weit genug gehen. Das fängt an bei nicht sauber gewaschenen Glaswaren und geht über die niemals völlig identische Arbeitsweise zweier verschiedener Individuen und hört bei der Interpretation von Daten noch lange nicht auf. Die gewissenhafte Überprüfung all dieser Faktoren nimmt im Grunde soviel Zeit in Anspruch, daß Schlampigkeiten fast ein integraler Bestandteil jedes Experimentes sind. Welche Eigenschaften fehlen noch, um das oben gezeichnete Bild des Naturwissenschafters zu ergänzen? Der Begriff der "Wahrheit" ist nur am Rande von Bedeutung - ob eine Aussage wahr ist oder nicht, spielt im Grunde keine Rolle -, wichtiger ist, daß die Aussagen zu einem sinnvollen Ganzen geordnet werden können. Der Gedanke, durch Forschung unsere Welt zu "verbessern", ist irgendwo in der Unmenge der zu leistenden Arbeit abhanden gekommen. Ob die eigene Arbeit zum "Fortschritt" beiträgt, ist sekundär, man ist schon froh, wenn eine Methode überhaupt funktioniert. Die "Beherrschung der Natur" kommt als Wunschziel nicht vor, die "Beherrschung" der Laborspülmaschine ist weit wichtiger.

Nach so vielen negativen Aussagen etwas Positives: Die Lust am "Spielen" und am Rätselraten überwiegt meist noch in der an Enttäuschungen nicht armen Arbeit eines Naturwissenschafters. Dieses "Lösen von Rätseln", das *Kuhn* als das Wesen der "normalen Wissenschaft" bezeichnet, ist wohl bei den meisten die stärkste Motivation bei der Wahl dieses Berufes.

Zum Schluß dieses Teiles möchte ich noch einmal betonen, daß - wie *Kuhn* gezeigt hat - es in der Entwicklung von Theorien, deren Prüfung und Anerkennung - überhaupt in dem, was ein Wissenschafter tut - eine Reihe von Einflüssen gibt, die man nicht von vornherein geneigt ist, in den Naturwissenschaften zu suchen. Dazu ein Satz aus *Kuhns* "Die Struktur wissenschaftlicher Revolutionen": "Sehr verschiedene Reize können dieselbe Empfindung hervorrufen, und der Übergang von Reiz zu Empfindung ist teilweise durch die Erziehung beeinflußt." Es gibt keine "neutrale" Sprache, in der man objektiv über zwei konkurrierende Theorien sprechen könnte, es gibt nur "geprägte" Sprachen. Das sollte man im Auge behalten, wenn von Naturwissenschaftern Aussagen über das "Wesen des Menschen" gemacht werden.

Ich will jetzt versuchen, einige historische Standpunkte aufzuzeigen, die in mehr oder weniger offener Weise das Selbstverständnis der Menschen beeinflußt haben und auch heute noch da und dort eine Rolle spielen.

Bei den Griechen gab es drei Bereiche, denen wir heute die Biologie zuordnen würden: die Naturgeschichte, die Philosophie und die Medizin. Schon damals stellte *Demokrit* die Frage, ob die Welt des Lebendigen auf Zufall oder Notwendigkeit beruhe, eine Frage, die heute noch Gemüter zu erhitzen vermag. Lange Zeit schien es nichts Drittes zu geben, erst *Darwin* formulierte in diesem Streit eine neue Antwort. Gleichfalls durch ihn begann sich die Biologie, aus der Macht von *Platons* Essentialismus zu befreien. Diese Lehre betonte, daß die Welt der Phänomene nichts anderes sei als die Widerspiegelung einer begrenzten Anzahl von beständigen und unveränderlichen Formen (Essenzen). Diese bestehen unabhängig von allen Objekten und sind konstant sowie diskontinuierlich. Variation und damit Individualität ist somit nur eine unvollkommene Manifestation der Essenzen, eine Ansicht, die in der Biologie bei der Frage, was eine "Art" ist, lange Zeit eine Rolle spielte. Durch die Genetik ist inzwischen die Einzigartigkeit jedes Individuums klar geworden. *Aristoteles* war der erste, der sowohl "Wie"- als auch "Warum"-Fragen stellte und damit eine wichtige Unterscheidung in die Biologie einführte: die Suche nach den unmittelbaren Ursachen (Wie?) und den mittelbaren Ursachen (Warum?). Seine Anwendung biologischer Gedankengänge auf die Physik brachte ihn bei der Entstehung der "exakten Physik" in Mißkredit. Sein Irrtum war allerdings weit weniger verhängnisvoll als der umgekehrte Schluß, die Biologie sei nichts als Physik und deren Kriterien seien die einzigen, die zur Anwendung kommen dürften. Als sich das Christentum über die alte Welt verbreitet hatte, entstand eine Naturtheologie, die in der Harmonie und Ordnung der lebendigen Welt einen Beweis für die Existenz eines guten und planenden Schöpfers sah (*Thomas von Aquin*). Ein empirischer Zugang zur Natur wurde erst in der Renaissance (*Galilei, Vesalius*) wieder gefunden. Es wurde mehr und mehr zur Aufgabe des Wissenschafters, Naturgesetze zu entdecken. In dieser Tradition steht auch *Newton*, dessen mathematisierte Mechanik von solcher Faszination war, daß mechanistische Denkweisen auch in die Biologie eindrangen und dort zu dem Bild vom Menschen als einer Maschine beitrugen. Die Kapitulation der Biologen vor der übermächtigen Physik führte entweder zur Anwendung des ungeeigneten mechanistischen Weltbildes auf die Biologie oder zur Postulierung einer nichtmateriellen "Lebenkraft" (Vitalismus). Auch *Descartes*, der in Lebewesen bloße Maschinen sah, übte großen Einfluß in dieser Richtung aus. Gleichzeitig wuchs das Bewußtsein von der Vielfalt der Lebensformen durch die Erfindung des Mikroskops und die Entdeckungsreisen in fremde Kontinente. Die Fülle der Formen sprach eindeutig gegen das Bild von der Maschine, aber der Mensch blieb noch außerhalb der Natur, klar abgegrenzt von den Tieren. Die Kontroversen zwischen Mechanisten und Vitalisten dauerten bis ins erste Viertel unseres Jahrhunderts und wurden erst beigelegt, als man erkannte, daß genetische Programme die Entwicklung von Lebewesen und deren Lebensvorgänge steuern.

Um 1800 begann ein Bruch mit den traditionellen Vorstellungen. Aus der statischen Welt wurde ein dynamische. Als 1859 *Darwins* Buch "On the origins of species by means of natural selection or the preservation of favoured races in the struggle for life" erschien, wurde der Mensch plötzlich zu einem höherentwickelten Pantoffeltierchen degradiert. *Darwins* Buch ergänzte die Theorie der Anpassung, die bereits *Lamarck* vertreten hatte, um die Theorie der gemeinsamen Abstammung aller Lebewesen. Als Motor der Evolution postulierte *Darwin* ein Zwei-Schritte-Phänomen: Mutation und nachfolgende Selektion. Dies war wohl die größte Umwälzung im Bild vom Menschen, die seit dem Entstehen unserer Art stattgefunden hat.

Es ist klar, daß Entwicklungen in der Biologie immer einen Einfluß auf das Bild vom Menschen haben. Die Biologie eignet sich mehr als jede andere Wissenschaft dazu, von Ideologien vereinnahmt zu werden. Aber Kurzschlüsse von der Genetik, der Verhaltensforschung und der Evolutionsbiologie zum Menschen sind sehr fragwürdiger Natur. Die Biologie kann durch die Aufklärung der Natur des Lebens und der Fäden, die sich von unserer "biologischen" Seite hin zur "psychologischen" ziehen, niemals eine Rechtfertigung oder auch nur eine zufriedenstellende Erklärung für unser Handeln liefern. Sie kann uns aber ein Verständnis dafür vermitteln, wie einige der grundlegenden Merkmale des Phänomens "Leben" beschaffen sind, und mit einer "Theorie der lebenden

Systeme", wie sie zum Beispiel *F. Capra* vertritt, zu einem Bild vom Menschen beitragen, das uns zu einer "natürlicheren" Lebensweise hinführt. Allerdings werden in einer solchen Theorie einfache und direkte Beziehungen zwischen Biologie und Psychologie nicht zu finden sein.

Vor jeder philosophischen Spekulation sollte man sich über den Gegenstand dieser Spekulation Klarheit verschaffen. Ich möchte deshalb fortfahren mit der Charakterisierung dessen, was wir lebendig nennen.

Sowohl mechanistische als auch vitalistische Vorstellungen vom Leben sind heute verdrängt durch die Erkenntnis, daß Leben eine andere Qualität bedeutet als Nicht-Leben und daher nicht allein mit Begriffen der nichtlebenden Materie beschrieben werden kann. Der Streit, ob Leben "nur" Chemie und Physik sei, kann heute dahingehend beigelegt werden, daß Leben zwar nur auf der Grundlage physikalisch-chemischer Gesetze entstehen und bestehen kann, aber durch viele zusätzliche Merkmale gekennzeichnet ist, für die es in der unbelebten Welt keine Parallelen gibt. Vor allem ist hier zu nennen "das Wechselspiel zwischen historisch erworbener Information (≠ Erlerntes kann vererbt werden) und den Reaktionen dieser genetischen Programme auf die physische Welt" (*Mayr* 1984).

Lebende Systeme sind in der Regel *komplexe Systeme*, bei denen auch dann, wenn alle Eigenschaften und Wechselwirkungen bekannt wären, die Eigenschaften des Systems als Ganzem nicht oder nur zum Teil erschlossen werden können. Die Teile eines komplexen lebenden Systems sind - im Gegensatz zu komplexen nichtlebenden Systemen - so aufeinander bezogen, daß sie ohne den Rest sinnlos sind.

Die Welt der Biologie ist in vieler Hinsicht eine Welt der *Qualitäten*. Unterschiede zwischen "gleichen Elementen" bedeuten nicht, wie in der Physik, eine Abweichung vom Durchschnitt, sondern Einzigartigkeit. Eine quantitative Beschreibung der qualitativen Aspekte ist wohl oftmals möglich, jedoch nicht selten mit dem Verlust der Bedeutung der Phänomene verbunden. Diese hohe Variabilität von Lebewesen, die Einzigartigkeit jeder Variation und die Tatsache, daß sich jedes "Element" in der Zeit ständig verändert, sind Gedanken, die eine grundlegende Aussage eines biologischen Menschenbildes darstellen.

Die Entdeckung, daß lebende Systeme von *genetischen Programmen* gesteuert werden, hat viel dazu beigetragen, die Verwirrung um den Begriff Teleologie zu klären: Es gibt ein Zielgerichtetsein aufgrund des Ablaufs eines (genetischen) Programmes; für diesen Ablauf ist ein Auslöser notwendig, das Ziel ist im Programm selbst enthalten; die Ursache dieses Zielgerichtetseins ist unmittelbar der auslösende Reiz, mittelbar das durch die Evolution erworbene Programm. Ein zweites Zielgerichtetsein liegt im Ablauf physikalischer Gesetze; ein Beispiel wäre die Evolution des Kosmos vom Urknall bis heute; diese Art Teleologie würde unter den Begriff "Notwendigkeit" fallen. Ein drittes Zielgerichtetsein kommt in der Zweckmäßigkeit und Angepaßtheit lebender Strukturen zum Ausdruck; hier kann als Ursache die natürliche Auslese herangezogen werden. Es bleibt ein Rest des Begriffes Teleologie, der - in Verbindung mit christlich-theologischem Denken - ein Zielgerichtetsein sowohl der kosmischen als auch der biologischen Evolution aufgrund einer gemeinsamen nichtmateriellen Ursache postuliert. Dieser von *Teilhard de Chardin* als Orthogenese bezeichnete

Vorgang, der die lebende Welt in Richtung immer größerer Vollkommenheit treiben sollte, ist zur Erklärung dieser Tatsache eigentlich nicht notwendig. Die Geradlinigkeit evolutiver Entwicklungen - so erscheint sie uns heute - kann durch die zahlreichen Begrenzungen, denen lebende Systeme ausgesetzt sind, hinreichend erklärt werden, und die größere "Vollkommenheit" entsteht aufgrund der natürlichen Auslese. In diesem Sinne muß eine Teleologie, wie sie *Teilhard de Chardin* vertrat, auf das Gebiet des Glaubens beschränkt bleiben. Für ein biologisches Menschenbild bedeutet das, daß wir - um einen Satz von *Kuhn* abzuwandeln - die Entwicklung-von-dem-aus-was-wir-sind an die Stelle der Entwicklung-auf-das-hin-was-wir-sein-möchten setzen sollten. Allerdings ist der Mensch, wie später noch ausgeführt wird, eben sowohl Subjekt als auch Objekt dieser Betrachtungen und steht damit auf einem archimedischen Standpunkt.

Ein weiteres Merkmal der lebenden Welt ist der Prozeß der *natürlichen Auslese*. Die unterschiedliche Fortpflanzung von Individuen aufgrund ihrer adaptiven Verschiedenheit ist etwas Einzigartiges: "Der Darwinsche Prozeß des kontinuierlichen Wechselspiels eines zufälligen und eines selektiven Prozesses liegt nicht in der Mitte zwischen reinem Zufall und reinem Determinismus, sondern ist in seinen Konsequenzen qualitativ völlig verschieden von jedem der beiden" (*Mayr* 1984). Dies ist ein Punkt, der oftmals als Begründung für das "Recht des Stärkeren" verwendet wurde. Hier muß aber eindeutig festgestellt werden, daß "Sollen nicht aus Sein folgt" (*Markl* 1986).

Biologische Prozesse sind in weiten Bereichen *indeterministisch*. Trotz dieser Nicht-Vorhersagbarkeit ist die Evolution des Lebens "... ungeachtet ihres indeterministischen Verlaufs als ein unvermeidlicher Prozeß anzusehen" (*Mayr* 1984). Gründe für die Unvorhersagbarkeit können sein:

- die große Komplexität lebender Systeme;
- die Häufigkeit, mit der auf höheren hierarchischen Ebenen unerwartete Neuerungen entstehen;
- die nicht vorhersagbare *Bedeutung* eines Ereignisses (z.B. einer spontanen Mutation);
- die Einzigartigkeit und hochgradige Variabilität von Individuen und Umweltkonstellationen.

Die Nicht-Vorhersagbarkeit kann aber nicht so interpretiert werden, als ob das Leben und die Fülle der Arten aufgrund eines Ereignisses entstanden wären, das aus einer unendlichen Anzahl von *gleicherweise* möglichen Ereignissen eben "zufällig" eingetreten ist. Jedes Ereignis benötigt andere Rahmenbedingungen für sein Eintreten. Damit ist schon eine Auswahl aus allen Möglichkeiten getroffen. Wenn nun ein mögliches Ereignis eintritt, ist es statistischen Schwankungen unterworfen, deren Ergebnis eine Vielzahl von "Einheiten" (seien es Moleküle oder Organismen) ist, aus denen sich einzelne aufgrund von Vorteilen, die zur Sicherung ihrer Vermehrung überhaupt oder zur schnelleren Vermehrung führen, gegenüber den anderen durchsetzen.

Lebende Systeme sind *hierarchisch* in verschiedene Ebenen gegliedert (Moleküle, Zellen, Gewebe, Organe...). Damit verbunden ist das nichtvorhersagbare Auftreten neuer Eigenschaften auf höheren Ebenen (Emergenz). Da sich auf einer höheren Ebene völlig neue Qualitäten ergeben, können wir etwa "Bewußtsein" nur von dieser Ebene aus untersuchen. Wir sind in dieser Ebene eingeschlossen und können nicht mehr wissen, wie es vorher war.

Man könnte nun fragen: Ist es überhaupt sinnvoll, Aussagen über ein "Menschenbild der Biologie" zu treffen? Dagegen ein biologisches Argument: Könnte man nicht die genetische Einzigartigkeit jedes Individuums auch dahingehend interpretieren, daß auch das Menschenbild jedes Individuums einzigartig ist? Aber abgesehen von dieser Tatsache, kann die Biologie heute dazu beitragen, ein Bild vom Menschen zu formen, das nicht bestimmt ist von der Überbetonung der einen oder anderen Seite. Dazu gehört der Übergang zu einem neuen Kausalitätsbegriff, wie ihn *F.M. Wuketits* in einigen seiner Arbeiten formuliert. Auf der Alltagsebene ist unsere Denkweise in den meisten Fällen unikausal, das heißt, wir erklären uns etwas aufgrund einer einzigen Ursache oder einer linearen Aufeinanderfolge von Gründen. Ganz bestimmt war diese Art der "Verrechnung" (*Wuketits* 1981) der Umwelt eine im Sinne der Evolution zielführende Strategie. Da sie vom Pantoffeltierchen bis zum Menschen eine wichtige Grundlage zur Bewältigung der Umwelt darstellt, ist sie in unserem "Weltbildapparat" (*Lorenz*) stark verankert. Dieser Weltbildapparat ist nun in allen vorbewußten Lebensstadien an eine Welt der "mittleren Dimensionen" angepaßt: Weder Atome noch die unendliche Ausdehnung des Weltalls sind unseren Sinnen zugänglich. Erst die Stufe des Bewußtseins - der Ratio - erlaubt es uns, vorher nicht zugängliche Bereiche zu rekonstruieren und eine Verrechnung der Umwelt vorzunehmen, die nicht auf das bloße Überleben ausgerichtet ist. Auf dieser Ebene kann eine unikausale Denkweise - vorher und in Teilbereichen immer noch erfolgreich - zu einer Dogmatisierung und Verengung des Weltbildes führen. Aus diesem Dilemma führt uns eine Denkweise, die durch Begriffe wie Systemdenken, Denken in Regelkreisen, vernetzte Kausalität charakterisiert wird. Das bedeutet, daß wir beginnen müssen, nicht linear, sondern in wechselseitigen Zusammenhängen zu denken. Wenn man Ursachen in Netzwerken denkt, kann jedes "Verursachte" über das Netz auf die eigene Ursache zurückwirken.

Auch die Frage, die immer wieder grundlegend für verschiedene Menschenbilder war und ist: Zufall oder Notwendigkeit, Determinismus oder Indeterminismus muß aus der Sicht der heutigen Biologie einer Synthese zugeführt werden, die über These und Antithese steht. Die Evolution ist als "Ausdruck von Systembedingungen" zu verstehen, die mit zunehmender Komplexität immer mehr in den "Sog ihrer Selbstplanung" (*Wuketits* 1981) gerät. Darin ist Zufall enthalten wie auch Notwendigkeit, beide allerdings modifiziert durch die Systembedingungen. Wenn diese Aussage sich auf "rein biologische" Ebenen bezieht, so kommen wir mit dem Begriff der Freiheit auf die Ebene des Menschlichen. Wenn sich die Evolution eine hierarchisch höhere Ebene erobert - etwa die des Menschlichen -, entstehen neue Zwänge wie auch neue Möglichkeiten. Eine der neuen Möglichkeiten des Stadiums des Bewußtseins ist die Fähigkeit, über dieses Problem nachzudenken.

Diese Ebene ermöglicht es uns auch, "sekundäre wunschgesteuerte Ziele zu setzen" (*Wuketits* 1981). Die Entscheidungen, die getroffen werden, unterliegen zwar vielfachen genetischen, fötalen, kulturellen und persönlich erfahrenen Einflüssen, sind aber in vieler Hinsicht unbestimmt, da unser Bewußtsein immer nur über eine beschränkte Auswahl all dieser gespeicherten Informationen und der zu erwartenden Folgen verfügt. Der Begriff der Freiheit beschreibt einen Zustand bewußten menschlichen Lebens. Er kann daher nur auf dieser Ebene sinnvoll verwendet werden. Eine Maschine kann nicht vollständig in der Sprache der Chemie und Physik beschrieben werden. Es braucht dazu Begriffe aus einer höheren Ebene, dem Maschinenbau, der die Randbedingungen festlegt, denen die Gesetze der tieferen Ebene unterworfen werden (*Polanyi* 1985).

Den Menschen als höherentwickeltes Pantoffeltierchen zu bezeichnen, ist also ein grundlegendes Mißverständnis der Eigenheiten und Strukturen der lebenden Welt. Die Biologie kann uns Hinweise geben, wie wir mit der lebendigen Welt, die uns umgibt, umgehen müssen, um sie zu erhalten, sie kann uns aber nicht als Ausrede dienen und uns unserer Verantwortung für uns selbst entledigen.

Die Biologie "präjudiziert ethische Entscheidungen sowie soziale und politische Zielsetzungen nicht, sondern macht deutlich, daß sie nötig sind und aus anderen Quellen gespeist, aus anderen Vorbedingungen erstellt werden müssen" (*Gutmann* und *Bonik* 1981).

Können die geschilderten Tatsachen dem Leser für sein Selbst- und Weltverständnis etwas nützen?

Da ich annehmen muß, daß jeder Mensch ein eigenes Bild von der Welt hat und dieses persönliche Weltbild nur zum Teil kognitiven Charakter, jedenfalls aber keine wissenschaftliche Struktur und Funktion hat, sondern dem Menschen als Medium praktischer Lebensorientierung dient, finde ich es nicht sinnvoll, ein abgerundetes und durchstrukturiertes biologisches Weltverständnis zu entwerfen, sondern ziehe es vor, ein assoziatives Provisorium zusammenzutragen. Wenn ich aus meiner eigenen Darstellung Schlüsse ziehe, so würde ich mir für die (zumindest für viele) Naturwissenschafter wünschen, daß sie ihren Beruf mehr als "puzzle solving" (*Kuhn* 1979) verstehen und das Bild der Naturwissenschaften als einer Art "oberster Instanz in vielen Lebensbereichen" dementieren und demontieren. Wir sind schlecht beraten, wenn wir wissenschaftliche Gutachten über Dinge, die unsere Zukunft betreffen, die wichtigsten Kriterien für unsere Entscheidungen sein lassen. Wenn uns also die Naturwissenschaften in vielen Sachfragen zu keiner eindeutigen Entscheidung führen können, womit können sie uns dann dienen?

Die Naturwissenschaften, und unter ihnen gerade die Biologie, könnten uns ein vorurteilsfreies und staunendes Denken vermitteln. Wir befinden uns im biologischen Bereich in einem unendlich komplexen, hierarchisch organisierten Netzwerk, in dem wir aufgrund unserer naturwissenschaftlichen Erkenntnis meinen, "die Fäden ziehen" zu können. Unter diesen Fäden kann sich allerdings auch derjenige Faden befinden, der alles zum Einsturz bringt. Aus diesem Wissen wäre die angemessene Folgerung die, daß wir alle Handlungen auf ein Fundament gegenseitiger und globaler Rücksichtnahme stellen.

"Wenn die Mütter ihren Kindern häufiger unverständliche Dinge erzählten, würden diese Kinder als Erwachsene nicht nur mehr begreifen, sondern auch entschlossener handeln" (*Marina Zwetajewa*: Mutter und die Musik).

Literatur

Mayr, Ernst, Die Entwicklung der biologischen Gedankenwelt, Berlin-Heidelberg 1984. Eine umfassende Darstellung der biologischen Wissenschaft (766 S.). Kapitel wie "Das Wesen der Wissenschaft", "Die Begriffsstruktur der Biologie", zusammen mit einem geschichtlichen Abriß und den drei großen Abschnitten "Vielfalt des Lebens" (über die Klassifikation in der Biologie), "Evolution" und "Variation und Vererbung" vermitteln eine Zusammenschau biologischer Forschung, wie man sie so leicht nicht wieder findet. Mayr ist Zoologe am Museum für vergleichende Zoologie der Harvard Universität, Cambridge, USA. Das Buch ist leicht lesbar und spannend geschrieben, enthält ein Glossar und eine Unzahl von Literaturhinweisen.

Polanyi, Michael, Implizites Wissen, Frankfurt am Main 1985. Polanyis "stillschweigendes Wissen" spielt eine große Rolle in der Auffassung von Wissenschaft, wie sie T.S. Kuhn entwickelt hat. Implizites Wissen in der Wissenschaft wird durch wissenschaftliche Betätigung erworben und nicht durch die Aneignung von Regeln. Es entstehen sozusagen "vorprogrammierte Nervenzellen", die unsere Art, die Dinge zu sehen, stark beeinflussen, die wir uns aber nur schwer bewußt machen können.

Wuketits, Franz M., Biologie und Kausalität, Berlin-Hamburg 1981. Wuketits gehört in den Bereich der evolutionären Erkenntnistheorie (zu Autoren wie Riedl, Lorenz, Rensch, Bertalanffy). Eine sehr übersichtliche und klare Darstellung einer "neuen" Kausalität mit starker Betonung des "Netzwerkgedankens".

Markl, Hubert, Evolution, Genetik und menschliches Verhalten, München 1986. Aufsätze, die gesellschaftliche Auswirkungen der modernen Biologie in den Vordergrund stellen. Markl behandelt Themen wie "Fortschritt mit Augenmaß", wie sehr wir unserer "tierischen" Natur unterstehen, welche Grenzen, Zwänge und Freiheiten daraus resultieren und wie nützlich die Wissenschaft für unsere Gesellschaft ist.

Fleck, Ludwik, Erfahrung und Tatsache, Frankfurt am Main 1983. Fleck war ein polnischer Mikrobiologe, der viele von Kuhns Thesen bereits formuliert hatte (seine wichtigsten Arbeiten auf dem Gebiet der Wissenschaftstheorie erschienen Mitte der dreißiger Jahre). Er beschreibt sehr prägnant, wie Wissenschaft wirklich passiert (damals wie heute). Der Band enthält verschiedene Aufsätze über wissenschaftstheoretische Probleme. Eine komprimierte Darstellung von Flecks Ansichten findet man in dem Buch: Ludwik Fleck, Entstehung und Entwicklung einer wissenschaftlichen Tatsache. Einführung in die Lehre vom Denkstil und Denkkollektiv, Frankfurt am Main 1980.

Kuhn, Thomas, S., Die Struktur wissenschaftlicher Revolutionen, Frankfurt am Main 1979. Das Buch erschien ein Jahr (1962) nach Flecks Tod (1961) und kann bereits als Standardwerk bezeichnet werden, aus dem vor allem der Begriff "Paradigma" weite Verbreitung gefunden hat. Ein Paradigma ist eine Reihe von Leistungen (Experimente, Theorien, Traditionen), die neuartig genug und offen genug sind, um für eine Gruppe von Fachleuten Probleme und Methoden eines Forschungsgebietes zu bestimmen. Kuhn untersucht auch, wie ein Paradigmenumsturz stattfindet und sich ein neues Paradigma durchsetzt.

Gutmann, Wolfgang Friedrich/Bonik, Klaus, Kritische Evolutionstheorie: ein Beitrag zur Überwindung altdarwinistischer Dogmen, Hildesheim 1981.

Broad, William/Wade, Nicholas, Betrug und Täuschung in der Wissenschaft, Basel 1984. Die Autoren analysieren, wie Wissenschaft heute abläuft und zeichnen in Kapiteln wie "Die Grenzen der Reproduzierbarkeit", "Die Macht der ‚Elite'", "Der Mythos der Logik" und "Betrug als Strukturmerkmal der Wissenschaft" kein sehr rosiges Bild vom Wissenschaftsbetrieb. Sie haben dazu 34 Fälle von Betrug, angefangen von Ptolemäus über Galilei, Newton und Mendel bis zu einer erfundenen Krebstheorie (1981) zusammengetragen. Trotz des ernsten Hintergrundes ein spannendes und oft amüsantes Buch.

Philip Herdina

Menschenautomat und Automatenmensch
Eine philosophische Reflexion

Wenn unser Gehirn so einfach wäre, daß wir es verstehen könnten, wären wir so einfach, daß wir es nicht verstehen könnten.

0.1 Ideengeschichte als Geschichte

Diese Arbeit ist eine historische, insofern ich davon ausgehe, daß die Untersuchung dessen, wie wir wurden, was wir sind, unser Verständnis dafür, warum wir so sind, wie wir sind, vergrößern wird. Ich setze somit auch voraus, daß historische Prozesse keine zufälligen, jedoch auch keine notwendigen sind, und daß sie daher durch die Eingriffe des Menschen determinierbar sind.

Geschichte wird nicht als ein Prozeß kontinuierlicher Evolution interpretiert, sondern eher als diskontinuierlicher und zum Teil kontingenter Prozeß von Bildern und Ereignissen gesehen. Signifikant ist weiters die Abweichung von der traditionellen marxistischen Konzeption der Dominanz des Unterbaus bzw. einer Korrelierbarkeit von Unterbau und Überbau. Hier wird davon ausgegangen, daß die Ideengeschichte diskurstheoretisch aufgefaßt werden kann als eine unabhängig interpretierbare Sphäre des Überbaus, die auf den Unterbau einwirkt, wobei nicht nur die ökonomischen und sozialen Gegebenheiten, sondern auch die Gegebenheiten der Umwelt als menschliche Produkte aufgefaßt werden.

Methodisch wird keine erschöpfende Erfassung die Argumentation stützender Daten angestrebt, sondern versucht, durch die Feststellung von Häufungen von Bildern und Analogien die dominanten Bilder und ihre konkreten Umsetzungen in der Geschichte eines Diskurses festzustellen. So zeigt sich in der Analyse der Idee des Automatenmenschen und Menschenautomaten, daß vor der "Erfindung" des heutigen Computers der Diskurs über ein Jahrhundert lang das Bild der Menschenmaschine entwickelt und somit zum Beispiel erst die erkenntnistheoretischen Voraussetzungen für die Diskussion um die künstliche Intelligenz, wie sie heute geführt wird, geschaffen hat. Der Aufsatz hat sein Ziel erreicht, wenn es dem Leser gelingt, gewisse Ähnlichkeiten und Bilder sehen zu lernen, und daher die unzulässige Übertragung von Bildern (= Modellen) auf andere Bereiche zurückzuweisen. Letztlich wird auch die Frage nach der "Vernünftigkeit" von Menschen und den von Menschen erzeugten "intelligenten" Systemen gestellt.

0.2 Die Geschichte des Automatenmenschen

Es gibt natürlich kein offizielles Datum für die Erfindung des Automatenmenschen, ganz einfach deshalb, weil es den Automatenmenschen bis heute noch nicht gibt, höchstens Automaten, die Teile der menschlichen Funktionen reproduzieren und auch in manchen Bereichen übertreffen können. Die Idee der künstlichen Intelligenz ist jedoch dominiert von der Idee des künstlichen Menschen, des Computers, der die Gesamtheit der menschlichen Funktionen übernehmen und erfüllen kann. Die Idee der Analogie zwischen Mensch und Maschine, die Idee, daß der Mensch "eigentlich" eine Maschine ist (und implizit daher auch in seinen Funktionen maschinell simulierbar ist), läßt sich bereits bei Descartes finden. Die Idee dessen, was Ryle als "das Gespenst in der Maschine" bezeichnet, ist ein Produkt des Rationalismus und stellt eine anthropologische wie philosophische Wende dar. Die sogenannte ,bifurcation of man', die Teilung in res cogitans und res extensa, liefert eine Voraussetzung der heutigen AI-Forschung.[1]

> "Und ebenso wie eine aus Rädern und Gewichten zusammengesetzte Uhr nicht weniger genau alle Gesetze der Natur beachtet, wenn sie schlecht angefertigt ist und die Stunden nicht richtig anzeigt, als wenn sie in jeder Hinsicht dem Wunsche des Anfertigers genügt, so verhält sich auch der menschliche Körper, wenn ich ihn als eine Art von Maschine betrachte, die aus Knochen, Nerven, Muskeln, Adern, Blut und Haut so eingerichtet und zusammengesetzt ist, daß, auch wenn gar kein Geist in ihr existierte, sie doch genau dieselben Bewegungen hätte, die jetzt in ihm nicht durch die Herrschaft des Willens und also nicht durch den Geist erfolgen."[2]

Erst nach den "Mechanisten" Rene Descartes (1596-1650), Pierre Gassendi (1592-1655) und Marin Mersenne (1588-1648) beginnt die Entwicklung der Idee des "homo mechanicus", die sich am klarsten in der Entwicklung mechanischer Puppen, deren evidentes Ziel die möglichst perfekte Simulation menschlicher Funktionen war, zeigt. So wurden u.a. von bekannten Persönlichkeiten wie Christian Huygens (1629-1695), Pierre Jacquet-Droz (1721-90), Henry-Louis Jacquet-Droz (1752-1791), Jacques de Vaucanson (1709-1782) und Friedrich von Knauss (1724-1789) Puppen kreiert, die menschliche Funktionen wie Tanzen, Klavierspielen, Schreiben, Singen, Pfeifen, Gehen und letztlich sogar Sprechen simulieren konnten. Im Gegensatz zu den meisten heutigen "Robotern" ist die Nutzlosigkeit der genannten Puppen evident, wurde jedoch damals keineswegs als störend empfunden. Diese Konstruktionen jedoch als unbedeutende Spielerei abzutun, wäre insofern verfehlt, als sich diese Zeit als Experimentierphase des "homo mechanicus" interpretieren läßt. Im neunzehnten Jahrhundert treten vermehrt Automata auf, die versuchen, "intelligente" Funktionen des Menschen wie Sprechen oder Schachspielen zu imitieren.

Bezeichnend ist auch, daß die Entwicklung dieser Automata getrennt verläuft von den sogenannten Pionieren des Computers, die unter den frühen Entwicklern der Rechenmaschine gesucht werden. Hier werden üblicherweise der Philosoph und Mathematiker Gottfried Wilhelm von Leibniz (1646-1716) und Charles Babbage (1792-1871) genannt, wobei zu bemerken ist, daß bei deren Rechenmaschinen auf jede äußere Ähnlichkeit mit Menschen verzichtet wurde (möglicherweise weil die Gesetze der Mathematik als naturinhärent und apriori und nicht als spezifisch menschliche Errungenschaften gewertet wurden). Alle

Modelle beschränkten sich jedoch auf die Simulation einzelner oder einer sehr beschränkten Anzahl menschlicher Fähigkeiten oder Funktionen. Es läßt sich zwar eine Tendenz zur Übernahme immer intelligenterer Funktionen feststellen, doch schränken die mechanischen Bedingungen die Variationsbreite der Modelle stark ein.

Auch frühe Computer, die primär als Weiterentwicklung der Rechenmaschine gewertet werden können, waren bis von Neumann 1946 noch stark hardwareabhängig. Den ersten Schritt in Richtung softwaregesteuerter Funktionen unternahm die Gräfin Ada Lovelace, die Programme für die von Babbage geplante "analytische Maschine" entwickelte, einem Gerät, das jedoch nie über das Planungsstadium hinauskam. Mit von Neumann konnten die Programme ebenso wie die Daten in den Computer geladen werden, und somit wurde der Computer erst zur eigentlich multifunktionalen Maschine, d.h. einer Maschine, deren Funktionen nicht von vornherein durch ihre mechanische Zusammensetzung festgelegt und somit beschränkt sind. Mit diesem Schritt wurde es möglich, den Computer als intelligente Maschine zu betrachten, und es dauerte nicht lange, bis 1956 bei dem "Dartmouther Sommerforschungsprojekt zur künstlichen Intelligenz" der Begriff der "Artificial Intelligence" (künstlichen Intelligenz) eingeführt wurde.

Was ist nun künstliche Intelligenz, und hat es Sinn zu behaupten, daß ein Computer Intelligenz besitzt? Zur Frage, ob Maschinen denken können, hat Turing bereits vor Jahrzehnten bemerkt:

> "The original question ‚Can machines think?' I believe to be too meaningless to deserve discussion. Nevertheless, I believe that at the end of the century the use of words and general educated opinion will have altered so much that one will be able to speak of machines thinking without expecting to be contradicted."[3]

Gerade aus diesem Grund ist eine Klärung des Begriffs "Künstliche Intelligenz" dringend nötig, wobei sich im Laufe der Diskussion gezeigt hat, daß künstliche Intelligenz mindestens zwei verschiedene Interpretationen haben kann, eine enge, d.h. fachliche Interpretation und eine philosophische, breite Interpretation. In der Geschichte der künstlichen Intelligenzforschung war nicht zuletzt aufgrund der hochgeschraubten Erwartungen der weite, "philosophische" Begriff vorerst dominant. So wurde der Begriff der künstlichen Intelligenz relativ hardwareunabhängig definiert. Der erste Vorschlag zur Bestimmung der künstlichen Intelligenz ist der bekannte Turing-Test, der wie folgt zu spezifizieren ist: Es handelt sich beim Turing-Test, der erstmals in "Computing Machinery and Intelligence"[4] expliziert wurde, um ein Imitationsspiel, bei dem der Befrager durch einen Dialog herausfinden muß, ob sein Opponent bzw. einer seiner zwei Opponenten ein Computer oder ein Mensch ist. Wenn die Antworten des Computers nicht von menschlichen Antworten unterschieden werden können, dann hat er erfolgreich das menschliche Verhalten imitiert, und dem Computer muß "Intelligenz" zugestanden werden.

Es handelt sich um ein Simulationskriterium, das keine Aussage über die internen Prozesse des Computers bei der Simulation macht, sondern die Entscheidung nur auf der Basis der Resultate trifft. Obwohl Turing bereits zu diesem Zeitpunkt zahlreiche Einwände gegen seinen Test antizipierte und zu entkräften versuchte (vgl. der theologische Einwand, der Kopf-im-Sand Einwand, der mathematische Einwand, der Einwand vom Bewußtsein des Menschen, Lady-Lovelace-Einwand), war der Turingtest der Ausgangspunkt zahlreicher heftiger philosophischer Gegenangriffe. Die bekanntesten Einwände gegen den Turing-Test gehen auf Weizenbaum und Searle zurück.[5]

Weizenbaum versuchte, die Unzulänglichkeit des Turingtests selbst experimentell nachzuweisen, indem er seinen Computer mit dem Programm *Eliza* versah. Eliza ist ein von Weizenbaum entworfenes Simulationsprogramm, das versucht, die Tätigkeit eines Psychiaters in einer nicht-direktiven Sitzung zu simulieren. Das Programm besteht nach der Beschreibung Weizenbaums aus einer Sammlung von fixierten Floskeln und Fragestrukturen ohne Rückgriff auf spezifische Daten oder eine höhere Komplexität des Programms. Trotz der einfachen Struktur stellte sich beim Einsatz des Programms ein Phänomen ein, das Weizenbaum als Elizaeffekt bezeichnet. Dieser wird wie folgt beschrieben:

> "Eliza ... created the most remarkable illusion of having understood in the minds of many people who conversed with it... They would often demand to be permitted to converse with the system in private, and would after conversing with it for a time, insist, in spite of my explanations, that the machine really understood them."[6]

Weizenbaums Einwand ist nun, daß der Turingtest revidiert werden muß, wenn ein so evident unintelligentes und inflexibles Programm den Turingtest bestehen kann.

Der zweite wichtige Einwand stammt von John Searle und stellt eine Art Gedankenexperiment dar. Searle geht es darum nachzuweisen, daß der Turingtest nichts über die eigentliche Intelligenz von Systemen aussagen kann, da es ihm (Searle) ohne Kenntnis der chinesischen Sprache gelingen könnte, den Turing-Test für Chinesisch zu bestehen, wäre er in einem Zimmer eingeschlossen und mit adäquaten Instruktionen versehen, wie er die ihm unverständlichen chinesischen Zettel, die er erhalten würde, einander zuzuordnen hätte, ohne jemals ein Wort Chinesisch zu können.

Doch beide genannten Einwände sind nicht besonders schwerwiegend, da die Weizenbaumsche Simulation auf einen bestimmten Bereich beschränkt blieb und nur in diesem Bereich überzeugend ist und der Searlesche Einwand prinzipiell essentialistisch ist. Hier kann einerseits darauf hingewiesen werden, daß der Computer operational gesehen Chinesisch kann, wenn effektiv keine Differenz festzustellen ist zwischen ihm und einem Chinesisch sprechenden bzw. schreibenden Individuum, und zweitens die dem Computer zugeteilten Zuordnungsregeln mit großer Wahrscheinlichkeit einer chinesischen Grammatik und einem chinesischen Lexikon entsprechen würden und er daher mit der Entwicklung der entsprechenden Routine die chinesische Grammatik gelernt haben könnte.

Noch einsichtiger wird die Unzulänglichkeit des Weizenbaumschen Programms (d.h. die Tatsache, daß Eliza nicht oder nur unter sehr spezifischen Bedingungen dem Turingschen Kriterium entsprechen kann), wenn wir Eliza mit einem anderen (Turingschen) Simulationsprogramm namens *Parry* verbinden. Parry ist ein von Kenneth Colby entwickeltes Simulationsprogramm, das einen Paranoiker simulieren soll.[7] Die Aufzeichnung des Dialogs zwischen Eliza und Parry ist für die Simulationsprogrammierer keineswegs ermutigend und weist darauf hin, daß die Sinninterpretation in solchen Mensch-Maschine Dialogen ausschließlich vom Menschen geleistet wird:

"P: I don't understand your motives.
E: Why don't you understand my motives?
P: Should I be?
E: Why do you say that just now?
P: That's just the way it is.
E: Suppose that's just the way it were not?
P: So.
E: I am not sure I understand you fully.
P: You harp on the same questions too much.
E: What does the similarity suggest to you?
P: I don't get you.
E: Do you wish that you did get I?
P: Its about time you showed some interest in my feelings!
E: Oh, I showed some interest in your feelings."[8]

In Anbetracht dieses Ergebnisses scheint der Turingtest zumindest einer Revision und Neueinschätzung zu bedürfen. Einerseits ist der Turingtest in seiner usprünglichen Form als alleiniges Kriterium nicht streng genug, andererseits ist der Test noch unzulänglich expliziert.

Wenn wir versuchen, ein anderes Kriterium für das Vorhandensein von künstlicher Intelligenz einzuführen, werden wir mit der Vielzahl der Phänomene konfrontiert, die unter dem Begriff der AI subsumiert werden bzw. wurden. Die spezifischen Funktionen, die unter diesem Begriff laufen, beinhalten Funktionen wie mechanische Übersetzung, Schachspielen und andere intelligente Spiele, mathematische Beweisführungen, "Sehen", "Hören", das Verstehen und Erzeugen natürlicher Sprache und letztlich auch Kreativität und Lernprozesse. In Anbetracht dieser Vielfalt könnte man mit der These Larry Teslers übereinstimmen, der feststellt, daß AI immer dasjenige ist "was noch nicht gemacht worden ist"[9]. Im Verlauf der Diskussion hat sich das Interesse daher von der maschinellen Übersetzung, die sich primär mit den Problemen der Formalisierbarkeit natürlicher Sprachen herumschlug, zum Bereich des kreativen bzw. lernenden Computers verlagert. Diese Entwicklung setzt sich vorwiegend mit dem sogenannten Lady-Lovelace-Einwand auseinander, der wie folgt lautet: "The Analytical Engine has no pretensions to originate anything. It can do whatever we know how to order it to perform."[10] Wenn der Computer nur das tut, was das Programm ihm befiehlt, scheint hier eine Grenze gesetzt, deren Überwindung mit der Entstehung der AI gleichgesetzt werden kann. Zu bestimmen, wann ein bestimmtes Programm die Intentionen des Programmierers übersteigt, ist jedoch kein einfaches Unterfangen, da die Kreativität eines Computers (= immer gleich Programm) wiederum differenzierter bestimmt werden muß. Bereits bei Waddington[11] findet sich eine Skizze des komplexen Produkts, das ein extrem einfaches Programm erzeugen kann. Es handelt sich hier um eine bildliche Darstellung der Resultate einfacher "worm" oder "turtle" Programme, die, sobald sie von einer vorgeschriebenen Schrittfolge auf kontextsensitive Befehle (z.B. wenn *a* vorliegt, dann *b*) übergehen, sehr komplexe und nicht vorhersagbare Strukturen entwickeln, da kontextsensitive Befehle eine Art von Feedbackschleife einführen, die eine Interaktion zwischen Programmschritten und früheren Stadien der Programmbefolgung zuläßt. Hier scheint nun ein Effekt aufzutreten, der zur Verdeutlichung als "Frankensteineffekt" bezeichnet werden kann, d.h., das Programm produziert für den Programmierer

Abb. 1

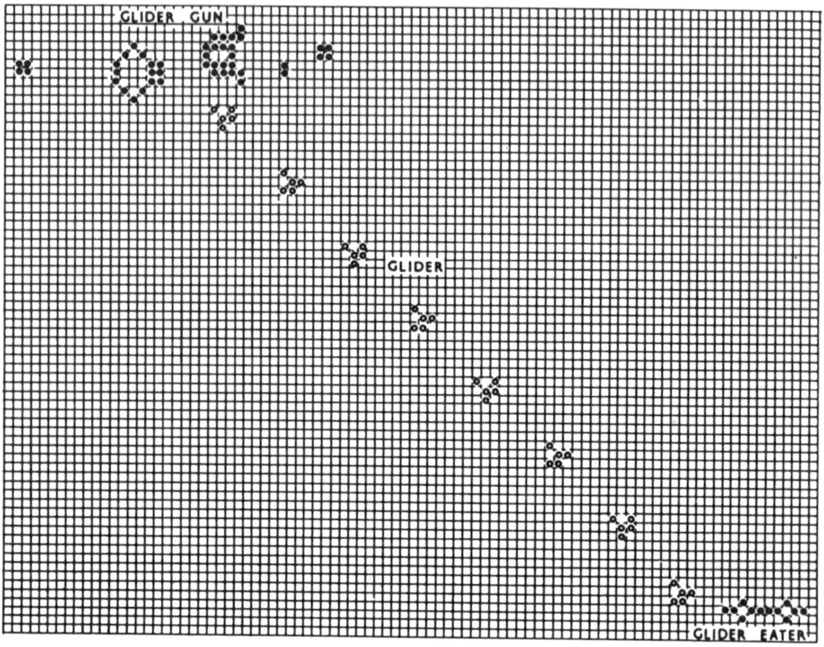

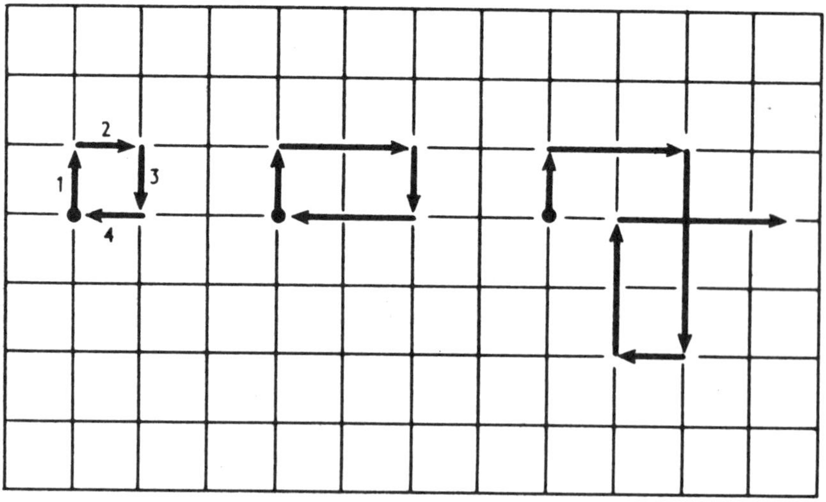

Abb. 2

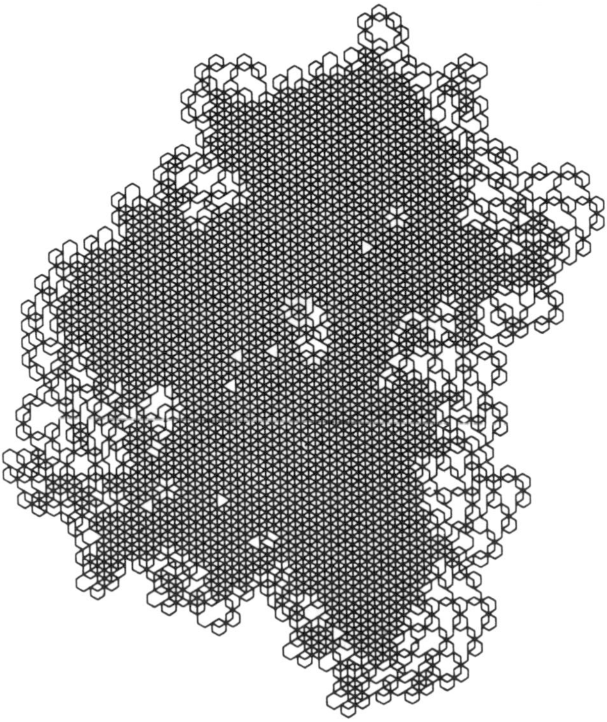

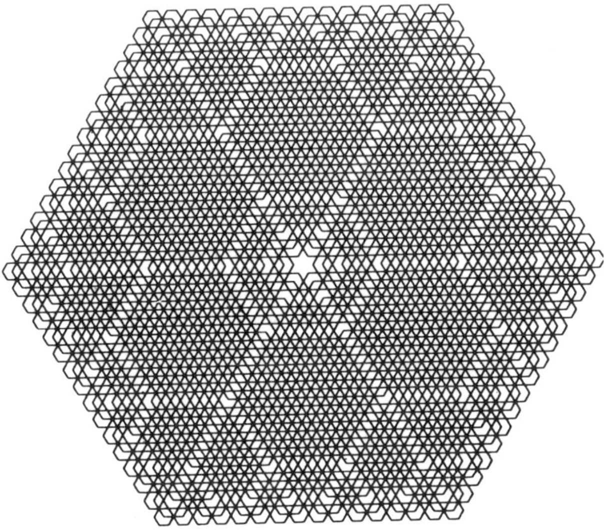

unvorhergesehene oder unberechenbare Resultate. Waddington sieht die Implikationen eines solchen Programms bereits in einem breiteren Kontext:

> "The games are striking warnings about the kinds of behaviour we have to expect during the history of societies, or economic systems, or men programmed by their genes; their overall configuration may change in very unexpected ways as further steps in the programs become realized, even if there are no changes in the programs themselves."[12]

Auf diese Implikationen werde ich später noch eingehen. Derzeit jedoch interessieren uns rein Programme, die vom Programmierer nicht vorhergesehene Resultate erzeugen. Das erste Programm, das einen Anspruch dieser Art erheben konnte, war wohl Gelernters Programm[13] zur Beweisgenerierung in der euklidischen Geometrie, das eine neue Beweismethode für die Gleichheit zweier Winkel eines gleichschenkligen Dreiecks fand. Wir können nun eine Operation dieser Art als Beweis intelligenten Computerverhaltens ansehen oder annehmen, daß der genannte neue Beweis bereits "tief" im Computerprogramm enthalten war. Auf jeden Fall verdient ein Programm dieser Art den Namen Expertensystem.

Bei näherer Betrachtung fällt jedoch auf, daß eine große Anzahl von Programmen, die wir als intelligent bezeichnen, trotz ihrer Intelligenz natürliche Grenzen dessen, was sie an "kreativen" Leistungen hervorbringen können, besitzen. Es scheinen sich die Programme hier, zumindest auf der einfachen Ebene, wie sie von Widdowson dargestellt wurde, nach einer gewissen Applikationszeit zu teilen in Programme, die nach dieser Zeit zu stagnieren beginnen bzw. sich im Kreise drehen (wie z.B. das Programm Gelernter), und Programme, die quasi offen sind, d.h., die auch nach längerer Erprobung neue Ergebnisse (bei Widdowson Formen) produzieren. Bei den Resultaten können wir in nichtmetaphorischer Weise von lebenden oder toten Systemen sprechen, die Produkte des Programms stellen demnach offene oder geschlossene Systeme dar. Die Systeme, die überleben, d.h. sich programmgemäß fortentwickeln, müssen lernfähig sein, d.h., das Programm muß eine Anpassung und Wahrnehmung veränderter Bedingungen eingeplant haben; daher die neueren Versuche, Computer mit Programmen zu versehen, die sie zum Lernen befähigen.

Diese systemtheoretische Komponente ist insofern entscheidend, als sich erfahrungsgemäß offene Systeme und geschlossene Systeme völlig unterschiedlich verhalten. Geschlossene Systeme sind die leicht berechenbaren Systeme der klassichen Mechanik, Systeme, in denen die traditionelle Zuordnung von Ursache und Wirkung möglich ist; offene Systeme sind meist durch Ursache-Wirkungs-Schleifen determiniert, wobei die kritischen Punkte des Umschlagens von einem Aggregatzustand in einen anderen Aggregatzustand nicht im Sinne der klassichen Mechanik berechenbar sind. Dies stellt natürlich kein allzu großes Problem dar, wenn wir davon ausgehen können, daß die meisten erzeugten Systeme geschlossene und daher berechenbare Systeme sind und nicht offene Systeme, deren Verhalten vom klassischen Standpunkt her gesehen erratisch und unvorhersehbar ist. Nun liegt jedoch die Vermutung nahe, daß die meisten formalen Systeme aufgrund des Gödelschen Unbeweisbarkeitssatzes offene Systeme sind, d.h. Systeme, die einer Erweiterung bedürfen, um ihre Geschlossenheit nachweisen zu können. Da es sich beim Gödelschen Satz um einen rein mathematischen Beweis handelt, aus dem nicht so ohne weiteres allgemeine, "philosophische" Konsequenzen ableitbar sind, und diese Implikationen keineswegs offensichtlich sind, soll vorerst die von Neumannsche Interpretation des Gödelschen Unbeweisbarkeitsatzes für die Mathematik zitiert werden. Gödel zeigte:

"... daß gewisse mathematische Theoreme mit den akzeptierten exakten Methoden der Mathematik weder bewiesen noch widerlegt werden können. Mit anderen Worten: er hat das Vorhandensein von unentscheidbaren mathematischen Sätzen bewiesen. Er bewies weiters, daß ein sehr wichtiger spezifischer Satz dieser Klasse von unentscheidbaren Problemen angehörte: die Frage, ob Mathematik von inneren Widersprüchen frei ist. Das Resultat ist in seiner quasi-paradoxen ‚Selbstverneinung' bemerkenswert. Es wird nie mit mathematischen Mitteln möglich sein, die Gewißheit zu erlangen, daß Mathematik nicht Widersprüche enthält. Es muß der wichtige Punkt betont werden, daß dies kein philosophisches Prinzip oder eine einleuchtende intellektuelle Einstellung, sondern das Resultat eines strengen mathematischen Beweises von besonders raffinierter Art ist."[14]

Aus diesem Satz lassen sich mindestens zwei Konsequenzen für die behandelten Bereiche ableiten: einerseits eine systemtheoretische Konsequenz und andererseits eine programmiertechnische Konsequenz, wie von Schimanovic erläutert. Der Gödelsatz hypostasiert für alle komplexen Systeme eine prinzipielle Unvollständigkeit, jedoch wichtiger für die AI die Unprogrammierbarkeit spezifischer Wahrheiten, wie in Analogie zum Gödelschen Beweis die Bug-Freiheit eines Programms.[15] Gerade die Diskussion um das SDI-Programm hat zu erkennen gegeben, daß auch dem Programmierbereich ähnliche Grenzen gesetzt sind. So stellt der Oxford-Professor J.R. Lukas in seinem Aufsatz "Mind, Machines and Gödel" fest, daß Maschinen zu jenen komplexen Systemen gehören, bei denen Erfahrungswerte gezeigt haben, daß die Turingsche These der kritischen Größe zutrifft: d.h., ab einem gewissen Schwellenwert der Komplexität wird ein System superkritisch und beginnt sich in unvorhergesehener Weise zu verhalten:

"... Complexity often does introduce qualitative differences. Although it sounds implausible, it might turn out that above a certain level of complexity, a machine ceases to be predictable, even in principle, and starts doing things on its own account, or to use a very revealing phrase, it might begin to have a mind of its own."[16]

Im positiven Sinn kann dies als Auftreten von "artificial intelligence" gewertet werden, viel häufiger wird dieses Phänomen jedoch als Malfunktion registriert. Wenn der Computer Sie zum x-ten Male auffordert, die Systemdiskette zu laden, die er gerade liest, dann wird dies kaum als Zeichen künstlicher Intelligenz, sondern eher der künstlichen Dummheit des Programms bzw. des Geräts gewertet. Es treten hier eindeutig Kommunikationsschwierigkeiten im Mensch-Maschine System relativ häufig auf. Und je komplexer das Programm, desto höher die Wahrscheinlichkeit, daß sich der Computer unangepaßt (bzw. der Mensch computerunangepaßt) verhalten wird. Zahlreiche Experten sind der Meinung, daß das SDI-Programm den genannten kritischen Wert bei weitem überschritten hat. Wenn man von drei möglichen Einwänden gegen das SDI-Programm - das sind a) das System ist wegen seiner Komplexität nicht zu erstellen, b) das System ist zwar machbar, aber würde beim ersten Einsatz versagen, c) das System wäre machbar, doch aufgrund seiner Fehlerhaftigkeit ein Sicherheitsrisiko - die dritte, optimistischste Position einnimmt, dann gibt es immer noch genug Gründe, warum das SDI-Programm nicht laufen kann. Bei einer realistisch geschätzten Länge von 50,000.000 lines of code (LOC) würde sich ein durchschnittlicher Wert von 25.000 Fehlern ergeben, wenn wir den kritischen Wert nicht berücksichtigen und eine lineare Progression der Fehlerhäufigkeit annehmen. Da jedoch die Zahl der möglichen Schritte mit der Komplexität des Programms geometrisch zunnimmt, können wir davon ausgehen, daß sich in der Fehlermöglichkeit ebenfalls eine geometrische Progression zeigt. So wundert es nicht, daß Jürgen Beetz in seinem Aufsatz "SDI-Software: Warum die Verteidigung im Weltraum an einem Computerprogramm scheitern kann" zu dem Schluß kommt, daß

> "solche Projekte zu einem Eigenleben (tendieren) in der Art, daß das endgültige Verhalten des Systems nicht vorhersagbar ist, daher den wie immer gearteten Anforderungen nicht entspricht und zur Initiierung des nächsten, gleichartigen (und noch umfangreicheren) Projekts Anlaß gibt (nach dem Motto: ‚Diesmal machen wir es richtig!')".[17]

Es gibt prinzipiell zwei Möglichkeiten, das Problem zu bewältigen: Erstens, die Einführung eines Kontrollprogramms, um die Fehlerfreiheit des Primärprogramms zu kontrollieren, zweitens den Einsatz von Programmierer-Teams, die die Richtigkeit des spezifischen Programms überprüfen. Die erste Lösung ist nur eine scheinbare Lösung, da die Kontrolle des Programms eines eigenen Programms bedarf, da es nicht möglich ist, das Programm auf sich selbst reflektieren zu lassen. Dies hat zur Folge, daß das Programm natürlich erweitert werden muß, daher noch komplexer wird und wiederum die Irrtumswahrscheinlichkeit zunimmt. Natürlich können nun Metaprogramme ad infinitum weiterentwickelt werden, ohne daß man dem Ziel der Fehlerfreiheit näherkommt, da das Gesetz of "diminishing returns" wirksam wird.

Durch die zweite Variante der Rückkoppelung an die menschliche Intelligenz entsteht wieder das Problem der menschlichen Fehlerhaftigkeit, die eben der Computer hätte überwinden sollen. Auch für die AI-Forschung ist bezeichnend, daß die Probleme in der Entwicklung adäquater Simulationsprogramme (Natural Language, Schach etc.) z.t. zur genaueren Untersuchung der menschlichen kognitiven Fähigkeiten (analoges Denken, Chunking etc.), deren Programmierung besondere Schwierigkeiten bereitet, geführt hat.

Die Rückkehr zum Menschen kann in zweifacher Weise interpretiert werden: einerseits als Rückkehr zum Menschen als Maß aller Dinge, andererseits als Betrachtung des Menschen mit dem begrifflichen Instrumentarium der Computertechnik, der Mensch wird zur "Fleischmaschine".[18] Diese Betrachtung des Menschen als Maschine ist jedoch keine Erfindung der letzten Jahrzehnte, sondern hat eine lange ideengeschichtliche Tradition.

03. Der Menschenautomat

> "For seeing life is but a motion of limbs, the beginning whereof is in some principal part within; why may we not say that all automata (engines that move themselves by springs and wheels as doth a watch) have an artificial life: For what is the heart, but a spring; and the nerves, but so many strings; and the joints, but so many wheels, giving motion to the whole body, such as was intended by the artificer?"[19]

Wie bereits erwähnt, hat sich die Idee einer menschlichen Maschine nicht erst im Computerzeitalter, sondern schon in der Entstehung des Rationalismus abgezeichnet. Prinzipiell ist sie zumindest eine Folge der erkenntnistheoretischen Zweiteilung (vgl. bifurcation) des Menschen, wie sie von Descartes konzipiert wurde. Erst hier trennt sich die Geschichte des Körpers von der Geschichte der Vernunft. Wie uns Foucault gezeigt hat, organisiert sich der herrschende Diskurs in der Folge auf einer Axis einiger grundlegender Gegensätze: zwischen Körper und Geist, dem unvernünftigen Kind und dem vernünftigen Erwachsenen, dem Irren und dem Gesunden, dem Verbrecher und dem Gesetzestreuen, dem Sexuellen und dem Züchtigen, wobei die größten Anstrengungen unternommen werden, um die widerspenstigen Bereiche dem Reglement der Vernunft zu unterwerfen, und dieses Reglement der Vernunft zumindest gegenüber dem Vernunftlosen stark mechanistische Tendenzen aufweist. Dies ist nicht nur auf die Konzeption des Gehirns als Kalkulationsmaschine wie sie z.B. Hobbes vertritt, sondern auch auf die mechanistische Konzeption der Natur, der Gesellschaft und des Menschen zurückzuführen.

> "The new definition of reality of seventeenth-century philosophy and science was therefore consistent with and analogous to the structure of machines. Machines (1) are made up of parts, (2) give particulate information about the world, (3) are based on order and regularity (perform operations in an ordered sequence), (4) operate in a limited, precisely defined domain of the total context, and (5) give us power over nature. In turn, the mechanical structure of reality (1) is made up of atomic parts, (2) consists of discrete information bits extracted from the world, (3) is assumed to operate according to laws and rules, (4) is based on context-free abstraction from the changing complex world of appearance, and (5) is defined so as to give us maximum capability for manipulation and control over nature."[20]

Je stärker sich der mechanistische Diskurs durchsetzt, desto allgegenwärtiger sind mechanistische Modelle in allen Lebensbereichen. War man früher damit zufrieden, Verrückte zu bestaunen oder zu hänseln und sich grausam an Verbrechern zu rächen,[21] folgt nun die Verdrängung der einmaligen Rache oder Bosheit durch das systematische Prinzip des Überwachens und Strafens. Voraussetzung für die Anwendung des neuen Modells ist die "Kasernierung" der Objekte/Opfer der mechanistischen Korrektur, der Einrichtung von Gefängnissen, Spitälern, Irrenhäusern und Schulen. Alle diese Institutionen sind gleichzeitig Institutionen der Überwachung und Korrektur, sind gigantische Überwachungs- und Besserungsmaschinen. Die Geschichte der Durchsetzung der Besserungsmaschinen (dies ist nicht gleichzusetzen mit ihrem Erfolg im Sinne höherer Besserungs- oder Heilungseffizienz) ist gleichzeitig die Geschichte des Erfolgs des neuen baulichen Konzepts des Panoptikons, der architektonischen Versinnbildlichung der Menschenmaschine[22]. Der aus der Abbildung ersichtlichen Parzellierung des Raumes des Insassen entspricht eine weniger klar erkennbare, doch ebenso strikte Parzellierung der Zeit des Insassen. Dem Regime der räumlichen Einteilung, d.h. der Bestimmung des Orts des Insassen, entspricht ein Regime der zeitlichen Einteilung, die möglichst genaue Bestimmung des Tagesablaufs des Insassen (oft verquickt mit der Durchführung stark repetitiver manueller Arbeit in der Herstellung von meist nutzlosen Produkten als symbolhafter Imitation maschineller Tätigkeit). Die Tätigkeitseinteilung zielt nicht so sehr auf die Produktivität des Gesamtsystems ab, z.B. in der Erzeugung von nützlichen Gegenständen oder geläuterten Insassen zur Eingliederung in die Gesellschaft, sondern führt dazu, daß die Kombination der beiden Axen

Abb. 3

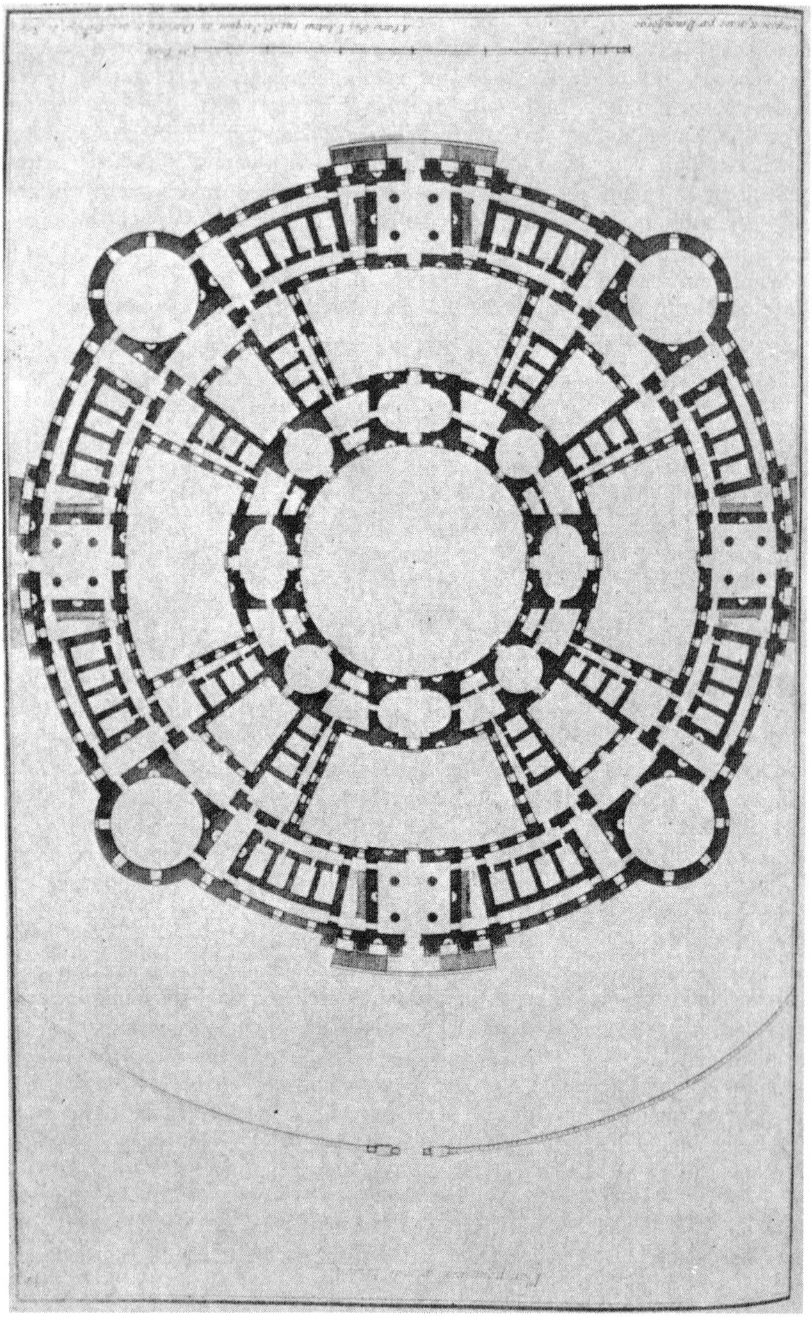

Abb. 4

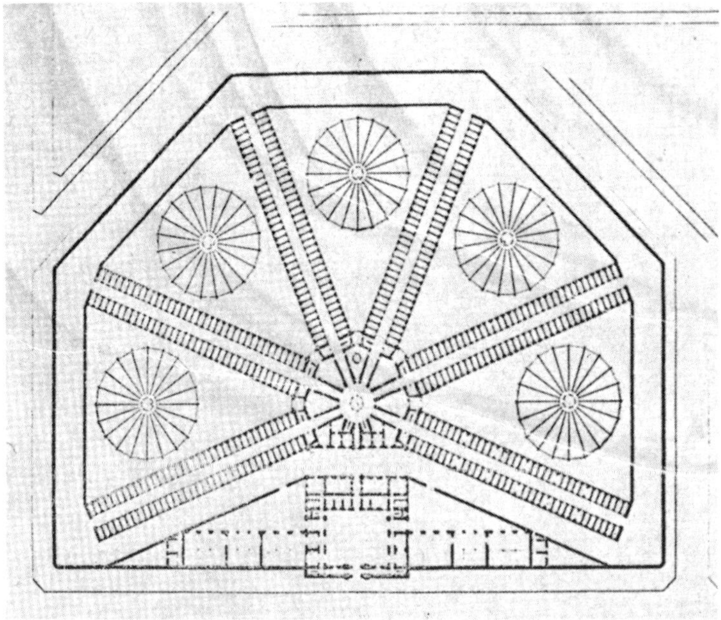

die ideale Überwachungssituation und Kontrollsituation gegenüber den Insassen ergibt, da deren Position jederzeit aufgrund der Gesamtpläne errechnet werden kann. Im Panoptikon werden jedoch nicht nur die Zeit und der Raum zerstükkelt, sondern es wird auch die Einheit des Individuums selbst aufgebrochen, der Gefangene wird reduziert auf spezifische und ausschließliche Funktionen, die er zu einem spezifischen Zeitpunkt zu erfüllen hat. Alle anderen Tätigkeiten werden als Störungen mit negativen Sanktionen belegt. Diese Parzellierung fällt uns nur dort noch auf, wo eine weniger gewöhnliche Funktion als Körbe flechten, das Klo benützen, Reinigungsarbeiten verrichten etc., wie z.B. Zuhören betroffen ist. Die zulässigen Funktionen für den Gefangenen sind hier physisch auf Zuhören und Zusehen beschränkt, während mit dem Nachbarn Sprechen etc. durch Bretter und Strafandrohung verhindert wird.[23]

Neben der weiteren Institution des Zuhörens und der Korrektur, der Schule, lohnt sich noch die nähere Betrachtung der Institutionen für die psychisch Kranken, wo dieselben Prinzipien beinahe zu krasseren Ergebnissen führen, da die Insassen in offensichtlicherer Weise unvernünftig sind. Erstaunlich ist nicht so sehr die Brutalität oder Unmenschlichkeit der Behandlung der Geisteskranken, sondern die von Foucault so treffend dargestellte Verquickung von Moral und Mechanik.[24] Im Vergleich zur Behandlung von Verbrechern ergibt sich bei den Geisteskranken die offensichtlich geringere ökonomische Verwertbarkeit aufgrund schlechterer Kontrollierbarkeit, die zu einer weitgehenden Stillegung des Patienten führt; daher ist der Tätigkeitsablauf auf der Zeitachse für die Bestimmung der Zeit-Raum-Lokalisation des Insassen von geringerer Bedeutung. Andererseits muß das Projekt der Mechanisierung noch konsequenter verfolgt werden als bei den Gesetzesbrechern, von denen noch Einsicht in die Notwen-

Abb. 5

Abb. 6

digkeit ihrer Behandlung gefordert werden kann. Beim Geisteskranken wird zur totalen Stillegung - als Abschalten der Maschine -, dem Gitterbett, dem Rush-schen Tranquilizer etc.[25], und der Unterwerfung unter stark repetitive Behandlungsmethoden tendiert. So wurde der Drehstuhl bzw. die Drehmaschine zur Einübung zirkulär regelmäßiger Bewegung häufig verwendet.

> "Dabei handelte es sich um einen relativ einfachen, um eine vertikale Achse rotierenden Mechanismus, an welchem er alsdann so lange rotiert wurde, bis er in Ohnmacht fiel. Der Sinn dieser Behandlungsmethode ist dunkel. Die Erzielung der Ohnmacht und damit die Ausschaltung des aberwitzigen Geistes haben wir bereits als grundlegende Absicht verschiedener anderer psychiatrischer Praktiken kennengelernt. Bei der Konstruktion der Drehmaschine scheinen darüber hinaus Ideen vom richtigen Ablauf der Bewegungen und deren Regulierung Pate gestanden zu sein, die hier aber, wie bei anderen ‚Correkturmethoden', zu einer blinden, ihres ursprünglichen Sinns beraubten Mechanik degeneriert waren."[26]

Wie Langegger weiter ausführt, gab es entsprechende Corrections- und Strafsäle mit den dazugehörigen Maschinen und Werkzeugen. Diese Einrichtungen sind aber in höchster Weise einsichtig, wenn man die Behandlung des Geisteskranken als wiederholten Versuch des Ein- und Ausschaltens interpretiert, vgl. die zum Teil noch praktizierte Verwendung von Elektroschocks und die wiederholte, einfache Einwirkung auf das Gerät. Dieses Verhalten zeigt dieselbe Hilflosigkeit wie der Computerneuling, der nur durch das Drücken der Reset-Taste oder die wiederholte Eingabe eines für das Gerät unverständlichen Befehls den Computer zum Funktionieren bringen will.

Geht es in der Psychiatrie um die Wiederherstellung der Funktionalität, sprich "Vernunft", geht es im Schulsystem um die Einübung der Funktionen und die Kontrolle von Störfaktoren. Die Geschichte der Bildung bis zum 19. Jahrhundert ist zumindest zum Teil die Geschichte der Elimination von Störungen der Kontrolle (vgl. noise). Die Etablierung des Schulsystems ist eine Geschichte der Unterdrückung der unkontrollierbaren Spontaneität und der Aufoktroyierung des Systems der vernünftigen Ordnung. Dies erfolgt vorerst durch die Abkapselung des Kindes von der Umwelt, durch die möglichst vollkommene Regulierung der Schulzeit[27] und die Verkürzung der Ferienzeit, die für die schulische Organisation brach liegende Zeit war, durch die Kasernierung des Schülers im Internat, das im 19. Jahrhundert zur dominanten Schulform wurde.[28] Innerhalb der Schule wurde die Durchsetzung der Disziplin als institutioneller Notwendigkeit immer stärker betont[29], einer Disziplinierung, die sich auf alle Manifestationen subjektiven Begehrens stürzte und natürlich besonderes Interesse an der Disziplinierung und Kontrolle des physischen Wachstums wie auch der kindlichen Sexualität[30] zeigte und auch bereit war, zur Erreichung dieser Ziele erheblichen Aufwand zu betreiben.

Hier geht es keineswegs um den Beweis der pädagogischen, medizinischen und pönalen Unzulänglichkeit der vorhergehenden zwei Jahrhunderte, sondern um die Skizze eines Denkmodells und dessen gesellschaftliche Folgen, die heute noch wirksam sind. Foucault spricht hier von einem Tableau als Ziel der wissenschaftlichen, politischen und ökonomischen Technologie des 18. Jahrhunderts:

> "Anlegung der Pflanzen und Tiergärten und gleichzeitig rationale Klassifizierung der Lebewesen: Beobachtung, Kontrolle und Regulierung des Kreislaufs der Waren und des Geldes und damit auch die Konstruktion eines ökonomischen Tableaus als Grundlage der Bereicherung: Inspektion der Menschen, Feststellung ihrer Anwesenheit und Abwesenheit und Aufstellung eines allgemeinen und beständigen Registers der bewaffneten Kräfte, Aufteilung der Kranken und ihre Absonderung voneinander, sorgfältige Abdichtung des Spitalraums und systematische Klassifizierung der Krankheiten: bei all diesen Doppeloperationen hängen die beiden Elemente eng zusammen: die Aufteilung und die Analyse, die Kontrolle und das Verständnis. Das Tableau ist im 18. Jahrhundert zugleich eine Machttechnik und ein Wissensverfahren. Es geht um die Organisation des Vielfältigen, das überschaut und gemeistert, dem eine Ordnung verliehen werden muß."[31]

Das Ideal der vollkommenen Ordnung ist gleichzeitig assoziiert mit dem Ideal der vollkommenen Funktion. Nicht nur die Behandlung des Menschen, sondern die Behandlung aller realen und möglichen Objekte der "Vernunft" verläuft unter dem Aspekt der idealen Organisation, der Mathematisierbarkeit und Berechenbarkeit. Nicht nur die Diskussion um maschinelle Intelligenz, sondern unsere gesamte Konzeption wissenschaftlichen und gesellschaftlichen Fortschritts wird geleitet von der Idee der idealen Organisation der "Natur" im marxistischen Sinn. Erst im 20. Jahrhundert haben sich eine große Anzahl von Regulierungswissenschaften zur Kontrolle der natürlichen, gesellschaftlichen und individuellen Funktionen, von der Ökonomie bis zur Kybernetik, vollständig etabliert. Das gesellschaftliche Korrelat ist die staatliche Vorsorge und Fürsorge, die Idee des Schadenersatzes und der Abgeltung, der Kranken- und Sozialversicherung, der privaten Zusatzversicherung gegen unvorhersehbare Ereignisse, ein Algorithmus zur Berechnung des Unberechenbaren. Die Geschichte des Fortschritts ist, von unserem mechanistischen Modell her gesehen, eine Geschichte der wachsenden Ordnung und der Beseitigung von Unordnung.

Der kritische Leser mag sich nun wundern, warum bei solch einheitlichem Ordnungsstreben es immer noch eine so große Zahl von Anomalien, d.h. ordnungsstörenden Faktoren gibt. Es scheint, als ob sich nach der Lösung eines bestimmten Problems immer wieder neue Probleme auftun, als ob die westliche

Abb. 7

Zivilisation demnach einem "dieu trompeur" im cartesischen Sinn aufgesessen ist. In Anbetracht der gegenwärtigen ökologischen, ökonomischen, sozialen und politischen Probleme ist es, als ob trotz des unbestreitbaren wissenschaftlichen und gesellschaftlichen "Fortschritts", des Einsatzes "intelligenter" Produkte und Maschinen sich unsere gesamtgesellschaftliche Problemlösungskapazität am Rande ihrer Auslastungsfähigkeit bewegt. So zitiert Ted Rifkin den Wissenschafter Eugene Schwartz, der unsere Bemühungen mit jenen eines Eichkätzchens in einem Käfig vergleicht, "wherein the technicians must run faster and faster to remain in the same place: unlike the squirrel cage, however, the faster they run, the further they fall behind. Each quasi-solution has a multiplier effect on the residue of problems."[32]

04. Künstliche Intelligenz und künstliche Dummheit

Die Krisenerscheinungen im gesellschaftlich-technischen Komplex sind nicht erst seit Tschernobyl so mannigfaltig, daß sich allmählich eine begründete Skepsis gegenüber dem Konzept einer wissenschaftlich-technischen Machbarkeit ausbreitet. Diese Skepsis drückt z.B. John Gall aus, indem er die Gültigkeit einer Anzahl von Axiomen bzw. Theorien über die notwendigen Fehlfunktionen von Systemen hypostasiert, die hier auszugsweise angeführt werden sollen:

1. Systeme im allgemeinen funktionieren schlecht oder überhaupt nicht;
2. neue Systeme erzeugen neue Probleme;
3. die Gesamtmenge von Anergie (Gegenteil von Energie) im Universum bleibt konstant;
4. Systeme tendieren zu wachsen und durch ihr Wachstum überschreiten sie ihre Grenzen;
5. Systeme verhalten sich unvorhersehbar;
6. komplexe Systeme tendieren dazu, ihren intendierten Funktionen entgegenzuwirken;
7. Leute in Systemen tun nicht, was das System behauptet, daß sie machen;
8. das System selbst tut nicht, was es vorgibt zu tun;
9. die Dinge sind, was von ihnen berichtet wird;
10. Systeme ziehen Systemleute an.[33]

Abgesehen von der Tatsache, daß die Axiome etwas überspitzt formuliert sind, unternimmt Gall weiters nicht den Versuch, seine Axiome bzw. Thesen zu begründen. Daher gibt es soweit keinen Grund, auch wenn einige dieser Axiome überzeugend klingen, die Gültigkeit der zitierten Thesen anzunehmen. Es scheint zwar die Erfahrung zu bestätigen, daß wir immer mehr Zeit in die Erhaltung bzw. Verwaltung und Reparatur von Systemen investieren, andererseits global die Anzahl von Funktionsstörungen eher zu- als abnimmt, es gibt jedoch keine Erklärung für diese Tatsache innerhalb des mechanistischen Modells. Erst wenn wir die Präsuppositionen des mechanistischen Modells hinterfragen, können wir zum Verständnis dieses Phänomens gelangen:

1. die erste Präsupposition ist die Universalität des mechanistischen Modells;
2. die zweite ist die der universellen Gültigkeit der mechanistischen Kausalitätskonzeption;
3. die dritte ist die Idee der technischen Innovation als Fortschritt.

zu 1.
Es wird sich im folgenden zeigen, daß das mechanistische Modell prinzipiell "beschränkt", d.h. inadäquat ist, und die Anwendung des Modells eine prinzipielle Art der Beschränktheit erzeugt, die ich als künstliche Dummheit bezeichnen möchte (diese schließt sowohl manche Projekte künstlicher Intelligenz mit ein wie auch die unvermeidliche "deformation professionelle" derer, die im System sitzen).

zu 2.
Die mechanistische Kausalitätskonzeption ist prinzipiell die einer linearen Kausalität, verbunden mit der Umkehrbarkeit der kausalen Wirkung, d.h. wenn eine Einwirkung auf a zu einer entsprechenden Änderung in b führen kann, dann kann eine entsprechende Einwirkung auf b z.B. den ursprünglichen Zustand wiederherstellen.[34]

zu 3.
Hier geht es darum, die Gleichsetzung von technischem und menschlichem (gesellschaftlichem) Fortschritt als widersinnig zurückzuweisen und zu zeigen, daß die Faktoren eher ein invers proportionales als ein direkt proportionales Verhältnis einnehmen.

4.1. Die Erzeugung künstlicher Dummheit

Voraussetzung für die Erzeugung künstlicher Dummheit ist das Prinzip der Spezialisierung, d.h. der Parzellierung nicht nur der Zeit und des Ortes (siehe oben), sondern auch der Tätigkeiten, Kompetenzen und des Wissens. Diese Tatsache wird von Rifkin in bezug auf die amerikanische Gesellschaft betont:

> "The dictionary of occupational titles now lists over 2000 specialized jobs in America. We have come to the point where each of us knows more and more about less and less, until as a society we all know almost everything about nothing... Today we have become so overly specialized and adapted to the existing energy environment that we have lost much of the flexibility required to make a transition into a radically new energy mode.[35]

Diese Parzellierung ist nicht nur die natürliche Folge der Arbeitsteilung, da hier von der Erreichbarkeit eines Equilibriums ausgegangen werden könnte, sondern die Auswirkung der mechanistischen Konzeption des Fortschritts, die in dem Wort "Effizienz" zusammengefaßt werden könnte. Uns ist allen bekannt, daß Roboter schneller arbeiten als Arbeiter, Computer schneller rechnen als Mathematiker und sich diese Effizienzsteigerung unter anderem direkt auf den Marktwert des Produkts niederschlägt. Dasselbe Prinzip gilt auch im nichtmaschinellen Bereich, wo sich der Mensch denselben Kriterien unterwerfen muß und zur Effizienzsteigerung einen immer kleineren Bereich mit immer größerer Effizienz beherrschen muß.

Dies hat zur Folge, daß ein spezifisches System immer seine korrespondierenden Experten haben wird, die für die Kontrolle und Regelung des Systems zuständig sind, rein nach Parkinsonschen Prinzipien ist somit diese Art der Mensch-Maschine Interaktion dazu angetan, dem entsprechenden System zum Wachstum zu verhelfen.

Nehmen wir das leidige Beispiel des Fahrzeugverkehrs und des entsprechenden Systems als Modellfall: Die Prioritäten des Verkehrssystems erfordern möglichst schnelle, effiziente Durchschleusung des Verkehrs durch das Straßennetz. Die Parameter sind Verkehrssicherheit und Verkehrsaufkommen. Durch den Ausbau der Straßen wird dem höheren Verkehrsaufkommen Rechnung getragen, durch die Errichtung von komplizierten Ampelsystemen wird für die Verkehrssicherheit Sorge getragen. Innerhalb des Systems der gegebenen Parameter scheint eine Annäherung an den Idealzustand erreicht zu sein, wenn wir von der Notwendigkeit weiterer Straßenbauten und Erhaltungsarbeiten absehen.

An diesem Modell kann gezeigt werden, wie die lineare Kausalitätskonzeption der mechanistischen Denkweise zur künstlichen Dummheit führt. Erweitert man die Parameter, erkennt man sogleich die komplexen Folgen, die Gegenkräfte zum System entwickeln:

1. Zur sicheren Fortbewegung im Winter wird immer noch Salz gestreut, von dem man annimmt, daß es durch die Verhinderung von Eisglätte zur Erhöhung der Verkehrssicherheit führt. Auch wenn wir von den Umweltschäden absehen, ergeben sich bei der Erweiterung der Parameter höchst unerwartete Folgen. Die Salzstreuung reduziert potentiell insofern die Verkehrssicherheit, als die Chlorideindringung im Stahlbeton zur Veränderung der statischen Werte von Konstruktionen mit Stahlbeton führt. Es muß daher infolge von 1 eine weitere Veränderung in der Konstruktion von Stahlbeton vorgenommen werden, um den Rostfraß im Stahlbeton zu unterbinden.
2. Die Autofahrer, die vorwiegend salznasse Straßen gewohnt sind, verlernen es, sich auf schneeglatten Straßen den Verkehrsbedingungen entsprechend zu verhalten und verursachen häufiger Unfälle. Dieser Tatsache wird meist dadurch Rechnung getragen, daß aus diesem Sachverhalt die Notwendigkeit der Ausweitung der Salzstreuung auf noch ungesalzene Strecken zur Erhöhung der Verkehrssicherheit abgeleitet wird.
3. Aufgrund der Salzstreuung entsteht eine neue Technologie des Korrosionsschutzes und der Korrosionsbehebung an Kraftfahrzeugen, die die Verkehrssicherheit älterer Fahrzeuge gewährleisten soll.
4. Aufgrund der hygroskopischen Eigenschaft des Salzes führt die Salzstreuung dazu, daß sich die Gefahr der Glatteisbildung bei salznassen Straßen erhöht und die Menge und Häufigkeit der Salzstreuung daher notwendig zunimmt. Dieses Gedankenspiel kann nach Belieben weitergeführt werden.[36]

Eine ähnliche Liste von Konsequenzen ließe sich bei der Errichtung von Verkehrsampeln zur Verkehrsregelung, der Intensivierung der Landwirtschaft und bei anderen gängigen Systemen aufweisen. Das Muster ist prinzipiell dasselbe:

1. Erstens wird eine Maßnahme in einem System gesetzt, die eine spezifische Wirkung erzielen soll;

2. Es ergeben sich aus dem genannten Eingriff eine Anzahl unbeabsichtigter Wirkungen, die
   a) die Setzung weiterer Maßnahmen erfordern,
   b) die Ausweitung bzw. Intensivierung der Maßnahme,
   c) die Beeinflussung anderer, externer Systeme,
   d) die Erzeugung einer Kausalitätsschleife (Möbiusschleife), die quasi zur permanenten Selbstbegründung der Innovation führt, zur Folge haben.

Durch die Beschränkung auf ein spezifisches System ist es gelungen, künstliche Dummheit als Beschränktheit zu erzeugen. Jede Innovation, d.h. technische Verbesserung, führt somit zu neuen, unvorhersehbaren und zum Teil nur mit größerem Aufwand lösbaren Problemen:

> "History shows that every technical application from its beginning presents certain unforeseeable secondary effects which are more disastrous than the lack of the technique would have been."[37]

4.2. Das Problem der lineraren Kausalität

Es hat sich bereits im oben genannten Beispiel gezeigt, daß sich in komplexen Systemen bald zusätzlich zu linearen Kausalrelationen zirkuläre Kausalbeziehungen herausbilden, die quasi zum Abheben des Systems führen können. Weiters zeigt sich, daß das Prinzip der Umkehrbarkeit bei komplexen Systemen prinzipiell nicht anwendbar zu sein scheint. Komplexe Systeme verhalten sich erfahrungsgemäß so unvorhersagbar, daß die Erfolgswahrscheinlichkeit eines Eingriffs in ein System zur Wiederherstellung des ursprünglichen Zustands praktisch gleich null ist. Dies hat jedoch nebst praktischen Gründen der Beschränktheit des Systemexperten auch einen prinzipiellen Grund, der direkt mit der Theorie des technischen Fortschritts in bezug zu setzen ist, und läßt sich im Entropieprinzip zusammenfassen. Dieses besagt, daß einerseits die Gesamtenergie im Universum konstant bleibt, und andererseits, daß der Grad oder die Menge der Entropie konstant zunimmt. D.h., die Gesamtheit menschlicher und maschineller Arbeit hat nur die Funktion der Transformation der Energie von einem Aggregatzustand in einen anderen. Der Preis, der für diese Transformation bezahlt werden muß, wird als Zuwachs an Entropie gemessen.

4.3. Das Problem des technischen Fortschritts

Unter dem Aspekt des Entropieprinzips sehen die Effizienzkalkulationen des mechanistischen Modells erheblich ungünstiger aus. Wie oben ausgeführt, tendieren sämtliche Systeme von effizienzbedingter Spezialisierung zum Wachstum, d.h. zur Entwicklung einer immer größeren Anzahl von Sub- und Metasystemen, die aber ihrerseits eines immer größeren Energieinputs bedürfen, um in Betrieb gehalten zu werden. Das heißt, daß sich die Effizienz eines Systems tendenziell invers proportional zu seiner Größe verhält, sobald "Effizienz" in absoluten und nicht in relativen Größen gemessen wird. Es scheint zwar vorerst, als ob die

Entwicklung und Verwendung von Maschinen, Installierung von Lifts, die Verwendung von mechanisierten Fortbewegungsmitteln einen Effizienzfortschritt darstellen, doch trifft dies nur relativ zur menschlichen Arbeitskraft zu, nicht relativ zur gesamten Arbeit. (Sogar diese Feststellung ist nur bedingt gültig, da z.B. eine Berechnung der Fortbewegungsgeschwindigkeit im Personenkraftwagen bei Einbeziehung der zur Erhaltung aufgewendeten Zeit eine Durchschnittsgeschwindigkeit von 15 km/h ergibt.) So läßt sich belegen, daß der moderne Farmer bzw. Bauer mehr Gesamtenergie aufwenden muß, um zum selben Ergebnis zu gelangen, als der nach traditionellen landwirtschaftlichen Methoden arbeitende Bauer. Rifkin stellt fest:

> "A simple farmer can usually produce about 10 calories of energy for each calorie expended. Now it is a fact that an Iowa farmer can produce up to 6000 calories for every calorie of human labour expended, but his apparent efficiency turns out to be a grand illusion when all of the other energy expended in the process is made up of energy used to run the farm machinery and the energy contained in the synthetic fertilizers and pesticides applied to the crop. So for every calorie of energy produced, the American farmer is using up 10 calories of energy in the process."[38]

Relativ gesehen hat der Farmer einen größeren Ertrag bei geringerem Aufwand, absolut gesehen ist seine Effizienz jedoch gesunken. Diese Tendenz gilt nicht nur für die meisten technischen Innovationen (im Sinne von Erleichterungen), sondern auch für die meisten vom Menschen geschaffenen künstlichen Systeme. So stiegt der Pro-Kopf-Energieverbrauch in großen Städten überproportional zur Einwohnerzahl an, sodaß man von einer geometrischen Progression des Energieverbrauchs bis zu einem systembedingten Limeswert sprechen kann. D.h., die Erhaltung der Infrastruktur eines komplexen Systems nimmt immer mehr Energie in Anspruch bis zu einem Punkt, an dem die gesamte verfügbare Energie zur Systemerhaltung benötigt wird und die Systemfunktion völlig zum Erliegen kommt. Das System funktioniert nicht mehr wie vom Menschen intendiert, sondern verschlingt sämtliche Energie quasi ohne Gegenleistung. Wir arbeiten also bei jedem System unter einem "law of diminishing returns", d.h., die Erhöhung des Aufwands zeitigt immer weniger Wirkung.

Dies wird besonders offensichtlich bei technischen Prestige- und Monsterprojekten, die die Eigenschaft haben, unheimliche Mengen an technischem Know-How und verfügbaren Mitteln zu verschlucken, ohne jemals die versprochenen Gegenleistungen zu erbringen. Es trifft zum Teil auch schon auf die Konstruktion von Atomkraftwerken, in evidenterer Weise auf die gängigen Raumfahrtprogramme und letztlich natürlich auch auf die "Strategic Defence Initiative" SDI zu. Im letzten Fall ist die Annahme der Funktionalität eines Systems ohnedies theoretischer Natur, da die Funktion des SDI-Programms prinzipiell in der Vermeidung der Anwendung liegt. Dieser systemtheoretische Sachverhalt ist ebenso menschlich frustrierend wie ökologisch bedenklich, da der erhöhte Energiebedarf der komplexen Systeme auf der Verwendung nicht regenerierbarer Energiereserven der Erde gründet.

Die wissenschaftshistorische und kulturhistorische Dominanz des mechanistischen Modells der Funktion der Welt und der Funktion des Menschen ist insofern in einer Krise, als es zunehmend unmöglich wird, das Modell der geschlossenen Systeme auf Objektbereiche anzuwenden ohne die Einbindung in ein umfassenderes offenes und daher auch tendenziell entropisches System. Der scheinbare Ordnungsgewinn, der durch das mechanistische Modell erlangt wird, entpuppt sich zunehmend als Ordnungsverlust in der Erzeugung neuer komplexerer Probleme, die bei der fortschreitenden Schrumpfung der Welt nicht in unentdeckte Bereiche der Welt abgeschoben werden können. Sobald wir geschlossene Systeme in offene einbetten, d.h., sobald geschlossene Systeme zu Teilen von offenen Systemen werden, wie bei der Mensch-Maschine-Interaktion, wird der scheinbare negentropische Fortschritt in einen Zuwachs an vorhandener Entropie verwandelt. Die Anpassung des Menschen an mechanistische Systeme führt nur scheinbar zur Verbesserung des Mensch-Maschine-Systems, bedingt aber eigentlich die Abwälzung des Problems auf externe Systeme, erzeugt künstliche Negintelligenz, d.h. künstliche Dummheit.

05. Schluß

Die Diskussion um künstliche Intelligenz soll als Reflexionsanstoß dazu dienen, maschinelle und menschliche Intelligenz zu vergleichen. Es wird zu klären sein, ob die Entwicklung immer intelligenterer Maschinen im Mensch-Maschine-System, das unsere Gesellschaft prägt, nicht notwendig zur Entwicklung immer dümmerer Menschen führen muß, d.h., ob die Bemühungen um die zunehmende "Autonomie" der Maschine, durch ihre angebliche "Effizienzsteigerung" legitimiert, zur zunehmenden Reduktion der Autonomie der Menschen führt. Diese Frage ist nicht eine Frage nach der möglichen Verwendung der Maschine, eine Frage nach politischen oder humanistischen Werten, sondern eine durch sogenannte Sachzwänge erzwungene Frage, die sich prinzipiell nur als Entscheidung zwischen Mensch und Maschine stellen läßt.

Verweise

1 Vgl. Ryle, G., The Concept of Mind, Harmondsworth 1973 (1949); Rorty Richard, Der Spiegel der Natur. Eine Kritik der Philosophie, Frankfurt 1981 (Princeton 1979).

2 Descartes, Rene, Meditationen über die Grundlagen der Philosophie worin das Dasein Gottes und die Unterschiedenheit der menschlichen Seele von ihrem Körper bewiesen wird, übers. Buchenau, Arthur, Hamburg 1958, S. 72.

3 Turing, Allan, Can Machines think?, zit. n. Hofstadter 1980 (1979).

4 Turing, Allan, Computing Machinery and Intelligence, in: Hofstadter/Dennett, The Mind's I, Harmondsworth 1982, S. 53-67.

5 Vgl. Weizenbaum, Joseph, Die Macht der Computer und die Ohnmacht der Vernunft, Frankfurt 1977, und Searle, John, R., Minds, Brains and Programs, (1980) in: Hofstadter Douglas & Dennett, Daniel 1981, S. 353-373.

6 Weizenbaum, Joseph, in: Hofstadter, Goedel, Escher, Bach, S. 600, Harmondsworth 1980. "Eliza schuf in den Köpfen vieler Leute, die mit ihr ein Gespräch führten, die höchst bemerkenswerte Illusion, es sei mit Verständnis begabt... Es kam oft vor, daß Leute um die Erlaubnis baten, sich mit dem System unbeobachtet unterhalten zu dürfen, und trotz meiner Erklärungen bestanden sie nach der Unterhaltung darauf, die Maschine habe sie wirklich verstanden" (Deutsch, 639).

7 Colby, Kenneth, in: Schank, Robert, C., Colby, Kenneth M., Computer Models of Thought and Language, San Francisco 1973, zit. n. Hofstadter 1980.

8 op.cit. S. (d. 638):
"Parry: Ich verstehe ihre Beweggründe nicht.
Doctor: Warum verstehen Sie meine Beweggründe nicht?
Parry: Sollte ich das nicht sein?
Doctor: Warum haben Sie das soeben gesagt?
Parry: So ist es eben.
Doctor: Angenommen, es ist eben nicht so.
Parry: Was dann?
Doctor: Ich bin nicht sicher, ob ich Sie vollständig verstehe.
Parry: Sie reiten zu sehr auf der gleichen Frage herum.
Doctor: Was sagt Ihnen diese Ähnlichkeit?
Parry: Ich verstehe Sie nicht.
Doctor: Hätten Sie gerne, daß Sie in Wirklichkeit ich wären?
Parry: Es wäre allmählich an der Zeit, daß Sie etwas Interesse für meine Gefühle zeigten.
Doctor: Oh, ich zeigte Interesse für Ihre Gefühle!"

9 Tesler, Larry, zit. n. Hofstadter 1980 (d. 640: "AI ist alles was noch nicht getan wurde").

10 Babbage, Lovelace, zit.n. Hofstadter 1980, S. 637. Die analytische Maschine erhebt keinen Anspruch darauf, etwas zu erschaffen. Sie kann nur tun, was immer wir ihr zu befehlen wissen, daß sie es tue.

11 Vgl. Waddington, C., H., Tools for Thought, Frogmore 1977, S. 155 f.

12 op.cit., S. 157. Diese Spiele stellen eine scharfe Warnung dar in bezug auf die Verhaltensweisen, die wir während der Entwicklung von Gesellschaften oder ökonomischen Systemen oder von Menschen, die von ihren Genen programmiert sind, zu erwarten haben. Ihre Gesamtzusammensetzung kann sich in höchst unerwarteter Weise dadurch verändern, daß weitere Schritte im Programm befolgt werden, auch wenn im Programm selbst keine Änderung enthalten ist.

13 Gelernter, zit.n. Hofstadter 1980, d. S. 645 f.

14 Von Neumann, in: Kreuzer, Goedel-Satz, 1986 Übersetzung einer Lobrede von Neumanns anläßlich der Verleihung des Albert-Einstein-Preises an Gödel, New York Times, 15. 3. 1951, S. 31, zit.n. Kreuzer 1986 etc.

15 Schimanovic in op.cit., S. 15. Jedes System, das eine gewisse Komplexität erreicht hat, ist unvollständig im Sinne der Mathematik; das heißt, es gibt wahre Aussagen, die man inhaltlich erschließen, mit formalen Mitteln aber nicht beweisen kann. Einen formalen Beweis stellt man sich am besten so vor, daß das Ganze mechanisiert, also in der Praxis der heutigen Computer programmiert werden kann. Nun gibt es aber immer wieder Wahrheiten, die man mit dem Computer formal nicht beweisen kann.

16 Lukas, J., R., Mind, Machines and Goedel, in: Anderson, Alan ,Ross, (Hg.), Minds and Machines, Englewood Cliffs 1964, Komplexität erzeugt oft qualitative Unterschiede. Obwohl es unwahrscheinlich klingt, könnte sich herausstellen, daß ab einem bestimmten Komplexitätsgrad das Verhalten einer Maschine sogar prinzipiell nicht mehr vorhersagbar ist und sie eigenständig zu handeln beginnt, oder um es deutlicher auszudrücken, einen eigenen Willen entwickelt.

17 Beetz, Jürgen, SDI-Software: Warum die Verteidigung im Weltraum an einem Computerprogramm scheitern kann, in: P.M. Computerheft 9, 86, S. 30 f.
N.B.: Natürlich kann die Möglichkeit einer Virenverseuchung auch dieses Programms nicht von vornherein ausgeschlossen werden. Und, obwohl sich inzwischen herumgesprochen hat, daß Viren in allen möglichen Programmen erheblichen Schaden verursachen können, und dies mit prinzipiell unbeschränkter zeitlicher Verzögerung, d.h., daß ein "befallenes" Programm bis zum Auftreten des Fehlers als solches nicht zu erkennen ist, handelt es sich hier um willentlich erzeugte Fehlfunktionen, die hier nicht berücksichtigt werden können. Vgl. Burger, Ralf, Das Große Computer-Viren Buch, Düsseldorf 1987.

18 Sand, Stephanie, Künstliche Intelligenz, München 1986, S. 185 ff.

19 Hobbes, Thomas, English Works, vol. 3., S. 10.

20 Merchant, Carolyn, The Death of Nature, Women, Ecology and the Scientific Revolution, New York 1980, S. 234.
Die neue Definition der Wirklichkeit durch die Philosophie und Wissenschaft des siebzehnten Jahrhunderts war verträglich mit und ähnelte der Struktur von Maschinen. Maschinen
1. bestehen aus Bestandteilen,
2. liefern Einzelinformationen über die Welt,
3. gründen auf Ordnung und Regelmäßigkeit (führen Operationen in einer geordneten Folge durch),

4. operieren in einem klar begrenzten Bereich des Gesamtkontextes und
5. geben uns Macht über die Natur. Und ihrerseits besteht die mechanische Struktur der Wirklichkeit
/1 aus atomischen Teilen,
/2 getrennten Informationsteilen der Welt,
/3 operiert nach Regeln und Gesetzen,
/4 gründet auf kontextfreier Abstraktion von der sich ändernden komplexen Welt der Erscheinung, und
/5 wird so definiert, um uns eine maximale Fähigkeit zur Manipulation und Kontrolle der Natur zu geben.

21 Foucault, Michel, Überwachen und Strafen, Frankfurt 1976, S. 9 ff.
22 op.cit., vgl. ill*.
23 op.cit. ill.*.
24 op.cit., S. 195.
25 Langegger, Florian, Doktor, Tod und Teufel, Frankfurt 1982, S. 92.
26 op.cit., S. 111.
27 Foucault 1976, S. 193.
28 Aries, Die Geschichte der Kindheit, München 1975, S. 399.
29 op.cit., S. 380.
30 Guha, A., Sexualität und Pornographie, Frankfurt 1971, S. 74 f.
31 Foucault 1976, S. 190.
32 Rifkin, Entropy, Frogmore 1985, S. 80.
33 Gall, John, Systemantics. How Systems Work and Especially how They Fail, Glasgow 1979 (1975), S. 87 f.
34 Vgl. Rifkin, Entropy, 1985, S. 59. "In classical physics, time can go in either direction because newtonian principles are based on mathematics, every change in matter in motion must be reversible in theory." Vgl. auch Waddington, Tools, S. 64.
In der klassischen Physik kann die Zeit in beide Richtungen laufen, da die newtonschen Prinzipien auf der Mathematik beruhen, jede Änderung der Materie in Bewegung muß theoretisch reversibel sein.
35 Rifkin 1985, S. 104.
36 Die negativen Umwelteinflüsse werden als bekannt vorausgesetzt.
37 Ellul, Jacques, The Technological Society, zit.n. Rifkin 1985, S. 92.
38 Rifkin 1985, S. 153. Ein einfacher Bauer kann gewöhnlich 10 Kalorien Energie für eine aufgebrauchte Kalorie erzeugen. Es trifft zu, daß ein Iowa Farmer bis zu 6000 Kalorien pro verbrauchter Kalorie an menschlicher Arbeit produzieren kann, doch seine scheinbare Effizienz entpuppt sich als eine große Illusion, wenn die gesamte in diesem Prozeß verbrauchte Energie einkalkuliert wird. Um bloß eine Dose Mais mit 270 Kalorien zu produzieren, braucht der Farmer 2790 Kalorien, bestehend aus der Energie, die gebraucht wird, um die landwirtschaftlichen Geräte anzutreiben und der Energie, die in den synthetischen Düngemitteln und Pestiziden dem Getreide beigefügt wird. So verbraucht der amerikanische Farmer für jede erzeugte Kalorie 10 Kalorien an Energie.

Bibliographie

Aldiss, Brian, Billion Year Spree. A History of Science Fiction, London 1973.
Aries, Philippe, Geschichte der Kindheit, München 1981 (60).
Bertalanffy, Ludwig von., General System Theory, Harmondsworth 1971 (1968).
Böhme, Hartmut, Böhme, Gernot, Das Andere der Vernunft, Zur Entwicklung der Rationalitätsstrukturen am Beispiel Kants, Frankfurt 1985.
Burger, Ralf, Das Große Computer-Viren Buch, Düsseldorf 1987.
Campbell, Jeremy, Grammatical Man, Information, Entropy, Language and Life, Harmondsworth 1982.
Dewdney, Alexander, K., Guenberger, Fred, Hayes, Brian, Spektrum der Wissenschaft, 1987.
Dreyfus, Hubert, Die Grenzen der künstlichen Intelligenz, Was Computer nicht können, Königstein 1985 (1972).
Emery, F., E., Systems Thinking, Harmondsworth 1979.
Foucault, Michel, Die Geburt der Klinik, Eine Archäologie des ärztlichen Blicks, München 1973 (1972).

ders., Die Ordnung der Dinge, Frankfurt 1971 (1966).
ders., Überwachen und Strafen, Frankfurt 1976 (1975).
Frank, Jürgen, Kritische Ökonomie. Einführung in die Grundsätze und Kontroversen wirtschaftswissenschaftlicher Theoriebildung, Hamburg 1976.
Friedrich, Gunter, Schaff, Adam, Microelectronics and Society, New York, Scarborough, 1982.
Gall, J., Systemantics. How Systems Work and Expecially How They Fail, New York 1977.
Guha, Anton, Andreas, Sexualität und Pornographie. Die organisierte Entmündigung, Frankfurt 1971.
Hofstadter, D., R., Gödel, Escher, Bach, An Eternal Golden Braid, Harmondsworth 1980 (Basic Books 1979), deutsch Stuttgart (1985).
Hofstadter, Douglas, R., Dennett, Daniel, C., The Mind's I., Fantasies and Reflections on Self and Soul, Harmondsworth 1982 (1981).
Kamper, Dietmar, Über die Wünsche. Ein Versuch zur Archäologie der Subjektivität, München 1977.
Kamper, Dietmar, Rittner, Volker, Zur Geschichte des Körpers, Perspektiven der Anthropologie, München, Wien 1976.
Klix, Friedhart, Human and Artificial Intelligence, Berin 1979.
Kreuzer, Franz (Hg.), Neue Welt aus Null und Eins, Hirn und Computer: natürliche und künstliche Intelligenz, Wien 1985.
ders., Hg., Gödel-Satz, Moebius-Schleife, Computer-Ich, Wien 1986.
Langegger, Florian, Doktor, Tod und Teufel, Frankfurt 1982.
Merchant, Carolyn, The Death of Nature, Women, Ecology and the Scientific Revolution, New York, Toronto 1980.
O Shea, Tim, Eisenstadt Marc, Artificial Intelligence, Tools, Techniques and Applications, New York 1984.
Postl, Dennis, Catastrophe Theory. Predict and Avoid Personal Disasters, Frome 1980.
Reichardt, J., Robots, Fact, Fiction, Prediction, London 1978.
Rifkin, Jeremy and Howard, Ted, Entropy a New World View, London 1980.
Ringle, Martin (Hg.), Philosophical Perspectives of Artificial Intelligence, Brighton 1978.
Rorty, Richard, Der Spiegel der Natur, Eine Kritik der Philosophie, Frankfurt 1981 (1979).
Ryle, Gilbert, The Concept of Mind, Harmondsworth 1963 (1949).
Sand, Stephanie, Künstliche Intelligenz. Geschichten über Menschen und denkende Maschinen, München 1986.
Taylor, Gordon R., The Natural History of the Mind, Harmondsworth 1979.
Trost, Harald, Retti, Johannes, Österreichische Artrificial Intelligence Tagung, Berlin etc. 1985.
Waddington, C., H., Tools for Thought, Frogmore 1977.
Wawryzn, Lienhardt, Der Automatenmensch, E.T.A. Hoffmans Erzählung vom Sandmann, Berlin 1976.
Weizenbaum, Joseph, Die Macht der Computer und die Ohnmacht der Vernunft, Frankfurt 1977.
Wilden Anthony, System and Structure, Essays in Communication and Exchange, London 1972.

Illustrationen

1) Worm und Turtle Programme (Waddington, C., H., Tools for Thought, Frogmore 1977)
2) wie 1)
3) Skizzen des Panoptikons (aus: Foucault, Michel, Überwachen und Strafen, Frankfurt 1976)
4) wie 3)
5) Belehrung der Gefangenen (aus: Foucault, Michel, Überwachen und Strafen, Frankfurt 1976)
6) Die Drehmaschine (aus: Langegger, Florian, Doktor, Tod und Teufel, Frankfurt 1982)
7) Die Bestrafungsmaschine (aus: Foucault, Michel, Überwachen und Strafen, Frankfurt 1976)

Biografisches

Eva Bauer, geb. 1955, Mag.rer.soc.oec., Studium der Soziologie an der Fakultät für Sozial- und Wirtschaftswissenschaften der Univ. Wien. Tätigkeit als wissenschaftliche Sachbearbeiterin am Institut für Stadtforschung in Wien, seit 1986 Univ. Assistentin und Lehrbeauftragte am Institut für Soziologie der Univ. Innsbruck. Arbeitsschwerpunkte und Publikationen im Bereich Wohnsoziologie, österreichische Sozial- und Geistesgeschichte.

Wolfgang Burgstaller, geb. 1957, Dr.phil., Studium der Biologie, Fachrichtung Mikrobiologie, an der Univ. Innsbruck, zwei Semester Germanistik. Tätigkeit am Institut für Mikrobiologie an der Univ. Innsbruck, Mitarbeit an einem Projekt zur Rückgewinnung von Metallen aus Abfällen und armen Erzen.

Hans Czuma, geb. 1932, Dr.phil., Lic.theol., Studium der Philosophie und Theologie (Wien, München, Rom, Innsbruck). Dozent für Philosophie (Ethik, Sozialphilosophie, Philosophiegeschichte) an der Univ. Innsbruck, Arbeit im Bereich Medienpädagogik in Salzburg. Veröffentlichungen über Themen der Ethik, Nietzsche, kritische Theorie, Themen der Medienpädagogik.

Günther Dankl, geb. 1953, Dr.phil., Studium der Kunstgeschichte und Komparatistik an der Univ. Innsbruck. Assistent der Kunsthistorischen Sammlungen am Tiroler Landesmuseum Ferdinandeum. Publikationen über die österreichische Kunst der Jahrhundertwende und über Museumsarbeit in Österreich.

Hans Döller, geb. 1955, Mag.theol., Studium der Theologie und Germanistik an der Univ. Innsbruck, Post-graduate-Lehrgang in Soziologie am Institut für Höhere Studien in Wien. Tätig in der sozialpolitischen Abteilung der Kammer für Arbeiter und Angestellte für Niederösterreich, 1979 bis 1986 Sekretär der "Solidaritätsgruppe engagierter Christen in Österreich". Veröffentlichungen über Themen von Soziologie und Kirche.

Philip Herdina, geb. 1955, Mag.phil., Dr.phil., Studium der Philosophie, Psychologie, Pädagogik, Germanistik und Anglistik an der Univ. Innsbruck, Vertragsassistent am Institut für Anglistik der Univ. Innsbruck. Besondere Interessen: Methodologie, Literaturwissenschaft, Linguistik, Grammatiktheorie, computer assisted (language) learning, artificial intelligence.

Robert Oberforcher, geb. 1939, Dr.theol., Studium der katholischen Theologie (Mödling, Innsbruck). Dozent für alttestamentliche Bibelwissenschaft an der Theologischen Fakultät der Univ. Innsbruck. Veröffentlichungen zur alttestamentlichen Exegese, Bibeltheologie und Methodik.

Helmut Staubmann, geb. 1956, Mag.phil., Dr.phil., Studium der Soziologie, Kommunikationswissenschaft und Philosophie an der Univ. Wien, Post-graduate-Ausbildung am Institut für Höhere Studien, Abteilung Soziologie, in Wien. Seit 1981 Univ. Assistent und Lehrbeauftragter am Institut für Soziologie der Univ. Innsbruck. Arbeitsschwerpunkte und Publikationen vor allem im Bereich Musik-, Kommunikationssoziologie und Soziologie der Ästhetik.

Manfred Steinlechner, geb. 1954, Dr.phil., Studium der Philosophie, Erziehungswissenschaft, Psychologie und Theologie an der Univ. Innsbruck. Professor für Soziologie an der Berufspädagogischen Akademie des Bundes in Innsbruck, Psychoanalytiker und Erziehungsberater. Herausgeber der "Texte", Österreichische Zeitschrift für Theorie und Praxis der Psychoanalyse. Zahlreiche Publikationen auf Gebieten der Sozialphilosophie, Sozialpsychologie und Psychoanalyse.

Christian Wabl, geb. 1948, Gymnasium, 1969 nach Amsterdam, Kunststudium, Arbeit als Kunsterzieher in der Kinderpsychiatrie der Univ. Amsterdam, Lehramt für Deutsch an der Univ. Amsterdam, Unterricht in protestantischen, katholischen und öffentlichen Schulen, Mitbegründer einer Alternativschule in Amsterdam, dreijährige Tätigkeit dort, "langsame Heimkehr" nach Österreich ab 1983, Unterricht in Deutsch für Ausländer, Gründungsmitglied der Alternativen, Studium der Sprachwissenschaften, Kunsterzieher in Gymnasien, ein Jahr Mitglied des Bundesvorstandes der "Grün-Alternativen", seit 1982 Arbeit an einer vernünftigen Übersetzung der Bibel.

Sylvia Maria Wallinger, geb. 1948, Dr.phil., Lehrbeauftragte am Institut für Germanistik der Univ. Innsbruck, psychoanalytische Ausbildungskandidatin, Mutter einer Tochter. Frühere Tätigkeitsbereiche: Pädagogische Akademie, Gymnasium, Erwachsenenbildung des ÖGB, Hochschulplanung im Wissenschaftsministerium, Journalismus, Lektorat in Lissabon, Forschungsaufenthalt am National Humanities Center, Research Triangle Park. Forschungen über Trivialliteratur, zum Rollenbild der Frau im Lesebuch, über publizistische Formen der Ersten Republik, Inhaltsanalyse von Tageszeitungen, seit einigen Jahren Beschäftigung mit feministischen Theoremen und Publikationen hiezu.